혈(穴)의 향기
사찰·암자 풍수

풍수 타령

필자는 프로 풍수인이다. 프로가 되기 위해 강원도 평창 계촌리 산정부에 땅굴을 파고 수양을 시작하였다. 수양 중 설악산 봉정암을 방문하여 석가모니 부처님 진신 사리탑을 향해 108배를 올리면서 스스로 '불자'라 선언하였다.

다음 해 안거 해제에 맞춰 '티벳불교 세계평화의 보병' 안장 사명이 주어졌다. 그래서 12기의 보병을 1년에 걸쳐 전국 주요 산의 정상부에 안장하는 임무를 수행하였다. 필시 그 인연으로 이 글을 쓰고 있을 것이다.

풍수는 자연이다. 산에 깃들면 마음이 편안하다. 산은 깃드는 자의 마음 그대로 안아준다. 산기운이 몸을 지나 마음을 토닥인다. 풍수를 통해 겸손과 나눔을 배우며 조금씩 착해지고 싶다.

산중 사찰과 암자에는 그 산의 향기가 가득하다. 필자는 산중 사찰과 암자의 향기에 취해 풍수장이가 되었다. 사찰과 암자는 선인의 지극한 서원의 인연처로 그 자체가 성소다. 터를 정하면 필시 간절한 축원 기도가 스며들고 건축물이 들어서면 그곳은 우주의 중심이 된다. 감히 일개 풍수 나부랭이가 범접할 곳이 아니다. 그래서 조심스럽다.

만물은 당시 당처 존재의 소이연이 있다. 사찰과 암자는 시·공간의 대지-장소에 안겨 우주를 품는다. 풍수는 사찰과 암자 존재의 소이연을 공유한다. 풍수인은 풍수의 자연 지혜를 배우고 익혀 만물과 소통한다. 시·공간의 대지-장소의 품에 안겨 뿌리를 내린 만물과 관계는 극치(克治)할 때 통한다.

초당사걸(初唐四傑)의 한 사람인 왕발(王勃)은 "인걸(人傑)은 지령(地靈)"이라 했다. 근본적으로 인간은 대지에 의존해 살아가며 장소의 영향을 받는다.

선가(禪家) 공부의 3대 요건에 도량(道場)이 있다. 대혜종고(大慧宗杲, 1089~1163)는 위산(潙山) 법어를 인용 『대해서장(大慧書狀)』에서 '토지연(土地緣)'을 강조하였다. 탄허스님은 "아는 것이 끊어져 모르는 바가 없는 지경을 도(道)라 하고, 한 분야를 많이 알아서 쌓인 능력을 술(術)이라 하며, 외도(外道)란 없다"라고 하였다. 혈처에 사찰과 암자를 점지한 고승의 풍수는 필시 '도학(道學)'이다.

미국 하버드 대학교의 제임스 롭슨(James Robson) 교수는 『장소의 힘(Power of place)』에서 중국 오악(五嶽) 중 하나인 남악(南嶽)의 형산(衡山)이 지닌 독특한 장소의 힘을, 풍수를 통해 설명하면서 문화적 장소로서의 가치를 역설하고 있다. 우리의 풍부한 풍수 자산을 잘 활용할 때다.

풍수의 핵은 혈이다. 이 글은 사찰과 암자의 풍수적 입지를, 혈을 중심으로 형기론으로 논설한다. 이기론, 물형론, 풍수 전설 등 혈과 직접 관계하지 않는 설명은 피하고 혈에 집중하여 설명한다.

'풍수는 인자수지(人子須知)'라 한다. '사람의 자식이라면 마땅히 알아야 할 바'가 바로 '풍수'라는 의미다. 이 글을 통해 '불자라면 반드시 알아야 할 바'가 '풍수'임을 깨달아 확신할 수 있을 것이다.

풍수를 배우고 싶다면 머리를 굴려 요령을 피우지 말라! 어린아이가 말을 배우듯이 자연에 마음을 기울이고 묻고 되물어 궁금증을 해소해 가야 한다. 풍수는 자연을 대상으로 하여 직관적 이해와 체득으로 자연스러운 응용의 경지에 이른다. 그래서 현장 경험을 통한 체득만이 능히 실상을 관통할 수 있다. 추상적 이론을 이용한 상수(이기)적 접근은 풍수의 이치를 절대 관통할 수 없다. 풍수 공부에 왕도는 없다. 서둘면 자기 합리화의 함정에 빠지고 만다.

시공은 부단히 역(易) 한다. 역동적 시공간에서 풍수인으로서 존재는 어디쯤일까? 이 글은 자문의 공개 청문이다. 질타와 편달은 새살을 돋게 할 것이다.

가야산 찯터 진여주에서
소불·청랑 ⛰

목 차

프롤로그

제1장 풍수의 기준은 혈(穴) ·········· 9
1. 풍수란? ·········· 9
2. 풍수 불신 시대, 원인과 해법 ·········· 11
   가. 풍수 불신 시대 ·········· 11
   나. 불신의 근본 원인 ·········· 12
   다. 풍수 불신의 과정 ·········· 13
   라. 해법의 길 ·········· 14
3. 혈을 찾아서 ·········· 19
   가. '혈'이 뭣고? ·········· 19
   나. 혈의 현상적 의미 ·········· 20
   다. 혈의 어원적 의미 ·········· 21
   라. 혈의 본원적 의미 ·········· 23
   마. 혈과 함께 태동한 풍수 ·········· 29
   바. 혈의 중 사상 ·········· 38
   사. 혈에 내재 된 사상 ·········· 39
   아. 풍수에 스며든 혈의 중 사상 ·········· 41
   자. 혈에 내재 된 의미와 사상 종합 ·········· 62
4. 좌향(坐向) ·········· 65
   가. 자연방위론 ·········· 66
   나. 좌향(坐向) 설정 ·········· 68
5. 풍수 혈의 개념과 평가 기준 설정 ·········· 72
   가. 혈의 개념 ·········· 73
   나. 평가 기준 ·········· 74

제2장 혈을 기준으로 살펴본 사찰과 암자 76
　1. 풍수 배움의 인연 장소로서 사찰 77
　　가. 천등산 봉정사 77
　　나. 봉황산 부석사 무량수전 82
　2. 풍수 한반도 도입의 주역 87
　　가. 자장율사와 5대 적멸보궁 88
　　나. 의상대사와 화엄십찰 120
　3. 미륵신앙의 탯자리 금산사 미륵전 135
　　가. 미륵신앙 135
　　나. 금산사 140
　　다. 미륵 할머니 145
　　라. 모악산의 혈처 147
　4. 혈과 스님 149
　　가. 경허스님: 동학사·천장사 149
　　나. 성철스님: 성전암·백련암 158
　　다. 법정스님: 불일암 163
　　라. 서암스님: 원적사 167
　5. 오대산과 오대 사상 172
　　가. 오대 사상 172
　　나. 오대산 풍수 173
　6. 혈의 효능과 가치 189

부록 : 추맥(追脈) 194
　1. 추맥이란 194
　2. 추맥(追脈) 실전 207

제1장 풍수의 기준은 혈(穴)

1. 풍수란?

'풍수'를 벗하고 싶다면 우선 '풍수'가 무엇인지? 왜 하필 '풍수'라 하는지? 제대로 알아야 할 것이다. 왜 풍수라 하였을까? 그 까닭에 대해 의견을 나누어 보자.

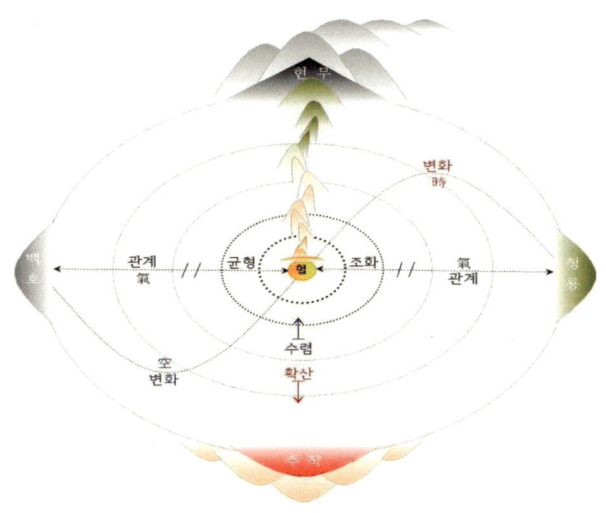

풍수(風水)는 바람(공기)과 물로 곧 자연이다. 풍수의 운신·변화는 스스로, 절로 그러하다.[1] 풍수에서 절로 그러함은 연기(緣起)의 도

(道)이다. 그래서 도를 깨친 자는 풍수를 저절로 알게 된다. 풍수로 세상은 서로 연결되어 있다.[2] 그래서 네가 아프면 내가 아프고 내가 아프면 네가 아프다. 인간과 자연, 사람과 사람은 풍수로 연결되어 무한 관계한다. 모든 자연은 관계적 유기체이며 생명체이다. 이러한 자연의 속성을 제대로 이해하고 관계를 바르게 정립해 가는 인간의 노력이 풍수의 시작이다.

자연은 과학의 모태(母胎)로 풍수는 제일 자연과학이다. 그래서 풍수의 정석[道]은 가장 과학적일 수밖에 없다. 풍수(공기와 물)는 생명의 핵심 요소다. 생명체의 안과 밖에는 풍수가 살아 꿈틀거린다. 어떻게 살고 죽을 것인가? "물처럼 바람처럼 살다가 가라 하네"[3] 마음이 아프거나 몸이 불편하면 물 좋고 공기(바람) 좋은 곳을 찾는다. 인간은 풍수로 치유하고 풍수와 함께 생로병사 순환한다. 그래서 풍수의 속성을 제대로 알고 순환의 원리를 깨치면 생사 비밀을 알 수 있다.

풍수는 시공간의 차이로 순환한다. 압력(온도·습도·중력)의 차이로 동(動: 陽)하고 균형처에서 정(靜: 陰)한다. 풍수는 음양 순환으로 세상을 정화하고 산천을 치유하며 역사의 주름(무늬)을 남긴다. 인간은 산천에 새겨진 풍수의 무늬를 살펴 풍수 가르침을 지혜로 터득한다.

인간은 종족 보존과 번식을 위해 본능적으로 생존에 유리한 터를 찾아 머물게 된다. 시공의 변화에 생존 본능으로 선택한 최적의 장소에 머문다. 본능을 통한 생존 체험 노-하우는 시공의 순환에 변증과 축적을 반복하며 갱신(update)된다. 이러한 온고지신의 노-하우가 우리가 배우고자 하는 '풍수'다.

풍수를 행한 결과는 엄중하여 일체의 용서나 에누리가 없다. 과욕은 죄업이 되고 서두르면 넘어진다. 풍수인은 여여- 둥둥-, 자연을 벗하며 이심전심 염화미소로 바람처럼 물처럼 즐기며 살아간다.

2. 풍수 불신 시대, 원인과 해법

'풍수 불신 시대'가 되어버렸다. 이렇게 풍수를 불신하는 이유는 무엇이며, 왜 이 지경에 이르게 되었을까? 자성을 통해 원인을 알 수 있다면 해법도 찾을 수 있을 것이다. 불신을 극복하고 풍수 본연의 지혜를 회복할 수 있는 해법을 함께 찾아보자.

가. 풍수 불신 시대

지금 이 나라는 풍수 전국시대라 할 만큼 많은 풍수인이 군웅할거(群雄割據)로 풍수 칼을 휘두르고 있다. 모두 하늘의 뜻을 품부(稟賦)한 영웅으로 스스로 정도행을 주창하며 풍수 세계를 통일하려 한다. 그런데 세상 사람들은 어떤 풍수인[4]도 믿고 싶지 않은 풍수 난세가 되어버렸다.

왜? 무엇 때문일까? 문제의 원인은 풍수계 내부에 있다. 바로 '자기가 최고'라며 풍수행을 하는 '풍수 팔이' 때문이다. '풍수 팔이'는 풍수를 팔아 이익을 챙기는 자이다. 그들은 욕된 마음에 주창하는 바가 서로 달라 믿을 수 없다. 이들은 여전히 각자 팔을 흔들며 공수표를 남발하고 있다.

풍수는 자연과 인간을 연결하는 요체다. 풍수인은 자연과 인간을 연결하는 중매인이다. 지금 풍수 소비자인 보통 사람은 풍수인을 신뢰하지 않는다. 왜냐하면, 같은 자리에 대하여 풍수인 마다 다르게 해석하고 평가하기 때문이다. 보통 사람은 제각각 달리 해석하고 평가하는 풍수인에게 묻는다. "누구의 말이 맞는 것인가? 정말 '풍수'란 진리가 있기는 한 것인가?" 풍수인에 대한 불신이 풍수 의구심으로 전이·확산되어 풍수에 대한 부정적 인식이 팽배하고 있다.

풍수 불신의 근본 원인은 풍수 자체가 아니라 제각각 다른 방식으로 현장에서 풍수를 실행하는 풍수인으로부터 기인한다. 같은 자리를 풍수인마다 달리 해석하고 평가하면서 이를 객관적으로 바라보는 세상 사람들은 의구심을 가질 수밖에 없을 것이다. 그렇다면 왜 풍수인은 저마다 풍수를 달리 해석하고 평가하는 것일까?

나. 불신의 근본 원인

앞에서 살펴본 바와 같이 풍수 불신은 같은 자리에 대한 풍수인의 다른 해석과 평가에 기인한다.5) 여기서 다름[difference]의 주된 요인은 개인오차로 인한 단순한 해석 수준이나 질적 차이가 아니라6) 판단 · 해석 · 평가 기준(이하 '평가 기준'으로 표기)의 다름에 기인한 근본적인 차이다. '평가 기준'의 차이는 평가 결과의 차이를 초래할 수밖에 없다. 문제는 평가 기준의 차이다. 왜 풍수인은 평가 기준을 달리할까?

기준은 목표 달성을 위한 기본적이고 표준적인 잣대가 된다. 풍수에서 목표는 최선의 터인 '혈'이다. 혈은 풍수가 지향하는 본보기가 되며 잣대가 된다. 따라서 혈의 기본적이고 표준적인 조건이 풍수의 평가 기준이 된다.

혹자는 '혈이 없다'라고 한다.7) 풍수의 핵(核), 혈의 존재를 부정한다면 풍수의 평가 기준은 모호해지고 말 것이다. 풍수에서 추구하는 구체적이고 통일된 목표물이 사라지기 때문이다. 이러한 혈이 없는 풍수의 평가는 배타적이고 주관적인 나름의 이론을 기준으로 평가할 수밖에 없어 혈을 기준으로 하는 평가와 현저한 차이를 보이면서 풍수 불신의 주된 요인이 되고 있다.

혈이 존재한다면 '혈'은 어떻게 개념화하여 정의할 수 있을까? 만약 혈의 개념에 대한 공리8)가 있다면 평가 기준의 상이로 야기되는 문제는 쉽게 해결될 것이다. 그러나 안타깝게도 혈의 관념적·추상적 속성 때문일까? 지금까지는 저마다 혈의 개념을 달리 이해하고 인식하면서 풍수에서 실행하는 평가 기준도 달리한다. 즉 혈에 대한 인식 차이로 혈의 기준을 달리하면서 평가 결과의 불일치로 풍수 불신을 초래하게 된 것이다(혈에 대한 인식 차이→ 평가 기준의 차이→ 평가 결과의 불일치⇒ 풍수 불신). 특히 개념 인식의 차이에 따라 혈을 찾는 다양한 방법론이 제시되면서 다양성이 다름(difference)으로 표출되어 문제의 풍수 불신을 초래하는 주요 요인이 되고 있다.

다. 풍수 불신의 과정

풍수에서 방법론을 달리하면서 결과의 차이를 초래하는 분명한 예가 있다. 바로 이기론(理氣論)9)이다. 이기론은 시대에 따라 달리 해석되며 당대에 정립되거나 유행하는 동양 사상의 이기설을 풍수에 응용한 경우로 같은 자리에 대해 다른 이론을 적용하면서 다른 결과를 도출하는 치명적 모순을 갖는다. 같은 자리에 대한 상호 모순적 해석은 일정한 시간이 지나면 해당 이기론의 적용에 따른 결과를 쉽게 확인할 수 있다. 궁리(窮理)는 치열한 격물(格物)을 통해 이루어진다. 풍수는 곧 자연이다. 풍수는 자연을 대상으로 직관적 이해와 체득으로 자연스러운 응용의 경지에 이른다. 그래서 현장 경험을 통한 체득만이 능히 실상을 관통할 수 있다. 동양 사상은 상황에 따른 상대적 이해를 도모하는 방편이 될 수 있다. 그러나 동양사상의 추상적 이론으로 풍수 작용과 현상을 물리학이나 기하학처럼 수학적 계산을 통해 정합적으로 분석하거나 종합해 낼 수는 없다.

그 결과 소위 '패철 풍수'로 일컫는 이기 풍수의 결과적 상호 모순을 경험하면서 소비자는 풍수에 불신을 갖기 시작하였다.

이기 풍수가 가져다준 불신의 틈을 소위 기(氣)·영(靈)·수맥(水脈) 풍수가 비집고 들어와 성행한다. 기(氣)·영(靈)·수맥(水脈) 풍수인은 전통 풍수 사상을 바탕으로 한 풍수가 아니라 현장에서 개별적 직감 능력을 보여주면서 단번에 세간의 관심을 집중시켰다. 그러나 그들은 체계적인 풍수 이론의 습득 과정이나 현장 경험 없이 터의 평가를 개별적 직감에 의존하여 '기', '영', '수맥'을 중심으로 실행하면서 통일된 기준(공리)의 부재로 다분히 주관적일 뿐만 아니라 직감의 특수성으로 인해 배타적이다. 따라서 각자의 관념적 기준으로 풍수를 행하면서 저마다 평가 결과를 달리한다. 스스로는 항상 100% 옳지만, 다른 관념을 가진 사람과는 다를 수밖에 없어 이기론자와 마찬가지로 서로 엇갈린 주장을 하게 된다. 결과적으로 이러한 기·영·수맥 풍수인의 개별적이며 배타적 풍수행은 이기론의 상대적 모순으로 시작된 풍수 불신을 더욱 증폭시키며 악화시키는 결과를 초래하고 말았다.

라. 해법의 길

1) 문제 해결의 주체는 풍수인

풍수의 불신은 상대적 모순의 이기론에서 비롯되어 기·수맥·영 풍수인이 보여준 개별성과 배타성으로, 급기야 미신으로 추락해가고 있다. 이러한 동일 장소에 대한 다른 평가로 인한 풍수 불신은 풍수인이 자초한 결과다. 결자해지로 풍수 불신 문제는 원인을 제공한 풍수인이 마땅히 풀어가야 할 것이다. 그러나 안타깝게도 대부분의 풍수인은 풍수 불신의 문제가 자신의 그릇된 현장 행에서 연유함을 자각하지 못하거나 인정하지 않는다. 심지어 문제의식도 갖지 못하고 있는 풍수인도 적지 않다. 풍수인으로서 풍수 불신의 문제를 직시하며 자성(自省)의 경험 이야기를 여러분과 나누고 싶다.

여러분께서는 "풍수 진인을 만난 적이 있으신가요?"[10] 필자는 그동안 수많은 자칭 '풍수 도사'라는 사람을 만나 왔다. 그러나 안타깝게도 혈을 제대로 정의하며 합리적 근거를 기준으로 혈을 찾고 점혈까지 정확하게 하여 그 능력을 인정해 주고 싶은 풍수인은 단 한 사람도 인연 할 수 없었다. 그렇게 세상 풍수인을 향해 질문하다 얻은 실망은 잠시 가던 길을 멈추고 자신의 풍수 역정을 되돌아보는 계기가 되었다.

1989년 한 해에 아버지와 형이 세상을 달리하여 졸지에 가장이 되면서 자신에게 던진 질문과 해답의 길이 풍수였다. 질문이 직업이 되었다. 풍수로 세상과 소통하며 전국 순회 방문을 시작하였다.[11] 수많은 사람을 만나고 헤아릴 수 없을 만큼 많은 자리를 방문하여 풍수 도인처럼 일일이 콕! 콕!! 찍어주고 감정하고 평가해 주었다. 하루에 10곳도 넘는 자리를 미친 듯이 날뛰며 방문한 적도 있다. 시간에 쫓기어 끼니를 운으로 때우고 주로 찜질방에서 잠을 청한다. 일단 집을 나서면 몇 달을 그렇게 분주하게 질주하는 지난날의 풍수행을 되돌아본다.

혹시 성인이 되어 여러분이 다녔던 초등학교를 가본 적이 있나요? 어릴 적 그렇게 큰 학교가 왜 이렇게 작아 보일까요? 학교는 그대로인데 우리가 그만큼 성장했기 때문이다. 마찬가지로 과거의 제 풍수행을 돌아보면서 너무도 많이 변해 있는 자신을 발견한다. 풍수에 몰입하여 허우적거리는 사이에 내 안에 질적(안목)·양적(심적) 변화가 생긴 것이다. 그런데도 우리는 변화를 제대로 느끼지 못하고 살아간다. 변화의 인식은 심각하고 중대한 문제를 자각하게 한다. 그렇게 자신하며 행한 풍수 컨설팅이 당시 당처의 기준으로 되돌아보면 그릇됨이 적지 않다는 것이다. 엉터리 풍수를 행하면서도 왜 그리 당당하고 절절할 수 있었을까? 티끌 지식으로 자기도취에 빠져 주위를 돌아보지 못하였기 때문이다.

현재를 기준으로 과거 풍수행을 돌아보면 차이[변화]를 통해 자신의 오류와 마주하게 된다. 다시 세월이 흘러 지금의 제모습을 되돌아보면 또다시 후회의 그릇됨은 없을까? 있을 수밖에 없을 것이다. 그래서 과거를 생각하면 많이 미안하고 부끄러울 것이며, 미래를 고려하면 신중하지 않을 수 없을 것이다.

많은 풍수인이 자기 함정에 빠져 허우적거리고 있다. 객관적 자기관찰을 해보면 어떨까? 시공의 변화로 달라진 자신의 풍수관과 다른 기준의 풍수인과 비교하면서 지금 제 풍수관이 절대 경지에 이르지 못했음을 자각할 수는 없을까? 자각은 더욱 겸허한 언행, 신중한 풍수행의 길로 안내할 것이다.

2) 전통 풍수

그렇다면 평가 기준의 차이로 초래한 풍수 불신의 극복 방법은 무엇일까? 인간의 보편적 생존 본능적 능력을 기반으로 체득해 온 경험적 비결(know-how)의 여과(filtering) 산물을 '전통 풍수'라 한다. 왜 '전통 풍수'일까? 전통 풍수는 전통을 기반으로 한 풍수로 곧 전통+풍수다. 풍수는 앞에서 설명한 바와 같이 '바람[風]'과 '물[水]'의 합성어로 곧 '자연(自然)'을 의미한다. 바람은 절로 스스로 불균형에 기인(起因)하여 균형점으로 사라진다. 물은 불균형에 동(動)하고 균형점에서 정(靜)한다. 그래서 장풍득수[12]는 바람과 물의 균형을 기준으로 한다.

산천은 바람과 물이 빚은 조각품이다. 인간은 풍수가 빚은 산천의 모습을 통해 생존 지혜를 모색한다. 바람과 물의 가르침을 온몸으로 체험하며 자문한다. 어떻게 하면 보다 안전하고 평온하게 생존할 수 있을까? 인간은 본능적으로 불안하고 위험한 곳을 피하여 안전한 곳을 찾는다.

이렇게 인간은 풍수가 빚은 산천에 존재하며 풍수를 직간접적으로 체험하면서 본능적 생존 능력을 발휘하여 경험적 지식을 축적해 간다. 따라서 풍수는 인간 존재와 함께 생존 본능에서 시작되어 체험적 지식으로 계승 축적되면서 체계화되어 지금까지 전래해 온 셈이다. 이렇듯 "어떤 집단이나 공동체에서 과거로부터 이어 내려오는 바람직한 사상이나 관습, 행동 따위가 '계통'13)을 이루어 현재까지 전해지는 것"을 '전통'이라 한다.

전통은 '계승 발전', '온고지신'의 과정이 반복된다. 전통은 단순한 과거의 산물이 아니라 항변(恒變)하는 시·공간과 연동하여 역동적으로 대응하며 진화해 가는 현재 진행형이다. 역동하는 변화에 시중(時中)해 가야 한다.

전통에는 중간에 사라지지 않고 이어져 내려온 가치가 내재한다. 전통은 과거의 축적된 지혜의 계승이며 현존재의 원천으로 그 안에 집단적 정신(의식)이 내재해 있다. 오랜 존재 시간만큼 많은 사람과 만나고, 그만큼 많이 축적된 경험적 지식을 접하며 공감해 갈 수 있다. 그래서 우리는 전통을 매우 소중히 한다.

이렇게 오랜 시간적 증험을 통해 수많은 사람이 존재 가치를 입증한 전통의 맥이 흐르는 풍수를 우리는 '전통 풍수'라 한다. 전통 풍수는 인류의 탄생과 함께 시작된 인류 공통의 생존 지혜로 지금까지 계승되어왔다. 따라서 지금까지 존재하는 우리는 '전통 풍수적 인간'이라 할 수 있을 것이다. 인간에게 전통 풍수는 자연스러운 공감의 세계다. 이기·수맥·기·영풍수처럼 상대적 모순으로 충돌하거나 추상적, 개별적, 배타적이지도 않다.

바람과 물은 자연이다. 과학은 자연의 근본 이치를 밝혀가는 학문이다. 따라서 풍수의 정수(精髓)는 과학적일 수밖에 없다(풍수=자연) ⇒ (풍수의 정수=과학). 전통 풍수도 현대 과학과 수학 그리고 통계적 기술을 이용하여 보다 정교하게 진화해 갈 때이다.

3) 형기론

전통 풍수는 인간 생존 본능에서 시작된 풍수 체험의 역사물이다. 바람과 물은 인간에게 직접 부닥치며 가르침을 베풀고 인간이 존재하는 산천에 풀어가야 할 과제의 흔적을 남긴다. 인간은 바람과 물이 남긴 흔적의 형상을 읽고 탐구하여 풍수 지혜를 배운다. 이렇게 풍수가 빚은 산천의 모습을 통한 풍수 방법론을 '형세(形勢)론' 혹은 '형기(形氣)론'(이하 '형기론'으로 표기)이라 한다.

전통 풍수는 형기론을 근간으로 계승되어왔다. 자연의 현상과 형상은 인간 생존을 위한 격물치지(格物致知)의 제일 대상이다. 형기론은 주위 산천의 모습을 직접 눈으로 보고 확인할 수 있어 공감할 수 있다. 공감의 기준은 인간 본능과 오랜 선험적 지식을 바탕으로 한다. 형상을 통한 공감을 바탕으로 하는 형기 풍수는 불신이 끼어들 여지가 없다. 따라서 전통 풍수의 근간인 형기론을 중심으로 풍수행을 한다면 풍수 불신은 자연스럽게 해결될 것이다.

형기론은 밖으로 드러난 산천의 형상을 통해 공감하며 내재 된 기(氣)로 교감한다. 교감은 상호작용 한다. 풍수는 인간이 자연과 상호작용을 하며 기의 특성을 읽어 변화하는 세상에 대응하는 길(way)이다. 세계는 무상 변화한다. 시공간의 무한 변화 속에 살아가는 인간에게 전통 풍수의 형기론은 화작(化作)이며 시중(時中)의 생존 지혜가 될 것이다.[14]

3. 혈을 찾아서

풍수 역사를 살펴보면 수많은 사람이 혈을 찾아 혈의 정의를 설파한다. 그러나 혈의 현상적 설명뿐 그 누구도 혈의 근원적 의미를 밝혀 혈의 실상을 자세히 분석하여 설명하지 못하고 있다. 그 결과 풍수의 핵심이며 준거로서 혈을 제대로 인식하지 못하면서 지금 우리는 풍수 불신의 늪에 점점 깊게 빠져들고 있다. 이에 본인은 혈의 근원적 의미에 내재 된 고유한 특성을 밝혀 풍수의 기준을 세우기 위해 혈의 본원적 의미를 찾아 나선다.

누구도 가보지 않은 길이다. 그런 만큼 멀고 고된 길이 될 것이다. 풍수에서 최선의 자리를 왜 '혈'이라고 할까? 제대로 알아야 풍수에서 혈을 바르게 찾을 수 있을 것이며 혈의 특성을 기준(공준)으로 터를 바르게 평가할 수 있을 것이다.

풍수에서 최선의 자리를 차지하고 있는 혈! 언제(시간) 어디서(공간) 누구(인간)에 의해 어떻게 기원하였을까? 이 절에서는 혈의 기원을 찾아 혈의 본원적 의미와 그 안에 스민 근본 사상을 밝혀 풍수 혈의 공리를 정립하고 나아가 풍수의 공준(公準)[15]을 제시하여 풍수학의 정초(定礎)를 다져 나가고자 한다.

가. '혈'이 뭐고?

혈은 "풍수의 핵으로 인간의 의지를 돕고 복을 가져다주는 최선의 장소(point)"로 고전에서는 "혈은 기운이 뭉친(맺힌) 곳"이라 한다. "산천을 나무에 비유하여 혈(=꽃·열매)을 맺는 기운은 조산(祖山=뿌리)에서 발생하여 용맥(=줄기, 가지)을 통해 흘러 그 끝자락에 맺는다"라고 한다. 그러나 조산에서 혈을 맺는 기가 어떻게 발생하고, 어떻게 용맥을 통해 흘러, 어떻게 용진처(龍盡處)[16]에 혈이 맺히는지에 관해서는 다수설이 있지만, 어느 설도 실증적이지 않아 쉽게 공감할 수 없다. 그 결과 혈의 존재 여부와 그 의미와 가치까지도 명확하게 설명되지 못하고 있다.[17] 이에 필자는 우선 혈의 기원을 추적하여 혈에 내재 된 본원적 의미를 찾아 정리하면서 혈의 공리적 개념을 세워가는 토대로 삼고자 한다.

나. 혈의 현상적 의미

아직 그 의미는 제대로 알 수 없지만 '혈'이란 용어는 사용되고 있다. 먼저 현상적으로 사용되고 있는 혈을 찾아보자. 주자는 풍수서인 『산릉의장(山陵議狀)』에서 "소위 정혈의 법이란 침구술에 비유할 수 있는 것으로 스스로 일정한 혈의 위치를 갖는 것이기 때문에 털끝만큼의 차이도 있어서는 안 된다"[18]라고 하여 풍수에서 혈을 인체의 경혈(經穴)에 비유하였다. 이처럼 '혈'은 주로 땅[地]과 사람[人體], 두 물체에 사용된다.

땅의 혈은 풍수[19]에서, 인체의 혈은 의학[20]과 관상[21]에서 사용되고 있다. 혈은 땅과 인체에서 유사한 의미로 사용되고 있다. 풍수와 의학에서 사용되는 혈의 공통점은 기(氣)와 관련되어 있다. 풍수에서 기는 용맥(龍脈)[22]을 타고 흐르고 의학에서는 경락(經絡)[23]을 타고 흐른다. 풍수의 혈은 용맥을 따라 흐르는 기가 모여 응결된 곳으로, 인간에게 최선의 기가 샘솟는 자리가 된다. 반면에 의학에서는 기가 흐르는 경락에 침을 놓거나 뜸을 뜨는 자리를 '혈'[24]이라 한다. 또 관상에서는 인체의 혈이 운명을 결정하는 주요 자리가 된다.

위의 설명에 따르면 땅에서 혈은 지점(point)으로, 인체에서는 점으로 표시된다. 혈은 풍수와 의학, 관상에서 '기가 모이거나 응결된 점'이다. 혈의 현주소에서 그 기원을 찾아가 보자. 풍수, 의학, 관상 고전을 추적하여 문자로 기록된 최고서까지 살펴본다. 풍수는 『장서』와 『청오경』까지, 의학은 『황제내경』과 〈마왕퇴 백서〉까지, 관상은 마의·달마 상법까지 살펴 찾아본다. 그러나 모두 각 분야에 사용하는 혈의 현상적 설명뿐 어디에도 혈의 기원이나 본래 의미에 관한 내용은 찾아볼 수 없다.

혈의 또 다른 소재는 '성혈(性穴)'이다. 암각(巖刻)되어 남아 있는 성혈은 별자리 등 여러 해석이 있지만, 성혈에서도 혈의 기원에 관한 정보를 찾을 수 없다. 다만 땅과 인체에서의 혈과 달리 형상이 새겨져 있다. 반구형의 홈, 즉 '구덩이'다. 때로는 바위에 뚫린 '구멍'까지도 포함한다. 이밖에 제주의 삼성혈(三姓穴)은 반구형의 커다란 구덩이에 세 개의 구멍이 있다.

종합하면 혈은 땅과 인체에서는 '기의 흐름과 응결 점'이며, 성혈과 삼성혈에서는 '구덩이'나 '구멍'으로 형상을 드러낸다. 그러나 이러한 것으로 혈의 기원과 의미를 제대로 알 수는 없다. 풍수와 의학에서는 분명한 쓰임[用]이 있지만 그 근원[體]을 알지 못하고, 성혈과 삼성혈에서는 형상으로 존재하지만 내재 된 본질적 의미를 파악할 수는 없다. 이제 또 다른 현상인 '언어'로서의 '혈'의 본래 의미를 찾아보자.

다. 혈의 어원적 의미

'혈'이란 용어가 현상적으로 사용되는 곳에서는 '혈'의 기원적 의미를 찾을 수는 없었다. 이제 어원을 통해 穴(혈)의 의미를 살펴보면 혈은 "흙을 파서 만든 집으로 '宀'으로 구성되었다", "고대 동굴로 야생의 장소", "혈은 굴(窟)이다"라고 한다.25) '穴'의 갑골문은 '⋒'인데, 금문(金文)의 '⋒', 전서(篆書)의 '内'에도 보이듯이 '⋒'='宀'아래 '八'을 받친 것이다.26) 여기에서 '八'은 양쪽에 기둥을 세워 지붕이 무너지지 않게 떠받치는 모양 혹은 벌린 모양으로 결국 '⋒=穴' 역시 '구멍 혈'이라기보다는 '굴 모양의 집' 혹은 '굴을 판 모양'을 나타내고 있다. 이러한 모양의 혈에 관해 한자 연구학자인 하영삼은 아래와 같이 자세히 설명하고 있다.

> 혈은 입구 양쪽으로 받침목이 갖추어진 동굴 집을 그렸는데, 동굴 집은 지상 건축물이 만들어지기 전의 초기 주거 형식이다. 특히 질 좋은 황토 지역에서 쉽게 만들 수 있었던 동굴 집은 온도나 습도까지 적당히 조절되는 훌륭한 주거지였다. 따라서 혈의 원래 뜻은 '동굴 집'이고, 여기서 '굴(窟)'과 사람이 살 수 있는 '空間(공간)'의 뜻이 나왔고, 이후 인체나 땅의 '혈'까지 지칭하게 되었다.27)

어원을 통해 보면 혈은 '흙을 파서 만든 동굴형 집'을 의미한다. 따라서 혈의 기원은 '주거(양택) 양식'에서 비롯되었음을 알 수 있다. 하영삼은 이러한 동굴형 집에서 "땅이나 인체의 '혈'까지 지칭하게 되었다"라며 혈 기원설까지 주장한다. 혈이 주거 양식에서 비롯되었다면 정주를 시작한 근원지를 추적하면 혈이 어디에서 나왔는지[起源處] 찾을 수 있을 것이다.

라. 혈의 본원적 의미

'동굴형 집'이라는 혈의 어원적 의미를 통해 혈의 기원을 찾아간다.

1) 혈의 기원적 의미

혈의 어원적 의미인 '동굴형 집'이라는 주거 양식은 수렵과 채집을 하며 이동하던 인간이 일정한 장소에 정착하여 생활하는 정주 문명과 관계된다. 중국의 정주 문명은 황하 유역을 중심으로 이루어졌다.

> 황하 유역을 중심으로 발원한 중국 문명은 북아프리카 지역의 이집트문명, 중근동의 메소포타미아문명 및 인도 대륙의 인더스문명과 더불어 초기 인류 문명의 중심지였으며 끊임없는 자기 확장의 역사를 노정(露呈)함으로써 선사이래 현재의 중국에 이르기까지 그 문화사적 위상을 도도하게 지속시켜 왔던 거의 유일한 문명이었다.28)
>
> 이곳 황하 중하류는 나중에 하·상·주 등 초기 국가가 성장했던 곳이며, 그 뒤 1,000여 년간 중국 역대 왕조의 정치·경제적 중심지이기도 했다.29)

세계 4대 문명 발상지의 다른 지역과 같이 중국의 문명도 강[水]을 중심으로 발생하였다. 그 강이 바로 '황하'다. 양사오 문화[仰韶文化]와 룽산 문화[龍山 文化]로 대표되는 황하 유역의 신석기 문화 유적이 발굴되면서 사실로 확인되었다.30) 이러한 중국 문명의 근원지인 황하는 최소한 중국인에게는 엄마 품과 같은 곳으로 민족의 젖줄이며 세계의 중심 공간이 된다.31)
이러한 황하 유역의 고대 주거 양식은 독특하게도 혈거식(穴居式)

이다.32) 혈에서 거주를 시작했다는 것이다. 앞에서 살펴본 혈의 어원에서 혈은 주거 양식에서 유래하였다는 설명과 일치한다. 중국연구학자인 조관희는 구체적으로 중국 문명은 황하 유역의 황토고원(黃土高原)에서 시작되었다고 한다.

> 황토고원은 중국에서 '黃土(황토)'라 부르는 미세한 입자의 풍화 충적토인 뢰스(loess)로 덮여 있는데, 특별한 기술이나 도구 없이도 파낼 수 있는 토양 특성으로 인해 이 지역에 인간의 거주가 시작된 신석기시대 이후 동굴집인 '요동(窯洞)'을 짓기에 최적의 장소가 되었다.33)

황토고원 요동 　　　　단구면과 유형34)

> 중국 농업은 황하강 중류 지역에 있는 황토지대에서 처음 시작했다. 황토는 땅을 수직으로 팔 수 있을 뿐만 아니라, 그 속에는 물을 밑에서 위로 끌어올리는 연결관인 모세관이 많이 형성돼 있다. 땅 밑에 있는 수분이 위로 올라오기 때문에 관개할 필요가 없다. 여기에 토질이 성글고 부드러워서 초기 농업에 사용된 원시적인 도구를 이용하여 경작 가능했다.35)

황토고원은 건조한 서쪽 지역에서 풍화된 황토 먼지가 편서풍을 타고 날려와 퇴적된 지역으로, 한반도의 3배에 해당하는 지역이다. 선사시대부터 인류가 살아온 곳으로 습지가 있어 농사와 목축을 하기에 유리하였다. 평지의 황토 토질은 특별한 기술이나 도구 없이도 경작할 수 있어 농사를 짓기에도 편리하였고, 홍수를 피할 수 있는 상대적으로 높은 지대에 주거를 위한 동굴을 어렵지 않게 팔 수 있었다.

황토고원의 초기 혈의 형태는 자연 동굴을 모방하여 자연 절벽에 동굴을 파는 동굴형(excavated cave)이었다. 이러한 동굴형이 '고애식(靠崖式, 또는 靠山式)'이었다면, 이와 달리 평탄한 대지에 수직으로 방형(方形)의 구멍을 파서 지하 가운데 정원[中庭]을 만들고 이를 중심으로 사방으로 굴을 파는 '하침식(下沈式)'도 있었다.36) 이러한 황토고원이 중국 문명의 중심지역이었음이 밝혀지게 된다.

> 중국의 신석기 문화에 관한 최초 발굴은 1920년대 스웨덴 지질학자인 요한 군나르 안데르손(Johan Gunnar Andersson, 1874~1960)이 허난성 민지현 앙소촌(澠池縣 仰昭村)에서 발굴한, 이른바 '양사오 문화'에서 비롯된 것이었다. … 그 뒤 산둥성 역성현 용산진(歷城縣 龍山鎭)에서 별개의 신석기 문화가 발굴되었다. … 이를 발굴지 이름을 따서 '룽산 문화'라고 부른다.37)

> 황토고원은 예외적 지역에 속한다. 이 지역에서는 일찍이 지상 주거보다 지하 주거인 요동(혈)이 발달하였는데, 이는 이 지역 토양이 요동(혈) 건설에 유리하고 기후 조건상 요동(혈)만큼 적합한 주거가 없기 때문이기도 하지만 …38)

황토고원이 황하 문명의 중심이며, 그곳의 주거 양식이 흙을 파서 만든 집 곧 혈이었다는 사실을 알 수 있다. 인류는 지구상에 출현하면서 동굴을 주거처로 삼아 혈거 생활을 하게 된다. 동굴은 인간이 세상에 나오기 전 10개월 동안 머물렀던 자궁39)의 이미지를 가지고 있다. 동굴은 추위와 비바람을 막고, 불과 함께 맹수의 습격을 피할 수 있어 원시시대 최적의 주거 공간이었다. 한정된 공간에 인구가 늘어나면서 자연 동굴을 벗어나 다른 주거 공간의 필요성을 느끼며 인간은 직접 동굴을 파게 되었다. 자연 동굴이 먹을 것을 찾아 이동하며 생활하는 구석기시대 소집단의 주거 장소였다면, 인공 동굴은 신석기시대 농경과 함께 한곳에 정착하게 되면서40) 씨족 집단 사회의 정주 생활을 가능하게 하였다.

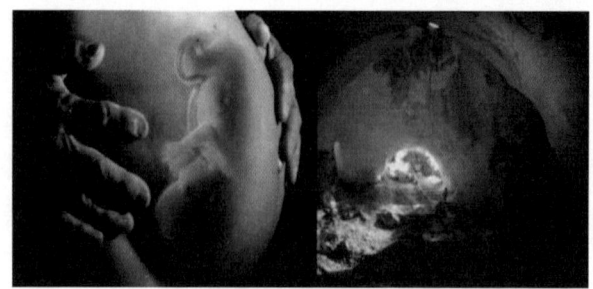

자궁과 동굴

대표 지역이 황하 문명의 발상지인 황하 유역의 황토고원 일원이다. 황토고원 지역은 중국인이 집단으로 거주를 시작한 곳으로 실질적인 중국 문명의 발상지이며 혈의 시원처가 된다. 이같이 혈은 고대 중국인의 주거 양식에서 기원하였다.[41] 따라서 중국 최초의 정주 문명은 혈과 함께 시작된 셈이다.

2) 기원 상 혈이 갖는 의미

'흙을 파서 만든 동굴형 집'이라는 어원으로 '혈'의 기원을 추적하면 중국의 황하 문명이 발생한 황하 지역의 황토고원까지 거슬러 올라간다. 앞의 '혈의 기원적 의미'에서 밝힌 내용을 토대로 황토고원의 혈이 갖는 의미를 정리하면 다음과 같다.

첫째, 혈은 중국의 주거 양식에서 비롯되었으며 인간 생존의 기본 요소인 의식주의 주(住)에 해당한다. 혈은 인간의 독특한 생존 본능적 입지 선택의 산물[42]이다. 살기 좋은 혈의 입지 선택은 양택풍수[43]의 기원이 된다. 인간을 안으로 품는 혈은 자궁의 특징을 지니고 있다. 주거는 생명을 보존하고 종족 번식을 무엇보다 우선해 고려한다. 그래서 주거는 존재의 시공간에서 본연적으로 최선, 최적의 자리로 귀결된다. 혈은 자신과 가족의 생명을 보호하며 종족 번식을 위해 선택한 최선의 집이다. 최선의 주거 입지로서 혈이 갖는 의의는 이후 풍수 사상으로 발전하여 전개된다.

둘째, 혈과 함께 정주 문화가 시작되었다. 인공적으로 만든 혈은 집단 주거를 가능하게 한다. 개념상 주거가 주거 양식인 혈을 포함(혈≤주거)하지만, 고대 문명이 발원한 황하 유역의 황토고원에서 혈과 주거는 동일 개념으로, 혈이 문명사에 갖는 의의를 주거를 통해 해석해 볼 수 있다. 주거는 혈과 주변 세계와 관계로 일어나는 경험적, 정서적 측면을 고려할 때 인간의 삶을 구성하는 물리적이며 객관적인 환경과 주관적이며 사회 심리적인 환경을 포함한다. 따라서 주거는 인간 삶의 필수 요소로 그 안에서 문화가 전개된다. 정주를 가능하게 한 혈과 함께 중국 정주 농경문화가 시작되어 혈은 중국 고대 문화의 시발처이며 핵심 장소가 된다.

셋째, 혈은 인간세계의 중심이 된다. 인간은 자신을 중심으로 세계를 의식하는 경향을 가지고 있다.[44] 고대에는 활동 범위가 넓지 않아 거주지를 중심으로 하나의 활동 세계를 구축하면서 자연스럽게 혈은 세계의 핵심이 된다. 먹거리 채취나 사냥을 위해 이동할 때도 혈을 기점으로 출발하여 혈로 돌아온다. 혈은 활동 세계의 원점이 된다. 이러한 활동 세계의 중심으로서 혈은 '지리 공간적 중'을 넘어 '의식 세계의 중심'으로 체득되어 가고 혈을 중심으로 공간은 점점 확장되어 간다. 혈과 함께 인간·공간·시간[삼간]은 변화의 무늬를 그려간다. 혈을 중심으로 하나의 우주가 형성되고, 인간이 머무는 혈을 중심으로 세상을 인식하는 사상을 갖게 된다.

넷째, 혈은 이동 생활하는 인간을 멈추게 한다.[45] 인간은 채집과 수렵을 하면서 이동(mobility)하다 농경을 기반으로 정주(sedentism)하게 된다.[46] 홍수와 가뭄으로 더 이상 농사를 지을 수 없으면 다시 이동해야 했다. 이동은 생명 유지에 필수적인 물길을 따라 행해진다. 그렇게 황하의 물길을 따라 오가며 만난 황토고원은 농사를 지으며 살아가기에 최적의 장소가 되었다. 황토고원은 강 따라 이동하는 인간을 멈추게 하였다. 황토고원의 혈은 인간이 이동을 멈추고 정착을 시작한 장소이다. 유동적인 생활이 특정한 곳에 멈추어 정주하면서 생활이 안정된다. 안정된 정착 생활을 시작한 그곳이 바로 혈이다. 그래서 혈은 안정적 생활을 가능하게 하는 장소로 귀결된다.

혈은 인간의 독특한 생존 본능적 주거 양식의 창조에서 비롯되었다. 일정한 거처 없이 이동 생활하던 인간은 혈을 근거지로 멈추어 정착하게 된다. 혈에 정주하면서 집단 문화가 시작된다. 혈을 중심으로 생활하게 되면서 혈은 경제와 문화의 중심이 된다. 고대에는 도보로 이동하여 생활 반경이 넓지 않아 혈을 축[中]으로 하나의 현실적 세계를 구축하게 된다. 혈에서 태어나 혈에서 죽는다. 혈은 세계의 중심이며 사상의 핵이 된다. 세계 중심으로서 혈은 오랜 체험의 축적을 통해 지리 공간적 '중'을 넘어 사상으로 정립되어 전개되어 간다.

기원 상 혈이 갖는 의의
• 혈은 주거 양식에서 비롯되었다. → 의식주의 주(住)에 해당, '풍수의 기원'이 된다.
• 혈은 인간의 독특한 자연 적응, 생존 본능의 산물이다. → 자궁의 특성, 최선의 집, 풍수 사상으로 발전한다.
• 혈의 집단 거주로 문화가 시작된다. → 집단생활의 보편화, 문화의 발원지⇒ 풍수는 문화.
• 혈은 세계의 중심이 된다. → 인간(혈) 중심의 사고와 세계 구축, 중 사상으로 발전, 풍수 혈의 핵심 특성이 된다.⇒ 혈처의 균형과 조화 중시.
• 혈은 이동하는 중국인을 멈추게 하였다. → 농사와 목축을 기반으로 정주 농경 국가로 발전한다.

마. 혈과 함께 태동한 풍수

인간의 거주는 단순히 '일정한 지역에 머물러 산다'라는 의미를 넘어 '인간 존재의 삶과 세계와의 관계'로 실존적 가치를 갖는다. 인간은 머무는 곳을 중심으로 형성된 세계와 관계하며 영향을 주고 받는다. "인간은 풍토성[空]과 역사성[時]으로 자신을 드러낸다."[47] 따라서 혈과 함께 '풍수 사상이 황토고원에서 기원'[48]했다면, 필시 황토고원의 풍토적 특징이 풍수 사상에 반영되어 있을 것이다. 풍수 원리[49]와 동양사상을 통해 그 관계성을 추적해본다.

먼저 황토고원의 굴집이 갖는 풍수의 양택 혈과의 관계성을 『시경(詩經)』「대아(大雅)」의 시(詩), '면(綿)'의 구절에서 살펴보자.

*주렁주렁 이어진 작고 큰 오이
주나라 겨레들이 처음 살았던 곳
저수와 칠수 강물이 흐르는 고장
위대한 고공 단보 받들어 모셔*
가마같이 생긴 굴을 파서 만든 그러한 굴집에서 살았었다네.
그 당시엔 (땅 위에다 지은) 집(독립가옥)이 없었다네.[50]

이 시는 "황허 중류 황토지대에서는 사람들이 일반적으로 도자기를 굽는 가마같이 길쭉하게 파고들어 간 굴집에 살았고, 지상에 건립된 가옥은 그 후대에 생겼음을 알려 준다. 이러한 굴을 팔 때는 양지바르고 겨울에는 북서풍을 피할 수 있도록 남쪽을 향하고 있으며 무너지지 않을 정도로 단단하고 순수한 황토로 이루어진 곳을 고르는 것이 중요한 문제였다. 이러한 좋은 굴집 터를 잡는 원리(조건)는 본질적으로 지금의 풍수 택지 선택 원리와 같다. 이러한 이상적인 굴집 터 찾기 원리가 바로 풍수 원리의 모태가 되었으며"[51] 굴집과 풍수 혈의 연관성을 보여주고 있다.

둘째, 『양택삼요(陽宅三要)』[52]에서는 "배산임수(背山臨水)하면 건강 장수하고, 전저후고(前低後高)하면 세출 영웅하고, 전착후관(前窄後寬)하면 부귀여산이라"53)하였다. 풍수의 자연환경과 지리적 입지 원리인 풍수의 배산임수 이론을 황토고원 굴집의 입지와 비교해보자.

> 북쪽에서 불어오는 바람은 차갑고 눈비마저 펑펑 내린다네 …54)

옛날부터 중국에서는 생활상 바람[風]과 물[水]에 관심을 가지게 되었다. 차가운 북풍은 북부 중국 일대를 크게 위협하였고, 비를 머금고 불어오는 남풍은 남중국의 하천을 범람시켰다. 북풍을 막고 흐르는 물을 관리하는 일은 옛날부터 생활에서 중대한 일이었다. 주거지를 안전하게 하고, 삶을 즐기려면 우선 첫째로 바람과 물의 재해[禍]를 입지 않을 만한 땅을 골라서 집을 지어야 했다. 그래서 땅을 고르는 필수 요건으로 바람과 물을 관찰하는 습관이 생겼다.55)

전체적으로 보면 중국은 지구의 북반구 유라시아 대륙의 동부, 태평양 서안(西岸)에 위치하고 있다. 이러한 지리적 위치는 계절풍 환류의 형성에 유리하여 중국을 세계에서 계절풍 기후의 가장 뚜렷한 구역 중의 하나로 만들었으며 풍향이 계절에 따라 주기적으로 바뀌는 것이고 겨울철 중국 대부분 지역은 북풍이 분다. … 그렇기 때문에 섬북 황토고원 지역에서는 사람들이 토굴을 파고 거주하면서 추위를 견디고 바람을 피할 수 있는 좋은 장소를 만들어냈다.56)

중국의 황하 지역도 우리나라와 같이 지구 북반구에 위치하여 겨울에 강한 북풍이 불고 여름에는 비를 동반한 남풍이 분다. 이러한 기후적 환경에 대응하고자 차가운 겨울철 북풍을 막아주는 산을 등지고 여름철 홍수 재해로부터 안전한 남향 지역을 선호했을 것이다. 황토고원의 혈은 남향의 경사지에 주로 자리하여 자연스럽게 산[절벽]에 등을 기대고, 농사짓는 평야[물]를 혈 아래 두어 여름철 홍수를 피하는 전형적인 배산임수의 입지를 취하고 있다. 지리학자이며 풍수 박사인 윤홍기57)는 황토고원을 풍수의 발상지로 지목하면서 황토고원의 혈이 가진 배산임수의 특성을 아래와 같이 자세히 설명한다.

> 풍수는 평지가 아니고 산이 가까이 있고 흐르는 물이 멀지 않은 북부 중국, 특히 황토지대를 풍수 발상지로 지목하였다. 그리고 풍수 택지 이론은 양택, 즉 집터를 찾는 방법에서 먼저 성립된 뒤 음택, 즉 묘터를 찾는 데 그대로 적용된 것 같다. 이러한 나의 소박한 견해가 한 걸음 앞으로 나가게 된 것은 1988년에 행한 중국 섬서성 일대의 굴집 연구를 위한 황토고원 답사와 그 결과를 중국 과학원 자연과학사 연구소에서 발표한 것이었다. 황토지대의 굴집 답사를 통해 풍수에서 말하는 토산(土山)의 모양이나 … 종전에 가졌던 풍수설의 기원에 대한 가설을 보완하고 보다 구체화해서, 중국 풍수의 택지술은 황토고원에 산재해 있는 굴집을 파기에 적당한 땅을 찾는 기술로부터 시작되었음을 알 수 있게 되었다. … 굴집은 굴을 팔 수 있는 산(언덕, 급경사의 산등성이)이 있어야 가능하다는 점이다. 이러한 지형 요건은 바로 풍수에서 말하는 주산이 명당 바로 뒤에 있어야 한다는 중요한 (배산임수) 원칙과 근본적으로 같은 것이기 때문이다.58)

황토고원은 토형산(土形山)으로, 굴집이 소재하는 산을 풍수의 혈이 기대는 주산(主山)59)으로, 굴집 앞에 펼쳐진 들판(물)을 풍수의 명당(明堂)60)으로 설명하며, "굴집은 배산임수의 특성을 가졌다"라는 것이다.

셋째, 음양오행(陰陽五行)61)은 동양 사상의 근간이 되는 이론이다. 풍수에서도 형기론(形氣論)과 이기론(理氣論)62) 모두 음양오행 원리를 적극적으로 대입하여 응용한다. 황토고원의 혈은 중국 문화와 사상의 기원처로서 오행63) 이론과 방위의 형성에도 직접적으로 영향을 끼친 것으로 보인다.64)

> 풍수 택지 술이 황토지대의 이상적인 굴집 터를 찾는 데서 시작되었을 것이라는 설을 뒷받침하는 또 하나의 사실은 음양오행설에서

중앙을 상징하는 요소를 황토고원의 흙[土]으로 하였다는 것이다. … 이러한 사실은 황토고원 지역과 굴집이 바로 풍수의 원래 고향이었을 것이라는 생각에 이르게 했다.65)

황토고원은 황토(黃土)로 형성된 곳이다. 황토고원에 혈은 흙[土]을 파서 만든 집이다. 목(木)-화(火)-토(土)-금(金)-수(水), 오행에서 토(土)는 중앙에 자리한다.66) 그러나 오행의 방위 배치 기원이나 근거는 지금까지 명확하게 밝혀지지 않고 있다.

고대 중국인은 혈을 중심으로 생활하였다. 황토고원의 혈은 황하문명의 중심으로 중국인에게 영원한 고향이며 민족의 뿌리(근원)다. 혈을 근거지로 한 오랜 생활에서 자연스럽게 싹튼 '중' 사상이 오행의 방위에 그대로 반영되었을 것이다. 혈은 세계의 중심이며 (穴=中), 혈은 황토로 이루어져 (穴=土) 곧 土(토)는 中(중)이 된다(土=中).67)

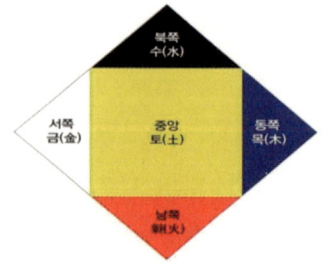

오행	방위	계절	색	사신사
목(木)	동	봄	푸른색	청룡
화(火)	남	여름	붉은색	주작
수(水)	북	겨울	검은색	현무
금(金)	서	가을	흰색	백호
토(土)	중앙	변절기	노란색	사람

오행과 방위

이러한 논리는 오행의 색 배치에서도 확인할 수 있다. 오행의 중앙을 상징하는 색은 黃(황)이다. 황은 혈이 소재하는 황토고원 땅의 색깔이다. 土(토)와 함께 黃(황)도 오행의 가운데 자리한다. 黃(황)과 土(토)는 황토고원에 자리한 혈토의 색이며 물질이다.

앞에서 살펴본 바와 같이 황토고원의 혈은 중국인에게 특별한 시·공간으로 세계의 중심이 된다. 황토고원의 혈이 주는 체험적 중심

개념이 물질적인 황토에 반영된 결과다. 이에 관한 윤홍기의 설명을 들어보자.

> 문제는 중앙의 방향을 뜻하는 누런색[黃]이다. 왜 누런색이 중앙을 가리키게 되었고, 왜 중앙을 지칭하는 오행의 성격은 흙[土]이 되었는지는 설명하기가 용이치 않다. 중앙이 색으로는 누런색이고 오행으로는 土(토)라는 것은 황토고원이라는 독특한 자연환경을 고려하지 않고는 이해가 되지 않는다. 황토고원은 중국 고대 문명의 중심지로서 누런 흙, 즉 황토로 온통 뒤덮여 있는 곳이다. … 황토고원 지대는 이러한 황토로 뒤덮여 있는 곳이어서 미세한 황토는 먼지로 변해 이 지방 어디나 날아다니고 쌓이게 된다. … 이러한 황토지대 자연환경의 특징을 음미해 보면, 중국 사람들이 왜 그들의 오행론에서 오행의 성격으로는 土(토)를, 색깔은 누런색[黃]을 중앙에 배치하게 되었는지 이해가 된다. 고대 중국인들이 황토지대를 떠나서 다른 곳으로 여행했거나 다른 곳으로 옮겨 살게 됐었을 때, 자기들이 살던 고향 즉 중심[68]은 황토, 즉 누런 흙의 세상이었다는 것은 잘 알게 되었을 것이다. 그래서 오행의 土(토)와 그 색깔인 黃(황)은 바로 황토 지방의 황토를 의미하는 것일 것이다.[69]

'인간은 흙에서 태어나 흙으로 돌아간다'라고 한다. 고대 중국인은 황토고원에서 태어나 황토고원에서 죽었다. 황토고원은 불변의 고향이며 성지이다. 그래서 '황'과 '토'가 오행의 중심에 자리한다.

풍수에서는 오행 원리를 원용(援用)하여 산을 목형상(木形山)-화형산(火形山)-토형산(土形山)-금형산(金形山)-수형산(水形山)으로 나눈다. 그중에서 토형산은 윗부분이 평평한 땅이나 분지 형상이다. 이렇게 윗부분이 평평한 모양이 토형산이 된 연유도 황토고원의 혈과 관계된다.

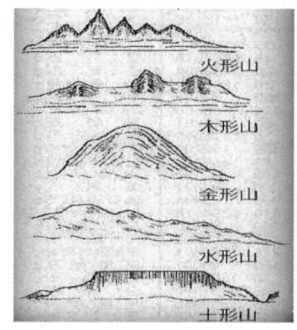

오행산(五行山)　　　　　　　　황토고원70)

혈이 소재하는 황토고원 지대가 중국 풍수의 기원이라는 가설을 뒷받침하는 또 하나의 증거로는 풍수의 기본 산형인 오산(五山)의 산 모양(山形) 중 토산(土山)의 모양이다. … 왜 토산의 산 모양이 산기슭은 높지 않지만, 급경사로 되었다가 산꼭대기 부분은 평평하고 넓은 평지여야만 하는가? 왜 이런 형이 토산으로 불리게 되었는가? 사실 이런 모양의 산이 정말로 있는가? 이런 의문은 중국 황토고원을 답사해 보면 풀린다. … 미세한 황토가 쌓여서 만들어진 황토고원에는 이런 곳들이 수없이 많다. 황토는 비에 쉽게 씻겨 내려가 토양침식이 심해서 어떤 곳의 골짜기는 수십 미터나 되도록 급경사인데, 그 골짜기를 올라가면 평평한 평지이다. 이런 곳을 답사하고 나서 생각하게 된 것이 과연 풍수에서 말하는 토산의 전형적인 모형은 그냥 상징적으로 만들어 낸 것이 아니고 바로 침식된 황토고원 지대를 사실적으로 그린 것이구나 하는 것이었다. 풍수에 있어서 토산이 중심을 의미한다는 것과 토산의 형태가 급경사인 산록과 평평한 평지인 산꼭대기로 되어있다는 것은 황토고원 지대를 떠나서는 생각할 수가 없다.71)

윤홍기는 토형산은 매우 드문 산형으로 오행의 토와 연결하는 것은 황토고원을 떠나서는 이해할 수 없다고 말한다.72) 토형산의 모습은 일반적인 산의 모습이 아니기 때문이다. 황토고원을 제외한 지역에서는 쉽게 볼 수 없는 산형이다. 토형체의 상부 평평한 지역은 황토고원의 대지(台地)와 분지(盆地) 황토로 구분되는 산상개야(山上

開野)의 황토원(黃土塬)에 해당하며, 경사면은 황토원 사이에 흐르는 황하와 그 지류들에 의해 개석(開析)된 깊은 협곡들로 볼 수 있을 것이다.73) 위의 황토고원 사진은 항공사진으로 토형산의 전형을 보여주고 있다. 혈의 기원처로서 황토고원은 중국인의 산실(産室)이며 호사수구(狐死首丘) 처로, 산의 형태에서도 오행의 중앙을 차지하기에 충분한 개연성을 갖는다.74)

또 오행에 대한 근거 출처 중의 하나로 알려진 『서경』「홍범」편의 오행에 대한 설명을 자세히 살펴보면 유독 토(土)에서만 특이점을 발견할 수 있다.

   오행에서 一은 水를 말하고, 二는 火를 말하고, 三은 木을 말하고, 四는 金을 말하고, 五는 土를 말하는 것이다. 수는 젖으며 내려가는 것을 말하고, 화는 불꽃으로 올라가는 것을 말하고, 목은 굽은 것과 곧은 것을 말하고, 금은 따르는 것과 변하는 것을 말하고, 토는 이에 심고 거두는 것이다. 젖으며 내려가는 것은 짠 것이 되고 불꽃으로 올라가는 것은 쓴 것이 되고, 굽으며 곧은 것은 신 것이 되고, 따르며 변하는 것은 매운 것이 되고, 심으며 거두는 것은 단 것이 된다(五行 一曰水 二曰火 三曰木 四曰金 五曰土 水曰潤下 火曰炎上 木曰曲直 金曰從革 土爰稼穡 潤下作鹹 炎上作苦 曲直作酸 從革作辛 稼穡作甘).75)

오행에 관한 설명 중 그 특성에 있어 "수(水)는 윤하(潤下), 화(火)는 염상(炎上), 목(木)은 곡직(曲直), 금(金)은 종혁(從革), 토(土)는 가색(稼穡) 하다"라고 한다. 수(水)·화(火)·목(木)·금(金)을 물·불·나무·쇠라는 물질의 질(質)과 격(格)으로 설명한다. 반면에 토(土)는 흙이라는 물질 자체의 질·격(質·格)이 아니라 인간 생존의 제일 요소인 식(食)의 방편인 '농사[稼穡]'로 설명한다. 식(食)은 음식이며,76) 화(禾)는 중국의 곡식을 대표한다.77) 그 곡식[禾]의 씨를 뿌리고[稼] 길러 거두는[穡] 것이 농사다. 농사는 혈에 정주를 가능하게 하였다. 농사는 의식주의 식(食)이고 혈은 주(住)이다. 인간 생존의 으뜸 요소인 식(食)과 버금 요소인 주(住)가 바로 황토고원에서 시작되었다. 그래서 『서경』에서 오행의 다른 요소(목·화·금·수)와 달리 '土(토)'를 인간 생존의 제일 요소인 가색(稼穡)으로 표현하고, 오행의 중앙에 자리매김하였을 것이다.

넷째, 황토고원 혈의 형태는 비탈면이나 절벽에 굴을 파는 고애식(靠崖式)과 평평한 땅을 파서 중정을 만들고 옆으로 굴을 파는 하침식(下沈式) 요동(窯洞)의 두 가지 방식으로 나타나는데 이는 무덤의 횡혈식(橫穴式)과 수혈식(竪穴式)에 상응한다.

혈(양택)	고애식(靠崖式)	하침식(下沈式)
음택	횡혈식(橫穴式)	수혈식(竪穴式)

고애식78)　　　　　　　　하침식79)

이는 산 사람이 거주하는 양택의 주거 방식이 죽은 사람을 안장하는 음택의 양식까지 유사한 형태로 응용되었음을 방증한다. 혈을 중심으로 보면 풍수는 양택에서 시작하여 음택으로 전이(轉移)되었다.80) 최적의 주거 양식으로서 갖는 혈의 특성은 내세관(來世觀)으로 주검의 입지에 고스란히 반영되었다. 죽음의 공간도 산 사람의 혈과 같은 조건과 환경을 기준으로 최선의 자리를 찾고 장법(葬法)81)을 수행하였다. 그래서 중국인은 흙을 파서 지은 혈(양택)과 같이 매장[土葬]을 하게 되었으며, 시신을 안장하는 광중(壙中)의 토질도 황토고원의 콩가루를 빻아 놓은 듯 고운 입자의 황토를 선호하게 된다.82)

　이상의 내용을 정리하면 첫째, 『시경』「대아」'면'의 "가마와 같이 생긴 굴을 파서 만든 굴집"은 혈이 고대 중국의 거주 양식으로 풍수와 혈과의 연관성을 보여주고 있다. 둘째, 풍수의 자연환경과 지리적 입지 원리인 배산임수 특성은 황토고원의 굴집에서도 나타난다는 것이다. 황토고원의 굴집이 기댄 산을 풍수의 주산으로, 굴집 앞에 펼쳐진 들판(하천)을 풍수의 명당으로 볼 수 있기 때문이다. 셋째, 인간이 거주하는 혈이 소재한 황토고원은 세계의 중심으로, 오행의 기준이 된다. 황토의 황과 토가 오행과 방위의 중심에 자리한다. 풍수의 오형산에서 중앙을 상징하는 토산의 모양도 산정이 평평한 황토고원의 산형을 형상화한 것이다. 또 『서경』「홍범」에서 오행의 토를 '가색'으로 설명한 것은 농사를 위주로 정착한 황토고원의 특성을 반영한 것이다. 결과적으로 오행과 방위의 기준이 되는 중심은 혈이 자리하고 있는 황토고원의 특성을 고스란히 반영하고 있다. 넷째, 주거 양식인 황토고원의 혈에서 기원한 풍수는 양택에서 시작하였다. 이후 내세관으로 음택에도 양택 혈의 특성을 그대로 반영하게 된다. 그래서 흙 속에 사는 양택처럼 음택도 흙 속에 매장하게 된다. 매장 방식도 혈의 고애식과 하침식을 모방하여 횡혈식과 수혈식으로 한다. 심지어 체백을 안장하는 광중 토질까지 황토고원의 미세한 황토 토질을 전형으로 한다. 이를 통해 풍수 사상이 황토고원의 혈과 관련되어 있음을 알 수 있다.

바. 혈의 중 사상

앞에서 살펴본 바와 같이 '혈'은 "흙을 파서 만든 집"으로 중국인의 거주 양식이다. 중국인의 정주(거주) 문명은 황하 유역을 중심으로 이루어졌다. 중국 문명의 뿌리인 황하는 중국인의 태생적 근원처이며 중심처로, 민족의 뿌리이며 활동의 중심을 상징하는 특별한 장소다. 여기서 뿌리는 존재 발현의 근본 바탕이며 존재의 연속성을 가능하게 하는 근원이다. 혈은 그곳에 살아온 사람에게 지리 공간적 중심이면서 사고 세계의 중심이다.

황하는 황토고원을 지나면서 황색으로 흐른다.[83] 그래서 황토고원은 '황하의 어머니[84]'이며 황하 문명의 뿌리이며 중심이 된다. 황하 문명의 중심지인 황토고원의 주거 양식이 바로 '흙을 파서 만든 집', '혈'이다. 황토고원은 중국인이 집단으로 거주를 시작한 곳으로, 실질적인 중국 문명의 발상지이며 혈의 기원처가 된다.

따라서 '혈'은 집으로 고대 중국인의 주거 양식에서 기원하였다. 중국 최고(最古)의 문명은 혈에 정착하며 시작되었다. 혈은 중국 정착 문명의 시원이며 중국인의 영원한 고향[85]이 된다. 혈을 중심으로 하나의 원형 세계를 형성한다. 혈에서 태어나 혈을 축으로 활동하다 혈로 돌아온다. 혈에서 시종(始終)한다. 혈을 중심으로 공간은 확장되어 가고 시간은 흐른다. 그래서 중국인은 혈을 중심으로 세계관을 갖게 된다(혈=세계의 중심).

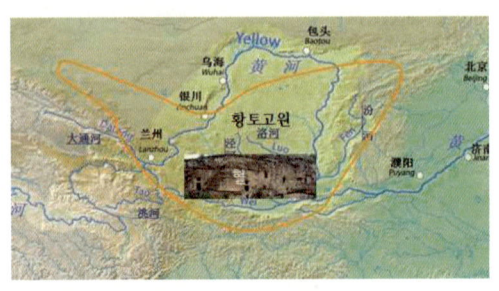

황하》황토고원》혈[86]

혈은 황토고원, 황토고원은 황하 유역, 황하 유역은 중국 문명의 '중심'이다(혈《황토고원《황하《중국). 중국 문명은 황하 유역을, 황하 문명은 황토고원을, 황토고원은 혈을 '중심'으로 한다(중국》황하》황토고원》혈).87)

이렇듯 혈에서 비롯되는 또 하나의 의미는 '중(中)'이다. 혈은 중국인에게 시·공간의 기준이 된다. "인간(몸)이 머무는 혈을 중심으로 공간은 확장되고, 시간은 쌓여 간다".88) 혈에서 태어나 혈을 중심으로 살다 혈에서 죽는다. 고대에 혈은 인간 존재의 뿌리며 회귀점이다. 혈을 중심으로 대물림하면서 순환의 원을 그린다. "오래 머물면 역사의 주름이 깊어지고 그 안에 스민 사고의 대물림은 보편성으로 원형이 된다".89) 혈은 문화와 사상의 기점이며 중심으로서 체험되어 중국인에게 보편적 '중 사상'을 갖게 한다. '중 사상'은 혈이 갖는 '중'의 의미가 개념적으로 확장되어 중국의 핵심 사상으로 발전된 것이라 할 수 있다. 이처럼 중국인에게 문화와 사회의 중심이 된 혈의 의미는 유물론적 전이를 넘어 관념론적 사상으로 확장 전개된다.90)

사. 혈에 내재 된 사상

인간이 머무는 주된 장소로서 혈이 갖는 의미는 중(中)과 풍수 사상으로 전개된다. 혈의 기원과 함께 풍수가 시작되었다면 '중' 사상은 혈에 오랫동안 거주하면서 후천적으로 갖게 되는 특성이다. 혈과 함께 시작된 풍수에 대해 살펴보자.

'혈의 기원 상 의미'에서 확인한 바와 같이 혈은 인간의 주거 양식으로 흙을 파서 만든 굴 모양의 집이다. 집은 인간이 자신과 가족의 생명을 보호하고 종족을 번식하기 위해 선택하고 창조한 최선의 주거 공간이다. 이러한 혈의 기원적 특성을 고려하면 자연스럽게 풍수 사상과 연결된다. 즉 인간에게 거주 장소의 선택과 창조는 바로 양택풍수이기 때문이다. 풍수는 '인간이 머물기에 최선의 공간'이라는 혈의 기원적 의미를 본질로 계승한 사상이다. 따라서 풍수의 기원은 혈과 함께 시작되었다고 할 수 있다. 그러므로 풍수는 본질적 의미를 계승한 '혈'을 찾는 것을 핵심으로 하게 된다.

혈은 중국인 최고(最古)의 집이다. "집은 천문학적으로 결정된 시스템의 중심에 위치한다. 천상과 지하 세계를 잇는 수직축이 집을 관통하고, 또 별들은 사람의 거주지를 중심으로 빙 돌면서 움직이는 것처럼 보인다. 이렇게 하여 집은 우주 구조의 중심점이 된다."[91] 중국인은 혈에 거주하면서 세계를 구조화한다. 혈은 그 세계의 중심 장소[92]가 되면서 독특한 가치를 갖는다. 인간은 혈을 중심으로 사고가 전개되고 형성된다. 혈은 인간과 더불어 세계의 중심 장소로서 가치를 지니고 사상으로 의미화된다. 바로 중 사상이다.[93]

혈이 존재하는 '공간'은 인간이 중심이 된다. 인간이 움직이면 공간도 움직인다. 변화하는 공간의 중심도 인간이다. 인간은 자기 공간의 기준이며 변화하는 공간의 축이다. 인간은 공간의 중심으로 세계를 체험한다. 인간이 거주하는 혈은 나와 타자의 구분이 생긴 공간이다. 인간은 자신의 공간과 함께 융화되고 특화된다. 중국인에게 황토고원과 혈의 공간이 주는 의미는 특별하다. 세계의 중심으로 혈은 인간을 중 의식으로 통합한다. 혈에 쌓인 중 의식은 사상의 근거로 잠재된다. 혈이 인간에게 주는 공간개념은 시간과 함께 의식 속에 쌓여간다.

결과적으로 고대 선사시대부터 중 사상이 처음 등장하는 주(周)왕조[94]까지 황하 문명이 발생한 중원을 중심으로 터를 잡고 발전해 간다.[95] 이러한 중 사상은 앞에서 살펴본 오행과 방위의 중 개념과 함께 중국의 핵심 사상(신화-기-유가-도가 등)으로 발전하여 이후 동아시아권으로 확산 전개되어 나간다.[96]

아. 풍수에 스며든 혈의 중 사상

앞에서 살펴본 혈의 '중' 사상을 중심으로 혈을 핵심으로 하는 풍수의 중 특성을 고찰한다.

물[水]은 동·서 철학의 시조에 해당하는 노자와 탈레스(Miletus Thales, B.C625~547)에 의해 도덕의 기준과 우주의 근본 물질로 표현된다. 탈레스의 제자인 아낙시메네스(Anaximenes, B.C585~528경)는 '공기'를 아르케(arche)로 주장한다. 공기는 곧 바람[風]이다. 풍과 수는 동서양을 막론하고 고대로부터 세상을 구성하는 가장 근본이 되는 물질이며 원소로 여겨왔다. '도덕의 기준'과 '근본 물질'에서 '기준'과 '근본'은 곧 '중'에 해당한다. "바람은 기압의 차이로 발생하여 기압이 균형을 이루는 곳에서 사라지고, 물도 압력의 차이로 기동하여 균형점에 모여든다."[97] 여기서 '균형'은 곧 '중'이다. 풍수는 자연으로 언제나 '중'을 지향한다.

고전 풍수는 용·혈·사·수(龍·穴·砂·水)를 중심으로 설명한다.[98] 용을 혈 앞에 둔 것은 용에 혈이 맺히기 때문이다. 용이 원인이며 과정[99]이고 결과다. 혈은 용에 맺히는 결과다. 진룡(眞龍)은 행도(行道)하면서 세(勢)를 모은다. 혈은 세를 모은 용의 진처(盡處)이며 국(局)의 중심 자리에 맺힌다. 혈이 맺힌 바로 그 자리가 국(세계)의 중심이 되며 그 자리를 중심으로 사수(砂水)가 모여들고, 유정하게 감싸며 보호한다. 사수가 보국(保局)하는 그 중심, 균형처에 혈이 주변과 조화롭게 맺힌다.

이제 풍수 고전을 통해 풍수 세상을 구성하는 용·혈·사·수를 중심으로 풍수에 스며든 혈의 '중' 사상을 자세히 살펴보자.[100]

1) 용(龍)의 중(中)

풍수에서는 자연물을 살아있는 생명체로 본다. 풍수에서 용은 산줄기를 말한다. 산줄기 역시 생명력을 가진 것으로 본다. 용은 '용맥(龍脈, 이하 '용맥'으로 표기)'이라고도 한다. 이때 용(龍)은 생명력을 상징하며, 맥(脈)은 내부 기운의 존재와 연결성을 상징한다.101) 용맥을 지맥(地脈)이라고도 하는데, 땅에 의지해 흐르는 맥 즉 지기의 흐름을 일컫는다.102)

용맥은 곧 산의 이음이며 일반적으로 태조산→숭조산→소조산→주산→혈로 이어진다. 용맥은 출신(出身)을 중시한다. 귀격의 진용은 펼쳐진 산[開帳]의 중심을 뚫고[穿心] 나온다.103) 용맥의 중심은 균형이 치우치지 않는 곳이다. 최선의 용맥은 좌우 균형처에서 출맥한다. "그 격은 정면에서 중출(中出)한 것이 제일이다."104) "천심중출(穿心中出)이라야 진룡인 것이니 용이 천심하지 않으면 역량이 미세하다"105) "10개의 산줄기와 9개의 물줄기가 비록 서로 한 곳에서 만날지라도 그 가운데 귀룡은 그 중심 자리에 있으면서 반드시 특이한 모습을 보여준다."106)

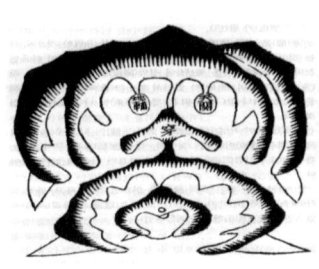
개장천심107)

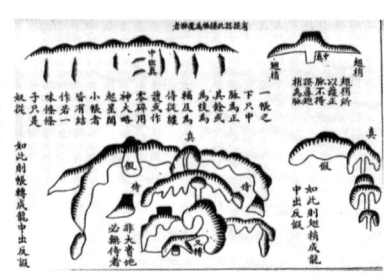
중출맥108)

"정(正)은 중(中)을 말한다. 성신(星辰)이 단정함을 요하고 맥은 중출하여 양반(兩畔)의 산세가 고르므로 정맥이라 한 것이다. 극길(極吉)하니 중출맥이다."109) "하나의 횡장(橫張) 아래에서 오직 중심 맥이 바른 맥이고 나머지는 가지맥이거나 보조맥으로 시종하거나 전호하며 혹은 영쇄(零碎)로 용신(用神)이 되는 것이 보통이다. 봉우리를 일으키고 소장(小帳)을 펼치면 결작할 수 있지만, 꼭 같은 방향으로 뻗은 가지들은 모두 주인을 따르는 종일뿐이다."110) 이러한 개장 천심이 반복하여 나타나면 그만큼 그 중출맥(中出脈)을 중심으로 주위 세를 많이 모으게 된다.

이렇게 중출(中出)한 용맥은 주위 산의 호위를 받으며 진행한다. "무릇 협(峽)이란 그 맥이 '중'으로 쫓아 나오고자 하는 것이니 양반의 호송이 정균(停均)하여야 한다."111) "정룡이라 함은 품수가 정기를 얻어 행하는 것이고 그 곁에 있는 여러 산이 다 공위(共圍)함을 말하는 것이다."112) "진룡 신상에는 호위하는 산이 많아 산들이 유정하게 와서 공읍(共揖)한다."113) 이렇게 주위 사의 호위를 받으며 진행할 때 용맥은 '중'을 지향하며 양생(養生) 순화(純化)된다.

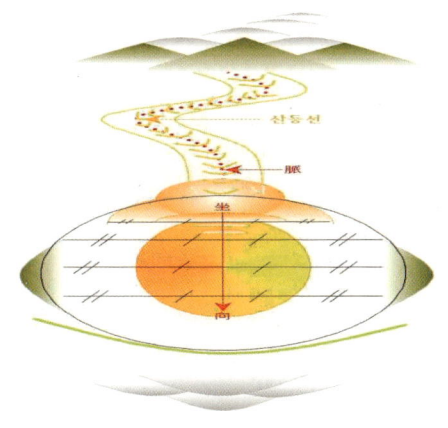

용맥을 통해 흐르는 기의 흐름과 혈

기운은 용맥의 중심을 통해 흐른다. 그래서 "무릇 산 능선을 만났을 때는 모름지기 산 능선 중앙에 장사해야 하는바 그 터를 중앙에서 벗어나 기울어진 곳에 잡는다는 말은 아직 들어보지 못했다. 하물며, 주산에서 용이 내려와 혈의 맺힘에 있어 등성마루를 중앙으로 삼는데, 중앙이 아닌 등성마루 양옆으로 터를 잡는 법은 있을 수 없다."114)라고 한다. 심지어 "코와 이마는 얼굴의 한복판에 자리 잡았으므로 번창할 수 있는 자리이지만, 뿔과 눈은 모두 한쪽 곁으로 치우쳐 있어서 혈을 받을 수 없는 자리이기 때문에 멸망한다."115)고 하였다. 기가 흐르는 용맥의 중심선인 등마루를 타야 좌우 균형이 치우치지 않는다.

용맥의 변화는 곧 생명력을 나타낸다. 풍수에서는, 용이 하늘에서 꿈틀거리듯이 상하로 움직이는 것을 '기복(起伏)'이라 하고, 뱀처럼 땅에서 좌우로 꿈틀거리며 변화라는 것을 '위이(逶蛇)'라 한다. 지각과 요도는 용의 행도에 관여한다. 실제 공간에서 좌우 변화는 주위 힘에 의해 용맥이 받는 모멘트에 의하여 이루어지게 된다. 즉 왼편의 공간이 상대적으로 낮고 넓으면 왼쪽으로 모멘트가 작용하고, 반대로 모멘트가 오른쪽으로 작용하게 되면 오른쪽으로 향하게 된다. 이런 현상은 힘의 균형 즉 중을 찾아가는 움직임이다.

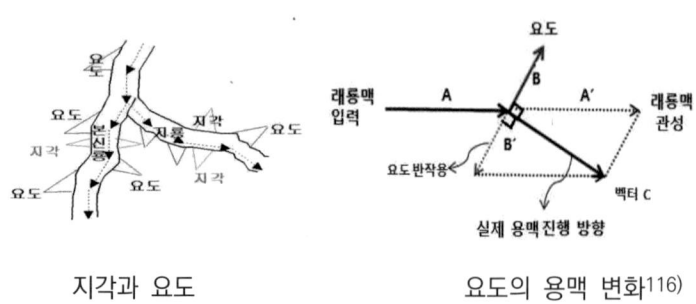

지각과 요도   요도의 용맥 변화116)

앞으로 진행하는 생물의 모습은 좌우 균형을 이루고 있다. 이렇게 좌우대칭을 형성하며 균형을 갖춘 모습은 앞으로 진행하면서 마주하는 맞바람의 영향을 최소화하며 좌우 균형을 유지할 수 있는 형태다. "대저 용맥의 지각도 그 대절함을 귀히 여기는 것이니 생출한 양변이 균균하여 유무 장단 대소가 서로 같으며 정맥이 그 안에 중출하면 상격이 된다."[117] 또 채서산[118]이 말하길 '용맥에서 지각을 귀히 여기는 것은 대생(對生)이나 오동지와 같으면 용맥 중에서 제일가는 귀한 것이라' 하였다. 그 이치는 쉽게 알 수 있으니, 지금도 그 이름을 불문하고 화훼나 나무를 불문하고 대생은 모두 귀물인 것이다. 무릇 야생의 초목 화훼도 대절 사이에서 생지 발엽된 것은 의약물이 되어 병든 자를 건져주는 경우가 많으니 천지 간에서 대생한 것들은 모두 천지의 영기를 받은 것이기 때문이다. 사람의 수족 근골과 조수의 발이나 날개도 모두 대생인 것이다." 이처럼 좌우대칭이거나 균형을 이루며 중을 지향하는 용맥을 상격으로 한다.

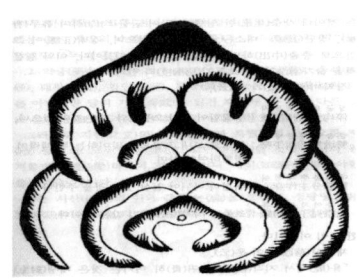

枝脚對節均均之圖[119]

枝脚有無交互停均之圖[120]

밖으로 드러난 용맥의 행도 모습이 대칭과 균형을 이루고 규칙적인 변화를 하는 것이 '중'이라면, 용맥에 내재 된 기운은 혈을 맺을 수 있을 만큼 잘 순화된 상태를 '중'으로 한다. 그래서 주산에서 혈을 맺는 과정의 변화 모습을 '태-식-잉-육(胎-息-孕-育)'으로 나타낸다. "태-식-잉-육의 신(神)은 변화가 무궁하다. 생-왕-휴-수(生-旺-休-囚)의 기틀로 운행함은 쉬지 않는다."121) 그 가운데 순화의 과정이 있다. 과협(過峽)을 통해 박환(剝換)과 탈사(脫卸)가 이루어진다. "성[山]은 박환하여야 귀함으로 삼느니라"122) "박환은 마치 사람이 좋은 옷으로 갈아입는 것과 같고, 매미가 허물을 벗는 것과 누에가 고치에서 벗어나는 것과 같다."123) "그러므로 용맥을 찾는 데는 과협으로 박환함이 보이지 않으면, 결코 융결의 조화가 없을 것이니 나아가 찾을 필요가 없는 것이다."124) "대개 용맥이 길게 뻗어가면 반드시 질단 과협이 많은 것이니 그러하면 기맥이 참될 것이며 탈사가 이루어져 비로소 정(淨)하고 역량이 온전할 것이다."125) 이렇게 질단·과협을 통한 박환으로 순화가 된 기운이라야 혈[中]을 맺을 수 있다.

정리하면 혈을 맺을 수 있는 용맥은 수자와 같이 균형을 갖춘 중심처에서 출맥하여 주위 사의 보호를 받아 운신한다. 이때 용맥의 기운은 용맥의 중심선을 따라 흐르며, 지극히 자연스럽게 중을 지향하며 행도하고, 좌우대칭으로 균형을 이루며 규칙적으로 변화하는 것을 상격으로 한다. 따라서 용맥의 출신과 보호, 내재 기운의 흐름 그리고 행도 상의 변화 원리에 혈의 중 사상이 깊이 스며들어 있음을 확인할 수 있다.

2) 혈(穴)의 중(中)

아인슈타인은 '자전거는 균형을 잡기 위해 지속적으로 움직이며 나아가야 한다'라고 하였다. 용맥도 힘의 균형을 지향하며 균형점[中]을 향해 나아간다. 자전거는 균형을 잡지 못하면 넘어진다. 용맥도 균형점[中]에 이르지 못하면 혈을 맺지 못한다. 진행하던 용맥은 앞을 가로막는 물의 힘과 균형[中]을 이룰 때 비로소 진행을 멈추고 혈을 맺는다.

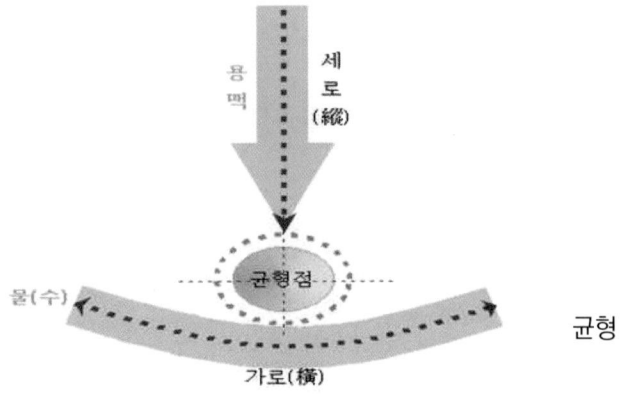

"혈은 편안히 멈춘 곳을 취한다."126) "경에서 '외기(外氣)가 형체를 가지고 가로질러 막아주어야 내기(內氣)가 생기로 멈춘다'함은 대저 이것을 말한 것이다."127) "외기는 내기를 모이게 하는 것이고, 앞을 가로질러 흐르는 물은 내룡을 멈추게 한다."128) 그래서 "내룡이 뻗어 와서 기를 쌓고 물로 멈춰서 기를 모았다면, 음과 양이 어울려 조화를 이룬다."129) 달려오는 종적 힘과 가로막는 횡적 힘이 균형을 이루는 중에 혈이 맺힌다. 더불어 혈은 사세의 기운(모멘트)이 균형을 이룬 곳에 혈이 맺힌다. 용맥은 힘의 균형 지향 선을 따라 진행하다 사세[局]가 균형과 조화를 이룬 '중'에 멈추어 혈을 맺는 것이다.

진행하는 용맥이 멈추지 않으면 혈이 맺히지 않는다. "기는 용맥의 세가 멈춤으로 혈을 맺는데 지나쳐 가는 산에다 장사를 지내면 안 된다."130) 용맥이 멈추지 않아 "기가 모이지 않는 곳은 해골이 시커멓게 썩고, 불급한 곳은 자손이 끊긴다."131)

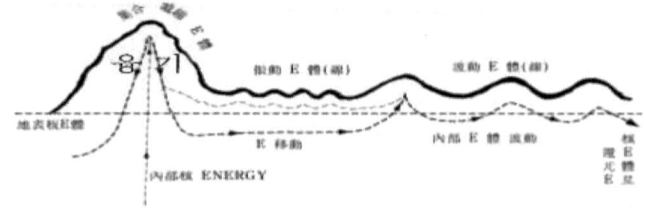

지기(地氣)의 이동원리(移動原理)132)

풍수의 핵인 혈을 맺는 기(氣)는 땅[土=中]에 의지한다. 『장서』에서는 이에 관해 여러 번 반복해서 강조한다. "기는 흙을 의지하여 다닌다."133) "무릇 흙이란 기의 몸이어서 흙이 있으면 이에 기가 있다."134) "흙의 형체를 따라 기가 돌아다니며 만물이 기로 인해 생겨난다."135) "무릇 기는 땅속으로 돌아다니는데 기가 돌아다닌다는 것은 땅의 세(勢)로 말미암아 알고, 기의 모임은 세의 멈춤으로 말미암아서 안다."136) 흙[土]은 오행에서 '중'으로 한가운데 자리한다. 인간이 존재하는 기반이며 토대다. 인간은 흙에서 태어나 흙과 더불어 살아가고 다시 흙으로 돌아간다. 흙에 스민 기[地氣]와 함께 살아간다.

"오행의 생기가 땅에 잠겨 형세로 인하여 취산한다."137) "음양의 기란, 즉 땅속의 생기다. 그러므로 이것을 불어내면 바람이 되고, 공중으로 올라가서는 구름이 되었다가, 떨어져 내리면 비가 된다. 무릇 천지 간에 자리 잡고 있으면서 만물을 양육하는 것이 어찌 기가 아니라 할 수 있겠는가?"138) 풍수는 기의 학문이다. 풍수에서 이용하는 주된 기운은 땅[土]속의 생기다. 혈은 바로 그 토의 '중'에 맺힌다. "수성은 북에 벌려 있고, 화성은 남에 솟아 있고, 목성은 동에 빼어나고, 금성은 서에서 모시고 있고, 토성이 평평한 가운데 [중] 바르게 자리하여 결혈한다."139)라고 하였다. 또 청오경에서는 "땅에 길한 기운이 있어 흙[土]을 따라 일어난다."140)라고 하였다.

"장사는 승생기(乘生氣)"[141]라 하였다. 승생기는 곧 재혈의 긴요성으로 연결된다. "어떤 성(星)인가를 불구하고 혈은 훈(暈)이 가운데 있으며 거기에는 반드시 한 조각의 육지가 있다. 이것은 한쪽으로 치우치지도 않았고 기울어지지도 않았으며 생기가 있어서 사람을 눕힐 수 있는 곳으로 화평하며 정중이므로 이를 '혈토'라 한다. 일점영광의 그 영(靈)이 여기에 있고, 장승생기(葬乘生氣)의 '승(乘)'이란 여기를 타는 것이며, 천심(天心)이라 말하는 것도 여기가 그 중심이며 천심십도라 말할 때도 여기가 그 교차점이다."[142] "비유컨대, 풍수에서 말하는 혈이란 한의학의 동인(銅人)에 표기된 침과 뜸을 놓는 자리와 같아서, 침과 뜸을 놓을 자리가 정확하고 분명해야 비로소 그 효과가 있는 것과 같다."[143] 재혈은 혈의 중심을 목적에 맞게 사용하는 것이다. 혈심의 기는 역제곱 법칙(inverse square law)에 따라 떨어진 거리(r)의 제곱에 반비례하여 그 세기가 약해진다. 정확성을 생명으로 한다.

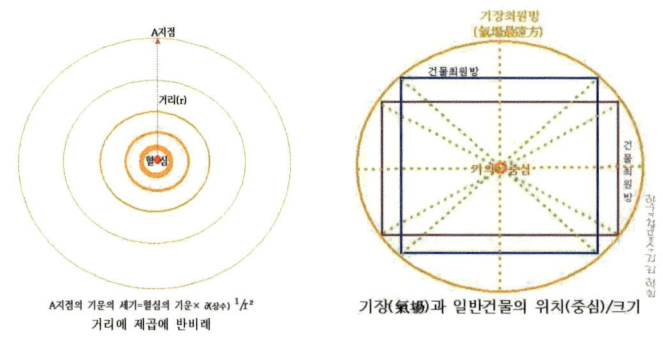

재혈

용맥은 혈장이 시작되는 두뇌부터 혈심[入穴部]까지 좌우가 대칭하며 균형을 이루는 모습을 보인다. 승금과 아미사·월미사에 해당하는 부분으로 좌우대칭을 이루게 된다. 이는 혈이 맺히는 곳은 사세가 기울거나 치우침이 없는 균형처이기 때문이다. 그래서 혈은 그 자체로서 좌우 균형을 이루며 반듯한 모양을 하게 된다.

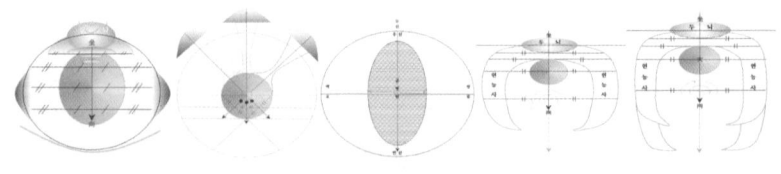

혈의 균형

용맥의 균형 지향적 행도와 결혈의 균형은 '좌향(坐向)'끼지 가르쳐주고 있다. 용맥의 운신과 혈의 맺힘에 자연의 이치에 따른 좌향론이 내재해 있다.

풍수는 자연을 스승으로 탐구하는 지혜의 길[道]이다. "무릇 산에는 자연으로 된 혈이 있다."144) "지리의 용혈설은 천조지설의 생성과 자연의 묘인 것으로 처음부터 털끝만큼도 면강성(勉强性)이 없었으니, 만약 털끝만큼이라도 억지로 꾸밈이 있었다면 참된 조화라 할 수 없을 것이다."145) 그래서 혈은 지극히 자연스럽게 힘의 균형처이며 조화처, 즉 '중'에 맺히게 되어 혈이 곧 중(혈=중)이 된다.

3) 사(砂)의 중(中)

"사는 혈에 직간접으로 영향을 미치는 모든 것을 일컫는다."146) 사는 용맥의 움직임과 결혈(結穴) 위치, 맺힌 혈의 특징과 성격까지 관계한다. 고전에서는 주로 혈을 중심으로 전후좌우 산, 즉 사신사(四神砂)를 위주로 설명한다. "사는 용혈의 일꾼이다."147) "대개 '사'라는 것은 자연적으로 용혈을 따르는 것이다."148) "이미 생성된 용혈이 있다면 반드시 이에 걸맞은 자연[砂]의 조응이 있다."149) 혈을 중심으로 산과 물이 모여든다. "혈에는 사방의 세가 분명하게 모여든다."150) "이미 진룡의 융결이 있는 곳엔 자연히 제산(諸山)의 옹종(擁從)이 있을 것이니, 구름은 용(龍)을 따르고 바람은 호(虎)를 따르는 것과 같은 것이니, 중성(衆星)의 공극(拱極)함은 자연의 응(應)이기 때문이다."151) "여러 산이 바큇살이 차축에 모이는 듯하면 부(富)하고 귀(貴)하다."152) 그러므로 뭇 산이 모이는 곳은 작게는 촌락이 되고, 크게는 한 나라의 수도가 된다[是以龍會之處 小爲人村 大爲京都].

이렇듯 혈이 산을 모으고 사가 혈을 중심으로 에워싸 보호한다. "호위하고 감싸주는 산이 다정하게 혈 앞에 이르되, 그것이 세 겹, 다섯 겹이면 발복은 끝이지 않는다."153) 마치 "연꽃잎이 한가운데 씨방 부분을 겹겹이 둘러싸듯 정혈 역시 연꽃 한가운데 있는 것과 같다."154) 이처럼 '혈'을 중심으로 '사'가 포진한다면 '혈'을 찾을 때는 역으로 보국(保局)을 형성하고 있는 '사'를 통해 혈을 찾게 된다. "나를 돕는 사를 살펴보고 혈의 위치를 택하라."155) 그 대표적인 경우가 바로 '천심십도(天心十道)'이다.

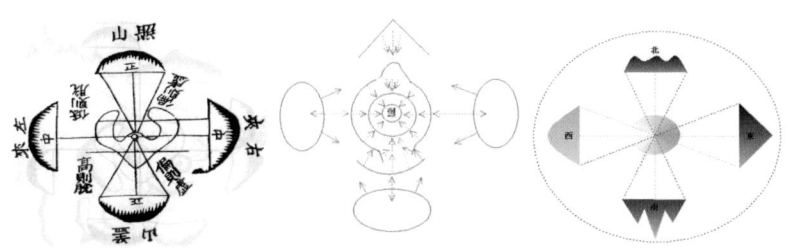

天心十道156)

"천심십도는 전후좌우의 사산(四山)이 응(應)하는 자리에서 그 중심에 혈을 정하는 방법이다. 주산의 중심과 안·조산(案·朝山)의 중심을 잇는 선과 청룡의 중심과 백호의 중심을 잇는 선이 만나는 사세의 중심에 혈이 맺힌다."157) "오직 제대로 된 천심[明堂]과 반듯한 혈[正穴]만이 남과 북, 동과 서로 각각 서로 대응을 이룬다."158)

혈[土]을 중심으로 한 사방의 형상은 오성의 배치에도 나타난다. 수·목·화·토·금은 각기 수는 활발, 목은 용수(聳秀), 화는 웅건(雄健), 토는 방정(方正), 금은 원정(圓靜)을 중으로 한다. 오성취강(五星聚講)은 이러한 특성을 지닌 사가 모여 삼(森)을 이룬 경우로 가령 공문(孔門)의 제현들이 서로 모여 도덕을 강론하는 것과 같은 것이다. 이를 유사 형상화한 형국이 오선위기혈(五仙圍碁穴)159)이라 할 수 있다. 반면에 오성귀원(五星歸垣)은 수성은 북에, 화성은 남에, 목성은 동에, 금성은 서에, 그리고 토성은 중앙에 자리하여 결혈한 경우로 극귀하다.

五星歸垣圖·五仙圍碁圖·五星聚講圖160)

또 종·횡선의 교차점을 중심으로 하는 심혈(尋穴)의 원리는 혈장에서 혈심을 미시적으로 찾는데 응용된다. 이 원리는 혈장을 구성하는 두뇌와 전순의 만곡 중심을 잇는 선과 좌우 선익의 중심을 잇는 선이 교차하는 지점을 중심으로 혈심을 정하는 것이다. 이렇게 사세의 중심에 맺히는 혈과 사와의 관계를 고전에서는 렌즈의 집광 원리로 설명하고 있다.

"물을 모으고 불을 모으는 것은 모름지기 스스로 이루어진다."161)

"재혈은 요컨대 물과 불을 만드는 것과 같아, 지나치게 멀거나 가깝거나 높거나 낮으면 모두 물과 불을 만들어 낼 수가 없다. 빛을 모으는데 만약 초점의 한가운데로 오게 하면 (볼록렌즈의 경우) 불이 생겨 활활 타오르며, (오목렌즈의 경우) 물방울이 맺혀 뚝뚝 떨어질 것이다."162) "오목거울은 물에다가 달 속의 정기를 주는데 거울은 반드시 凹자 형으로 가운데가 깊어야 달빛의 정기를 모을 수가 있다. 달빛이 방제(方諸)163) 위에 둥글게 모으면, 한 점 순수한 빛은 마치 수정과 같다. 달빛이 방제 위에 모이는 초점의 빛에 너무 가까이하면 물이 방울지지 못하고, 달빛이 방제 위에 모이는 초점의 빛에 너무 멀리하면 마찬가지로 물기가 생기지 않는다. 오로지 멀고 가까움의 한가운데에서 제대로 된 달빛을 취해야만 곧바로 방제에 물이 차서 넘치게 된다. 양수(陽燧)가 불을 얻는 것 역시 또한 그러하다. 햇볕이 지나치게 양수를 가까이하면 곧 연기만 생길 뿐이니, 지나치게 가까이해도 또 멀리해서도 안 되며, 오로지 그 한가운데를 얻으면 불이 곧바로 일 것이다."164) "수면에 비친 달로써 말한다면 달은 모든 방향을 향해서 비추지만, 달이 수면에 뜬 것을 맞이하여 얻는 것은 일점 영수로 콩알만 하니 이것을 동이에 담으면 한 방울에 불과하다. 태양광선도 사방으로 비치는 불꽃이지만 화경(火鏡)으로 해를 향하여 초점에 빛을 모아 얻는 것은 일점 영광으로 콩알만 한 것인데 이것을 말린 쑥에 바로 대면 곧 불이 붙지만, 만약 조금이라도 옆으로 치우쳐 버리면 그 빛이 흩어져서 쑥에 불이 붙지 않는다."165)

볼록렌즈는 빛 에너지를 모은다. 사람의 머리, 양택의 초가지붕, 음택의 봉분은 하늘을 상징하는 둥근 모양으로 외부 에너지 즉 천기를 모으는 역할을 하는 볼록렌즈 모양이다. 반면에 혈은 오목렌즈사의 초점이 집중되는 곳에 맺힌다.

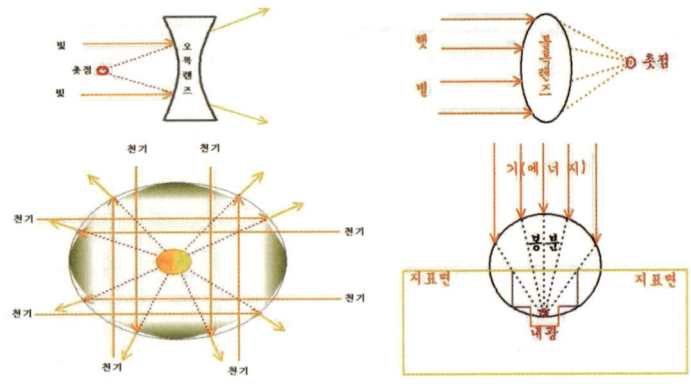

렌즈 법칙166)

사는 혈에서 보아 유정하고 반듯함을 '중'으로 한다. 단정·방직하고 수미하고 자애한 모습이 중이다. "단지 유정하냐 무정하냐를 보아야 한다."167) "눈에 들어와 정(定)할 때는 유정하여야 한다"168) "너그러움과 긴밀함의 균형을 취해서 유정하게 되었는가를 살펴보아 개면하여 안쪽으로 향하는 정이 있다면 참된 국이 된다." 유정한 사는 혈을 바라보고 안아주지만, 무정한 사는 다른 곳을 보거나 등을 돌리고 있다. 이때 정(情)의 유무 판단은 자리를 중심으로 한다.

국에서 혈과 사의 기는 압축(壓縮:구심력)·이완(弛緩:원심력)한다. "기는 취산이 있는 것이니 모름지기 자세히 살펴야 한다."169) "자리를 중심으로 에워싸고 있는 산이 자리보다 높을 경우, 주위 산으로부터 내려오는 기운이 자리의 기운을 압축하게 된다. 이러한 압축은 혈처의 기 흩어짐을 막고 기운을 주밀(綢密)하게 모아준다. 자리를 둘러싼 산세가 너무 높고 경사가 급하면 산의 긍정적인 기운은 자리까지 밀려오지 못하고 높은 벽 모양의 산세는 자리를 압박(壓迫)할 수 있다.

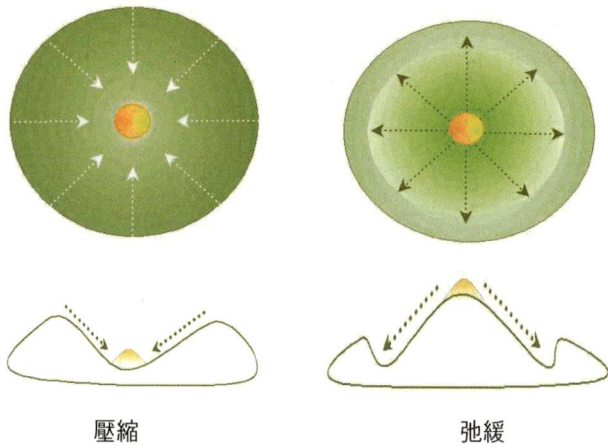

壓縮　　　　　　　　　弛緩

　이러한 현상은 혈에서 사를 살필 때 적용한다. 즉 혈보다 주위 사가 높은 경우에는 혈은 사로부터 밀려오는 기운이 원인이 되어 길흉의 결과를 얻는다. 이러한 형국의 자리에서는 기운의 압축으로 내부 기운이 긴밀해져 조기 발복하게 된다."170)

　반대로 "혈이 자리하고 있는 곳이 혈을 둘러싸고 있는 주위 산보다 높을 시 혈처(穴處)의 기운은 보호되지 못하고 낮은 곳으로 이완되고 바람으로 인하여 흩어지게 될 것이다. 즉 혈처의 기운이 그 아랫부분으로 끌려가는 결과를 초래하게 된다. 이러한 현상은 안산(案山)과 조산(朝山)이 멀리 있는 혈처보다 낮고, 수려하게 펼쳐져 있을 때 혈의 발복을 원인으로 한 결과적인 모습의 사가 된다. 즉 높은 자리에 있는 혈의 기운이 원인이 되고, 낮은 사들은 혈 기운이 원인이 되어 나타난 결과적인 모습으로 보게 된다. 이러한 형국의 자리에서는 기운의 이완으로 발복이 지연된다."171) 모두 혈을 중심으로 이루어진다.

4) 물[水]의 중(中)

"풍수에서 물[水]의 비중이 반이라 그만큼 중요하다."172) 수는 풍과 함께 '풍수'로 산과 함께 '산수'라 한다. '풍수'는 생기를 보호 양생하는 자연스러운 공기 순환을 의미하는 '장풍'과 용맥의 진행을 막아 혈을 맺게 하는 '득수'로 개괄해 이해할 수 있다. '산수'는 용맥과 물길이다. 용맥 사이에 물이 있고 물길 사이에 용맥이 있어173) 서로 경계를 이룬다. 그래서 용맥을 따라오던 기운은 물을 만나 진행을 멈추어 혈을 맺는다. 혈이 맺히는 곳에는 산과 마찬가지로 물도 모여든다. 혈을 중심으로 산수가 모여든다.

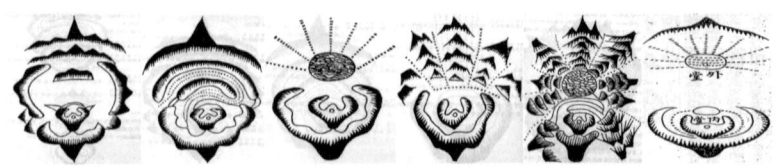

명당(明堂)과 취수(聚水)174)

"여러 산이 그친 곳, 여기가 진혈이요, 여러 갈래의 물이 모인 곳, 여기가 명당이니라"175) "평양룡에서 기가 멈추게 되면 물도 이를 따라 모인다."176) 물은 혈의 정면에 모이고[合聚], 고요하고[靜] 맑음[淸]을 '중'으로 한다.

수(水) 분합도(分合圖)[177]

 혈을 중심으로 물은 분합(分合)한다. 혈에서 가장 가까운 물은 혈장의 물이다. 다음으로 가까운 물은 용호와 근안(近案) 안의 '내명당수'이며 용호 바깥과 원안(遠案)이나 조산 안의 물을 '외명당수'라 한다. "만약 상면(上面)에서 분(分)이 있고, 아래에서 다시 합(合)하여 음양이 교도(交度)되면 진혈이다."[178] 분합에는 세 가지가 있는데, 첫째 분합은 구첨수(毬簷水)가 분래(分來) 하합(下合)하는 것이니, 이것이 제1 분합이요, 두 번째는 용호 안의 소팔자수(小八字水)의 분래 하합이니, 이것이 제2 분합이요, 세 번째는 용호 바깥의 대팔자수의 분래 하합이니, 이것이 제3 분합이다. 혈을 중심으로 한 삼수(三水)는 삼분삼합(三分三合)을 하면 혈은 그 중심에 자리한다.

5) 중 사상 분석을 통한 풍수 혈

 풍수는 장풍득수다. 혈은 사의 장풍으로 보호되는 중심처에 자리한다. 혈은 득수로 용맥을 따라 행도하던 기운이 멈추어 종횡의 균형을 이루는 중심에 맺힌다. 혈은 주위 사와 조화를 이루는 곳에 깃든다. 장풍은 사가 조화롭게 혈을 보호하는 것이다.

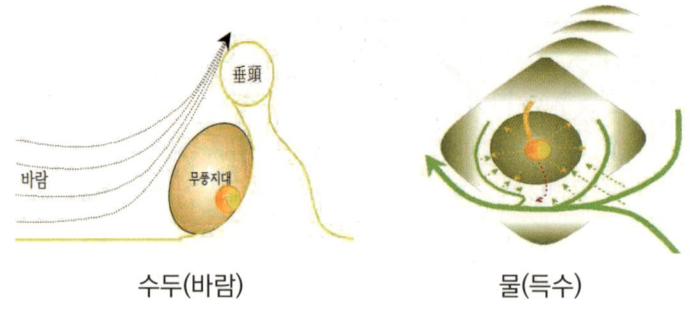

수두(바람)　　　　　　물(득수)

현무수두(玄武垂頭)[179]는 바람이 직접 혈에 닿지 않도록 현무가 혈을 품에 안은 모습이다. 장풍은 어떠한 바람의 충사(衝射)도 혈에 닿지 않도록 보호한다. 득수는 산(용맥)을 따라 종(縱)으로 진행하는 기운과 이를 가로[橫]막는 물의 힘이 균형을 이루고, 산수가 음양으로 조화를 이루는 것이다.

혈을 맺는 기운은 조산(祖山)[180]에서 비롯된다. 조산은 혈을 만드는 기의 기원처이며 공급처로 주위 산을 아우르는 중앙 특립 산형이 좋다. 조산이 기의 근원처라면 혈은 그 기가 모여 맺히는 결과처로 인과 관계를 갖는다. 조산의 기운은 용맥을 통해 혈까지 연결된다.

조산(祖山)

용맥은 산이 장(帳)을 펼치고 그 중심에서 출맥하는 개장천심이 귀격이며 진룡이다. 용맥의 기운은 용맥의 중심(능선)을 통해 힘의 균형[中]을 향해 행도한다. 기는 오행에서 '중'의 특성을 지닌 땅(土)에 의지해 이동한다. 거친 기운은 과협을 통해 박환·순화되어 질적 중을 지향한다.

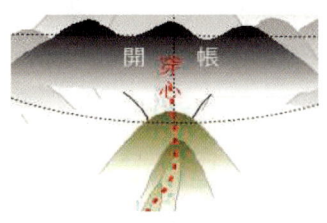
개장천심(開帳穿心)

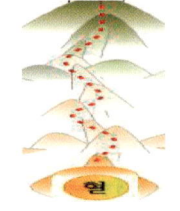
용맥 중심따라 흐르는 기

　조산에서 출발한 기는 용맥을 따라 행도하다 장풍득수처에서 혈을 맺는다. 조산-용맥-혈은 원인-과정-결과로 풍수의 핵심인 혈과 직접 관계되어 있다. 조산에서 생성된 기는 용맥의 순화 과정을 거쳐 혈에 그 결실을 맺는다. 용맥을 따라 행도하던 종적 기운은 앞을 가로막는 사의 힘과 균형[中]을 이루는 지점에 멈추어 혈을 맺는다. 혈은 사세가 균형을 갖추고 장풍득수 하는 평온한 곳에 자리한다. 바로 천심십도와 상분하합의 중심처이다.

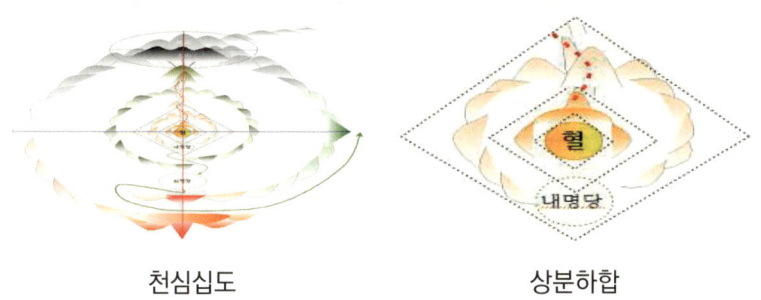
천심십도　　　　　　　　상분하합

종횡·좌우·상하(縱橫·左右·上下)의 균형처, 화심(花心)에 맺히는 혈은 그 자체도 균형체이며 완전체이다.

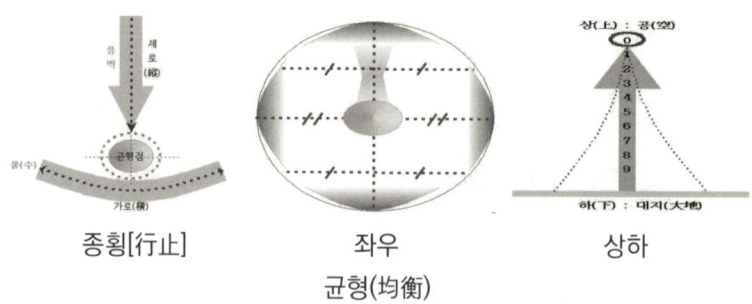

종횡[行止]   좌우   상하
균형(均衡)

균형체인 혈은 만다라 같은 국의 중심에 자리한다. 국은 혈과 사로 형성된 삼간(三間) 세계다. 사는 주로 산을 일컫는다.[181] 산과 물은 서로를 경계 지으며 이웃한다.

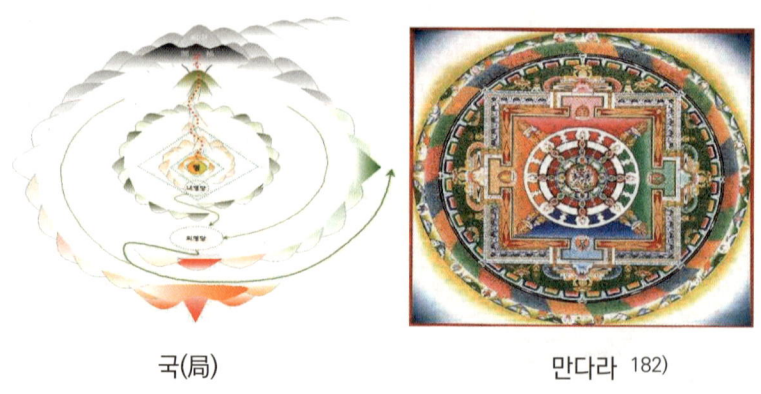

국(局)   만다라 [182]

산이 혈을 안고 돌면 물도 혈을 안고 돌고, 산이 혈을 향해 모여들면 물도 함께 모여든다. 산이 유(柔)하면 물은 그만큼 천천히[緩] 흐른다. 유정한 산과 물이 원형으로 감싸고 있는 국의 중앙에 혈이 맺힌다. 혈이 맺힌 중은 국의 균형처이며 사와 조화를 이루는 곳이다. 혈은 산과 물이 감싸고 보호한다. 혈을 중심으로 원·구심력이 생긴다. 구심력은 국내 기운을 압축(응축, 수렴)하고 원심력은 이완(확산)한다. 사와 혈은 서로 유정해야 하며, 혈은 사의 초점이 되며 국내 기운이 집중되는 중심이다. 혈과 사는 렌즈 법칙이 준용된다. 풍수 세계는 혈을 중심으로 한 우주다. 그 안에 삼긴이 기로 관계하며 혈과 함께 존재한다.

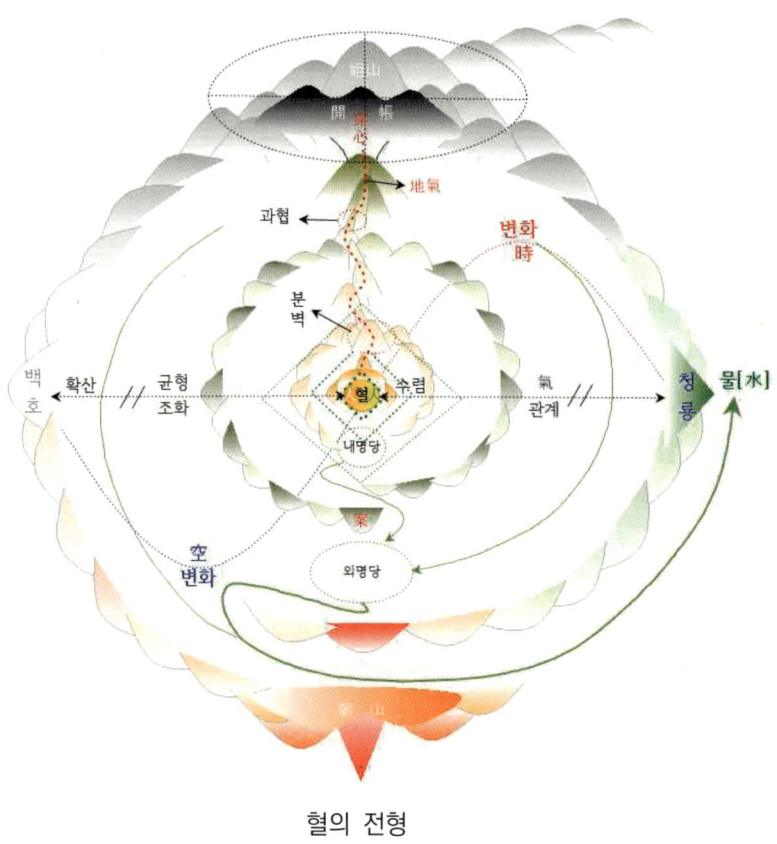

혈의 전형

자. 혈에 내재 된 의미와 사상 종합

인간은 배태처인 자궁의 편안함에 길들여진 듯 본능적으로 자연 동굴을 찾아 머물게 된다. 구석기시대에 주로 수렵과 식물의 뿌리와 열매를 채취하며 이동하던 시기를 지나 신석기시대가 도래하면서 농경과 함께 인공 동굴을 파서 정주 생활을 하게 된다. 혈은 황하문명의 발상지 황하 유역의 황토고원의 동굴형 흙집에서 기원한다.

혈은 곧 집으로 풍수는 혈의 입지 선택과 함께 시작된다. 수천 년을 황토고원 일대의 혈에서 생활하면서 혈은 중국인의 영원한 고향이며 활동 세계의 중심이 된다. 혈을 중심으로 삶의 의미를 찾고 사상이 축적되고 문화가 펼쳐진다. 이렇듯 혈은 인간이 주로 머무는 집-거주-장소-공간-대지로서 아래와 같은 의미와 사상으로 주요 특성을 갖게 된다.

첫째, 혈은 주거 양식으로 그 입지 선정은 곧 풍수의 기원이 된다. 혈에서의 삶의 양식은 내세관으로 죽음의 세계에 그대로 반영되어 혈[土]에 살 듯이 토장을 하고 매장 양식까지 혈의 고애식과 하침식을 모방하여 횡혈식과 수혈식으로 하게 된다. 물리적 환경을 중심으로 한 생존 본능적 입지 선정은 형기 풍수의 기원이 된다. 최적의 혈은 물리적으로 안전한 균형처이며 의식주를 조화롭게 구현할 수 있는 위치에 자리한다. 또한, 동굴 모양의 집은 자궁의 이미지로 내적 기운을 감싸 보호하는 모양[183]으로 추후 동아시아 주택 구조와 풍수의 성국(成局) 조건에 영향을 미치게 된다.[184]

둘째, 혈은 집으로 곧 우주의 중심이 된다. 혈은 지리 공간적 중심이면서 인식 세계의 중심이 된다. 그래서 혈을 중심으로 우주가 형성되듯이 풍수에서 국(局)이 형성된다. 국의 '중'은 사세와 균형과 조화를 이룬다. 세상의 기운을 내재 한 용맥도 중을 향해 변화하고 중에서 멈추어 혈을 맺는다. 혈을 중심으로 기는 확산하고 응집한다. 혈을 중심으로 동서남북 방위가 설정되고 사신사가 자리한다. 세계의 중심으로서 혈에서 살아온 중국인은 이 지역을 세계의 중심이란 의미에서 '중원(中原)'이라 하고 중원을 중심으로 '중화사상'을 배태한다. '중국'이란 나라 이름도 혈에서 나온 것이다.

셋째, 혈은 황하 유역의 황토고원을 중심으로 한다(혈⊂황토고원). 혈이 황토고원에 자리하여 중 특성에 황토고원의 속성이 그래도 반영된다. 그래서 중국의 시조를 황제(黃帝)라 하고 중국 신화에서 여와가 황토로 인간을 창조한다.[185] 황(黃)과 토(土)가 오행의 중앙에 자리하고 풍수에서 위가 평평한 토형산의 모습은 황토고원의 형상을 반영한 것이다. 풍수의 혈토는 황토고원의 미세한 입자의 황토 토질을 기준으로 하며 황토 먼지의 사(砂)로 산을 표현한다. 토를 중시하는 사상은 풍수에서 흙[土]에 기대어 기(氣)가 생성-이동-결혈까지 하게 되며 흙을 신격화하여 (후)토(지)신으로 모신다.

넷째, 혈은 경제·문화·정치의 중심이 된다. 중국인은 혈에서 생사를 반복하고 대물림하면서 중 사상을 배태한다. 그 결과 하늘(상제)에 제사를 지내는 장소도 하늘로 통하는 천제(天梯)로서 천주산 (天柱山)과 천주목(天柱木)도 모두 세계의 중심으로 신성시한다.[186]

혈의 사회 심리적 환경에서 비롯된 관념적 중 사상은 유가와 도가 그리고 기 철학의 핵심으로 동아시아 사상의 근간을 이룬다.[187]

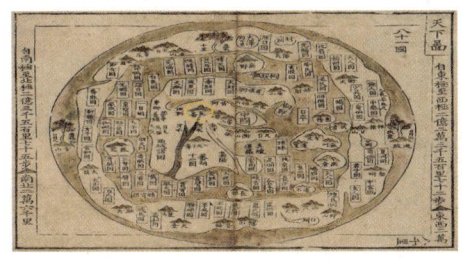

곤륜산[188]

다섯째, 고대문명은 강을 중심으로 발상하였다. 혈도 물을 근간으로 자리한다. 농사의 기반이 되며 생명 유지에 기본 요소인 물을 중시하는 경향은 오행과 만상(萬象)의 출발점을 물[水]로 보게 되고, 풍수에서 결혈을 판단할 때 물과의 상관관계를 중시하게 된다. 물은 기본적으로 중력(압력)을 따라 이동한다. 풍수에서는 외기의 흐름을 물을 기준으로 살핀다.

여섯째, 혈은 인간의 이동을 멈추게 하였다. 혈과 함께 농사를 지으며 정주하게 되면서 동아시아 지역은 농자천하지대본(農者天下之大本)의 농경 정주 국가로 성장한다. 정주 생활은 독특한 지역성과 토속성을 띠며 발전하게 된다. 혈이 이동하는 사람을 멈추게 하듯 풍수에서 혈은 용맥을 따라 흐르는 기운이 멈추어 맺힌다. 그러나 세상은 항상 무상(無常)하여 변화 중에서 혈을 찾아야 한다. 그래서 풍수는 자연스러운 인연의 변화[化作] 속에서 시중(時中)과 공중(空中: 공간의 중)을 추구한다.

4. 좌향(坐向)

풍수는 땅의 기운 즉 지기를 중심으로, 기운이 맺힌 혈을 찾아 목적에 맞게 사용하는 것을 최우선으로 한다. 그래서 기가 만든 형상을 보고 기운을 추적하고 혈을 찾고 향(向)을 한다. 그런데 나경(羅經)이 풍수에 사용되면서 수많은 이기론을 응용하여 사용하고 있다. 좌향(坐向)은 먼저 혈을 찾고 난 다음, 그 자리를 가장 효율적으로 이용하기 위하여 고려하는 보조적 방법이다. 그런데 언젠가부터 이기론(理氣論)이 유행하면서, 마치 좌향이 모든 것을 결정하는 방위 중심의 풍수가 성행하고 있다. 이러한 좌향론의 대부분은 그 당시 유행하던 이기론을 근간으로 한다. 이기적(理氣的) 좌향론은 적용하는 이론에 따라 해석이 제각각 다를 수밖에 없다. 이론이 모두 다르다면, 그중의 하나만 맞든지 모두 틀릴 수밖에 없다. 결과적으로 통일되지 않은 이론으로 혼란만 가중되어 현장에서 풍수의 불신을 초래하는 주요 요인이 되고 있다.

이에 필자는 오랜 현장 경험을 통하여 정립해 온 혈의 기원적 의미와 후천적 사상을 기반으로 자연법칙을 기준으로 소위 '자연방위론(自然方位論)'을 고안(考案)하였다. 자연방위론은 일명 '형기방위론(形氣方位論)'으로, 누구나 눈[眼]으로 쉽게 확인하고 이해하고 공감할 수 있어 현장에서 어렵지 않게 적용할 수 있다. 자연방위론은 이기 방위론과 달리 상대적·절대적 방위와 무관하게 기를 중심으로 혈을 찾아, 나경 없이 현장 중심으로 활용할 수 있는 원리이며 법칙으로 배타성을 갖지 않아 불신의 여지가 없다.

풍수는 '용혈사수(龍穴砂水)'라 하여 용맥(龍脈)을 가장 우선시한다. 그것은 용맥의 중요성 때문일 것이다. 용맥은 풍수의 핵인 혈을 생성하는 생기의 '근원[祖山]'이며 이동·정화 '과정[來龍]'이고 혈을 맺는 '결과[穴]'처이기 때문이다. 풍수에서 산과 산줄기를 지칭하는 용맥은 기를 내재한 생명체로 본다.

좌향은 혈을 맺는 기운을 내재한 용맥의 운동과 관계된다. 용맥은 수평적으로 변화하는 위이는 앞뒤로 작용하는 힘과 좌우로 작용하는 힘의 합에 의해 균형점을 향해 변화하면서 진행한다. 상하로 변화하는 기복(起伏)은 중력과 뒤에서 앞으로 작용하는 힘과 앞에서 뒤로 작용하는 힘의 관계로 나타나는 현상이다. 이처럼 용맥은 힘의 균형선을 따라 균형점을 향해 진행한다.

가. 자연방위론

동물은 회귀 본능을 갖는다. 사람도 죽음과 함께 자연스럽게 고향을 생각한다. 그 마음을 반영하며 묘의 향을 고향 쪽으로 하는 지역도 있다. 풍수에서 주 기운은 용맥을 따라 흐른다. 기운의 중심은 좌우 균형선(均衡線)인 능선을 따라 흐른다. 그래서 용맥의 중심기운을 얻기 위해서는 반드시 능선을 타야 한다. 용맥은 산 능선을 중심으로 좌우대칭을 이루어 간다. 특히 혈장이 시작되는 두뇌부터 혈심까지는 좌우가 대칭으로 균형을 이루고 있다. 즉 혈심에서 보았을 때 승금과 아미사·월미사가 무지개 모양으로 좌우대칭을 이루고 있다.

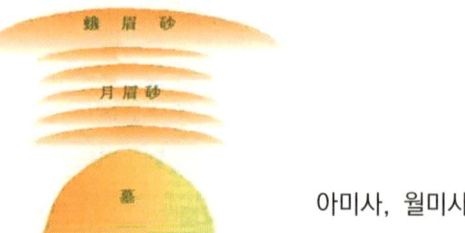

아미사, 월미사

풍수에서 음·양택의 방위를 좌향(坐向)이라 한다. 향(向)은 음·양택이 향하고 있는 방위를 말하고, 좌(坐)는 그 반대 방위를 말한다. 무엇을 기준으로 좌향을 정하는 것이 자연과학적으로 보편 타당성을 가질 수 있을까?

풍수는 자연이다. 자연은 균형을 지향한다.[189] 풍수, 즉 바람과 물은 기운의 불균형에 기인(起因)하여 균형점으로 모이고 사라진다. 바람은 기압의 차이로 발생하여 균형을 이루는 곳으로 이동하여 사라진다. 물은 온도 변화에 따라 그 모습(고체-액체-기체)을 달리하며 압력이 높은 곳에서 낮은 곳으로 흘러 균형처 즉 중에 머문다.

'산천은 본래 고유한 자연 방위를 가진다'고 한다. 자연 방위론은 자연의 이치에 따른 좌향론이다. 자연의 균형지향 원리에 따른 좌향론이다. 풍수의 기운은 용맥을 따라 흐른다. 용맥은 자연의 이치에 따라 힘의 균형을 지향한다. 그렇게 힘의 균형을 지향하며 진행하던 용맥의 기운은 힘의 균형 처에 멈추어 혈을 맺는다. 기운은 자연의 이치에 따라 지극히 자연스럽게 진행하고 멈추어 혈을 맺는다. 따라서 자연의 이치를 따르는 방위는 균형선을 따라 균형점을 지향하며 흐르는 용맥 중심선(中心線)이다. 육안으로 살펴 용맥의 능선이 진행하는 방향이 자연 방위가 된다. 실제는 용맥에 흐르는 기맥의 방향이 곧 자연 방위가 된다.

만약에 균형을 이루는 중심선을 따라 흐르는 맥의 방향과 다르게 좌향을 하게 되면, 균형이 무너져 불안정한 상태가 된다. 균형을 지향하는 자연의 이치와 부합하지 않기 때문이다. 현장에서 직접 체험을 해보면 금방 알 수 있다. 균형을 지향하는 자연 방위를 따라 자리하면 치우침이 없이 안정적이고, 사세와 균형과 조화를 이루게 되어 편안하다. 균형처의 안정과 함께 기맥에 맞추어 좌향을 하게 되면 음택의 경우 체백이 기맥의 흐름과 일치하는 방향으로 놓이면서, 기맥의 영향을 온전히 받을 수 있게 된다. 즉 체백을 기맥선(氣脈線)과 일치하게 안장함으로써 기맥을 따라 오는 기운의 영향을 가장 많이 받을 수 있게 될 것이다.

양택의 경우 용맥의 진행과 직교(直交)할 시, 좌우 균형이 치우치지 않고, 용맥을 통하여 전해지는 기운을 온전히 받을 수 있을 것이다. 직교는 또한 배산임수로서 정좌(正坐)하는 경우가 되어, 양택의 경우 주야로 공기의 순환이 원활하게 이루어지게 된다. 풍수는 자연으로부터 배우는 길[道]이다. 자연 방위론은 본래 자연이 지향하는 좌향법으로, 균형과 안정 그리고 조화까지 우리에게 가르쳐준다. 자연 방위론에서 좌향(坐向)은 혈심(穴心)으로 들어오는 기맥의 방위가 좌(坐)가 되며, 그 반대 방위가 향(向)이 된다.

나. 좌향(坐向) 설정

1) 용맥이 뚜렷한 곳

자연방위론은 용맥을 따라 흐르는 기맥을 중심으로 한 좌향론이다. 따라서 지형이 분명하여 용맥이 뚜렷한 곳은 용맥의 중심인 능선을 따라 방위를 선택하면 된다. 만약 회전이 걸려 원심력이 작용하고 있는 부분은 힘의 쏠림이 있으므로 가능한 피하는 것이 바람직하다.

2) 혈이 맺힌 곳

혈장(穴場)의 두뇌(頭腦)에서 혈심(穴心)까지의 종적(縱的) 중심선이 바로 혈의 좌향이 된다. 용맥은 진행할 때는 회전을 하면서 원심력으로 쏠림현상이 발생하지만, 혈처는 균형처(均衡處)로 일체의 쏠림현상이 사라진다. 혈은 회전운동으로 인한 쏠림현상이 사라진 균형처에 맺히게 되며, 혈처에서 자연 방위는 자연스럽게 당판의 좌우 중심선이 된다.

가) 음혈(陰穴: 乳穴·突穴)

유혈이나 돌혈처럼 음혈(陰穴)인 경우는 능선이 당판의 중심선과 일치한다. 당판에서 가장 높은 능선이 곧 균형선이 되어 능선을 중심으로 걸터앉아야 균형을 잡을 수 있다. 마치 승마 시 말등의 중심에 앉아야 가장 안정된 자세를 얻을 수 있듯이 풍수에서 방위도 용맥의 중심선을 타야 좌우 균형을 이루게 된다. 음혈의 경우 용맥의 중심을 취하여 용맥 상에서 반드시 균형을 잡아야 할 뿐만 아니라, 혈을 둘러싸고 있는 외적 기운인 사(砂)도 균형을 이루어야 안정된 혈을 맺을 수 있다.

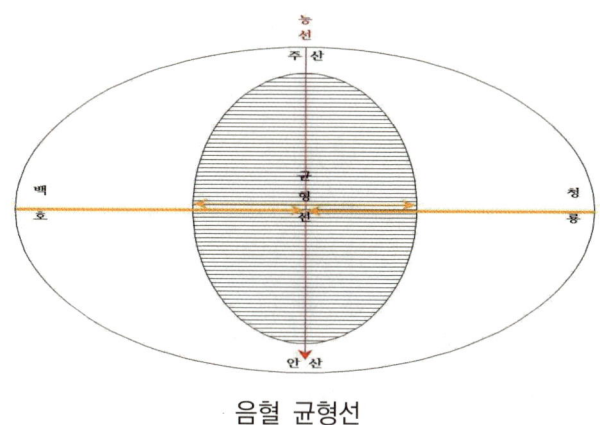

음혈 균형선

유혈은 위의 그림처럼 대부분 앞뒤가 긴 타원형의 모습이다. 래룡의 변화와 상관없이 혈장은 좌우 균형을 갖추고 있다. 좌향은 혈장의 최상부에 해당하는 두뇌의 중심에서 혈심을 관통하는 선으로 혈판을 양분하는 중심선이다.

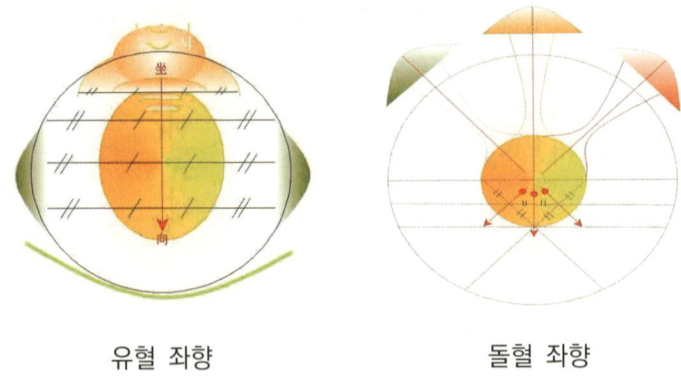

유혈 좌향   돌혈 좌향

반면에 돌혈은 위 그림과 같이 거의 원형에 가까운 모습이다. 대부분 혈은 용맥의 진행 관성에 의해 정상에서 앞으로 조금 치우친 부분에 맺히게 된다. 돌혈도 유혈과 마찬가지로 원형의 좌우 균형선 즉 혈판을 양분하는 중심선이 좌향이 된다.

나) 양혈(陽穴: 窩穴·鉗穴)

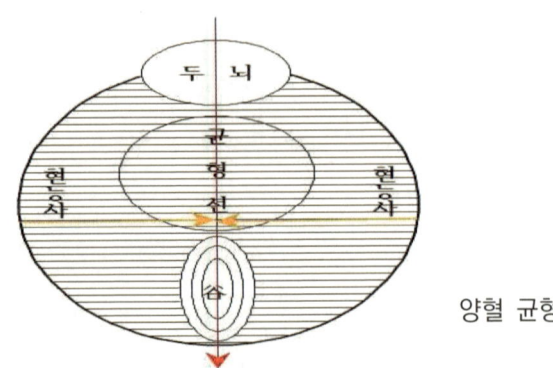

양혈 균형선

와·겸의 양혈은 용맥의 기운이 미치는 끝자락이 좌우로 벌린 현능사(弦陵砂) 사이로 직입(直入)하여 혈을 맺는다. 따라서 현능사 부분이 가까이서 혈을 감싸며 기운을 안으로 모아주며 좌우 균형을 맞추어주고 있다. 혈은 바로 좌우 현능사가 안으로 기운을 모아주며 균형을 이루는 가운데 맺힌다. 혈장의 최상부 두뇌의 중심에서 혈장이 끝나는 지점에 생긴 골의 중심을 연결한 선이 바로 양혈의 균형선이며 좌향이 된다.

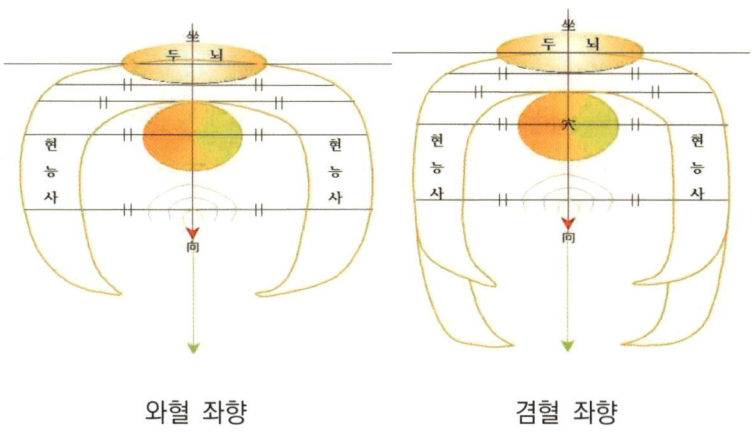

와혈 좌향   겸혈 좌향

자연 방위론은 풍수의 근간인 형기를 위주로 공부한 사람이면 누구나 균형에 기초한 당위성과 원리를 쉽게 이해할 수 있고, 현장에서도 어렵지 않게 적용할 수 있다. 자연 방위론은 자연의 이치를 그대로 정립한 원리로 현장 적용 시 즉시 그 진위(眞僞)를 체험하고 판단할 수 있다. 자연 방위론은 기본 원리를 이해하고 현장 경험을 쌓아 가면 누구나 같은 결과를 얻을 수밖에 없는 보편타당하고 객관적인 원리로, 좌향으로 인한 불신을 해결할 수 있을 것이다.

5. 풍수 혈의 개념과 평가 기준 설정

지금까지 '풍수'를 주제로 풍수 현장의 실상을 들여다보았다. 풍수 현장에서는 풍수인의 그릇된 풍수행으로 사회적으로 풍수 불신이 만연하고 있다. 풍수 불신은 같은 자리를 풍수인마다 엇갈리게 평가하는 데서 기인한다. 평가 기준의 차이로 결과까지 달리하는 상대적 모순을 가진 이기론이 성행하면서 불신은 시작되었다. 평가에 현격한 차이를 보이는 기-영-수맥 풍수인의 개별적이고 배타적인 풍수행으로 풍수 불신의 골은 더욱 깊어져 간다. 동일 장소에 대한 평가의 극명한 차이로 초래한 불신의 문제를 해결하기 위해서는 먼저 현장 풍수인의 자성이 필요하다. 자신의 풍수행에 그릇됨은 없는지? 다른 풍수인과 비교 토론을 통해 차이의 문제를 해소해 가야 할 의무가 있다.

평가 기준과 방법 차이를 근본적으로 해결하기 위해서는 전통 풍수를 기반으로 한 형기 풍수가 중심이 되어야 한다. 왜냐하면, 전통 형기 풍수는 인간의 생존 본능을 통한 오랜 선험적 지식을 바탕으로 하여 누구나 공감할 수 있어 추상적, 개별적, 배타적이지 않을 뿐만 아니라 상대적 모순도 없다. 따라서 전통 풍수의 근간인 형기론을 중심으로 풍수행을 한다면 풍수 불신은 어느 정도 해결해 갈 수 있을 것이다.

풍수 최선의 길은 혈을 제대로 알아 목적에 부합하도록 바르게 이용하는 것이다. 그러나 안타깝게도 지금까지 혈의 본원적 의미를 고찰하거나 연구하여 밝힌 사람은 없었다. 그러다 보니 혈의 판단을 고전과 현상적 주장에 의지하여 저마다 다른 풍수행을 감행할 수밖에 없었다. 이러한 본질을 벗어난 개별적·파별적 풍수행은 풍수 불신의 근본 원인이 되어 왔으며 풍수를 학문 체계로 정착시키지 못하는 주요 요인이 되어 왔다. 필자는 이러한 난제를 풀기 위하여 혈의 기원적 의미와 혈에 내재 된 후천적 사상을 심층 고찰하여 본원적 의미를 정리하여 소개하였다. 이제 본원적 의미를 근간으로 혈의 개념과 평가 기준을 새롭게 정초(定礎)하여 소통하고 공유해가고자 한다.

가. 혈의 개념

혈은 황하 문명의 발상지 황하 유역 황토고원의 주거 양식에서 비롯되었다. 따라서 혈은 의식주의 주(住) 즉 양택에서 기원하였다. 혈의 입지 선정은 곧 풍수적 행위로 혈과 함께 풍수도 시작되었다. 황토지대의 굴집인 혈의 특성은 내세관으로 음택에 고스란히 반영되어 횡혈식 혹은 수혈식으로 토장(土葬)을 하게 된다.190) 이러한 음택 풍수는 효를 근간으로 한 조상숭배 사상과 함께 풍수의 주류로 성행하게 된다.

혈은 자궁→자연 동굴→굴집으로 생명 잉태처인 자궁의 특성에서 비롯된다. 혈에 머무는 인간을 포근히 감싸는 모양이다. 혈은 전착후관의 구조로 내기(內氣)를 중시한다. 이러한 혈의 구조는 이후 주택과 음택 구조의 형성 그리고 풍수 세계인 국의 형상 이해에 영향을 미치게 된다.

혈은 이동하는 인간을 멈추게 하여 정주 농경 국가의 기틀이 된다. 정주는 체험적 경험의 축적과 대물림할 수 있어 지역성과 토속성 띠게 되며 지리적 특성을 중시하게 된다. 혈이 농경과 함께 자리하면서 풍수에서도 물과의 관계를 소중히 한다. 혈이 맺히면 혈 앞 균형처에 물이 모여 명당을 이룬다. 농사가 천하지대본이 되면서 다양한 농사 관련 용어를 사용하게 된다.

혈은 집-주거-장소-대지-공간으로서 그곳을 중심으로 오랫동안 살아온 사람에게 특별한 의미를 부여한다. 혈은 인간과 함께 호흡하며 기하학적인 공간을 초월하여 세계의 구체적인 중심이 된다. 혈은 우주 즉 시·공간의 중심이며 존재의 중심이 된다. 혈은 세계의 중심으로서 풍수 세계의 중심에 자리한다. 국의 중심이며 초점으로 국의 사세가 균형과 조화를 이룰 때 비로소 혈이 그 중심에 자리한다. 혈을 중심으로 방위가 설정되고 사신사가 자리하며 국의 기운은 확산하고 응집한다.

주 생활공간이며 장소로 특화된 혈에서 인간은 원초적 안도감으로 편안함을 추구한다. 그래서 인간은 생존 본능적 감각으로 생활에 유리한 양질의 입지를 선택해 간다. 혈은 자연스럽게 기후 특성을 고려하고 농사에 유리한 배산임수 지역을 선호하게 된다. 당면한 물리적 환경을 먼저 고려하면서 형기 풍수가 시작된다.

황토고원에서 기원한 혈은 토(흙)를 중심으로 한다. 인간은 흙에서 나서 흙으로 돌아간다. 풍수의 기운은 토에 기대어 생성되고 이동하며 혈을 맺는다. 토는 오행의 중심이며 혈의 시원처로 소중히 하여 신으로 받들어 모신다. 모두 혈의 기원적 의미와 후천적 사상에서 정립된 개념이다.

나. 평가 기준

첫째. 용맥을 중심으로 한다. 용맥은 혈을 판단하는 제일 근거로 용맥을 전제로 하지 않는 혈은 인정하지 않는다. 여기서 용맥은 산과 산줄기로 형상으로 드러나 누구나 인식을 공유할 수 있다. 풍수는 용-혈-사-수-향으로 용맥을 으뜸으로 한다. 이는 용맥이 혈을 맺는 기의 근원처(원인)이며 이동의 요체(과정)로 용맥의 진처에 혈(결과)을 맺기 때문이다. 용맥의 진처에 맺히는 혈의 가치는 용이 물고 있는 여의주에 비견된다.

둘째, 혈을 기준으로 한다. 혈의 형세적 판단은 '용맥'과 '중(中)'을 기준으로 한다. 먼저 주산(현무)과 래룡의 특성을 살피고 입혈부를 살펴 용맥과의 연결성으로 혈의 진위를 파악한다. '중'의 판단은 형성된 국(局)에서 혈의 위치로 판단한 후 다시 혈을 중심으로 형성된 국의 '균형'과 '조화' 그리고 '정(情)의 유무'를 살펴 판단한다.

셋째, 방위는 자연 방위론을 기준으로 한다. 용맥을 타고 기운이 들어오는 방위를 '좌'로 하고 혈 앞의 여기가 나가는 방위를 '향'으로 한다. 상호 모순의 이기론은 적용하지 않는다.

넷째, '추맥'으로 혈의 결지 여부와 혈의 위치를 형기적 판단과 비교하면서 최종적으로 확인한다. 건축물을 세워야 하는 양택지의 특성상, 본래 지형이 평지화되어 사라지거나 왜곡되어 형기적 판단이 용이 하지 않다. '추맥'은 용맥의 형상이 왜곡되거나 사라진 곳에서 용맥을 따라오는 기운을 추적하여 혈을 찾는 방법이다.191)

이상의 평가 기준을 중심으로 현장을 검증하여 사찰과 암자가 자리한 터의 특성을 평가해 갈 것이다.

제2장 혈을 기준으로 살펴본 사찰과 암자

　필자는 혈의 본원적 의미와 후천적 사상을 정립한 주창자로서 혈의 개념을 정초하고 터의 평가 기준을 마련하여 풍수 현장에서 그 효용성과 가치를 실증해 가고자 한다. 이러한 목적을 실현하기 위한 현장으로 전통 풍수의 기초위에 세워진 사찰과 암자를 선택하였다. 왜 사찰·암자인가?

- 전통, 존재성, 역사성
- 다양성
- 음·양택 특성 공유

　전통 사찰과 암자는 오랜 역사의 산물이다. 긴 역사 속에 존재의 시·공간을 달리하는 다양성이 매력적이다. 그러면서도 본래의 지형이 대체로 잘 보존되어 있다. 결과적 현상을 통해 시간적 경과를 통한 터의 일차적 가치를 판단할 수 있다. 게다가 다양한 사료를 통해 역사적 존재 과정까지 추적할 수 있다. 무엇보다 대부분 사찰과 암자는 현장 접근이 가능하여 실사를 통한 검증이 가능하다.
　불자 풍수인으로서 사찰과 암자는 친숙한 풍수 학습 현장이다. 지극한 마음으로 합장 기도하며 현장 답사 인연 행을 수행한다. 해당 사찰과 암자에 대하여 혈의 본원적 의미에 기초한 평가 기준[公準]으로 혈과의 관계성을 실제 검증한 후 그 결과를 종합하였다. 이제 현장을 방문하며 인연한 정보와 감회를 주제별로 나누어 소개한다.

1. 풍수 배움의 인연 장소로서 사찰

배움은 모방에서 시작된다. 풍수에서도 본보기[範本]를 여러 번 찾아가 볼 것을 권한다. "삼백 번으로 모자라면 오백 번을 가보라!"192)

풍수에 특별한 관심을 두고 공부를 시작하면서 좋은 자리의 본보기가 필요해졌다. 그렇게 찾은 인연처는 부석사 무량수전과 안동 봉정사이다. 부석사와 봉정사에는 우리나라에서 가장 오래된 목조건축물이 실존한다.193) 자연 자재로 지은 건축물이 천년의 세월을 버티어 존재하는 이유가 있을 것이다. 목조건축물이 오랜 세월 존재하는 연유를 찾아 두 곳의 풍수 특성을 살펴본다.

가. 천등산 봉정사

천등산 봉정사는 682년(신문왕 2) 의상(義湘)대사가 창건한 절로 알려져 왔으나, 1972년 극락전에서 상량문이 발견됨으로써 672년(문무왕 12) 능인(能仁) 대사가 창건했음이 밝혀졌다.194) 봉정사에는 우리나라에서 가장 오래된 목조건축물로 알려진 극락전(국보)을 비롯하여, 대웅전(국보)과 화엄 강당(보물) 그리고 고금당(보물)이 소재한다. 이렇게 한곳에 모여 있는 4채의 건축물이 오랫동안 무너지지 않고 잘 보존되어 온 까닭은 무엇일까? 이 수수께끼를 풀기 위하여 여러 차례 봉정사를 다녀왔다.

1) 국세[195] 분석

 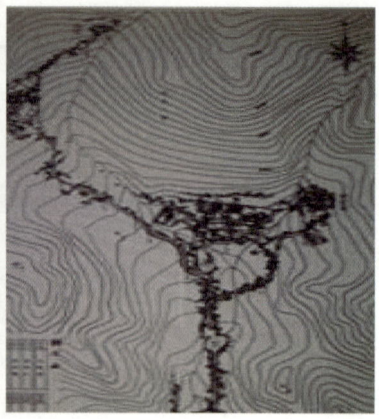

봉정사의 래룡과 국세

봉정사 터를 만든 래룡과 국세(局勢)는 풍수의 전형을 보여주고 있다(위 그림 참조). 강한 기운의 간룡(幹龍: 줄기룡)[196]이 주산인 천등산을 세우고 그 기운이 곧바로 떨어져[直入] 혈을 맺고 있다. 간룡은 기운의 근원이 멀고 세(勢)가 강하다. 따라서 그만큼 혈처에 오랫동안 큰 기운을 공급할 수 있을 것이다.

봉정사: 비봉귀소형   봉정사 안·조산

이 자리는 물형론(物形論)[197]으로 '봉황이 날개를 접으면서 둥지로 돌아오는 모습'의 비봉귀소형(飛鳳歸巢形)이다. 천등산에서 봉정사로 내려오는 용맥과 주위 산형이 마치 새가 둥지로 돌아오며 내려앉는 형상이다. 혈처(穴處)는 둥지 모양이다. 혈은 원형의 둥지 중심에 맺혀 있을 것이다. 둥지는 사방이 잘 감싸져 자연스럽게 장풍(藏風)[198]이 된다. 봉정사도 사방이 산으로, 이중으로 잘 감싸고 보호하는 장풍국(藏風局)[199]을 형성하고 있다. 혈은 바람의 영향이 가장 적은 장풍의 중심에 맺힌다.

반면에 봉정사 앞에서 합수한 물은 터를 감싸안은 내청룡과 내백호[200] 사이를 빠져나간 후 내청룡 쪽으로 돌아 앞으로 순수(順水)[201]한다. 혈처에서는 내청룡을 돌아 앞으로 순수한 물은 좌청룡에 가려 보이지 않는다. 비록 길지는 않지만, 혈 앞을 빠져나가는 물과 함께 기운이 빠져나가는 것에 대한 비보(裨補)[202]로 중간에 돌산을 만들어 놓았다.

봉정사 물의 흐름

간룡의 래룡과 이중으로 보호하는 국세에 비해 당판은 상당히 작은 편이다. 같은 기운이라도 국이 작으면 그만큼 빨리 기를 채울 수 있어 국내 기운이 더 견실해질 수 있다.

2) 혈 분석

아주 오래전에 사찰 터로 개발이 된 곳이다. 당시에는 자연 지형을 많이 훼손하지 않아 본래 지형을 가늠해 볼 수 있다. 아래 그림은 봉정사 지형의 종단면을 보여주고 있다.

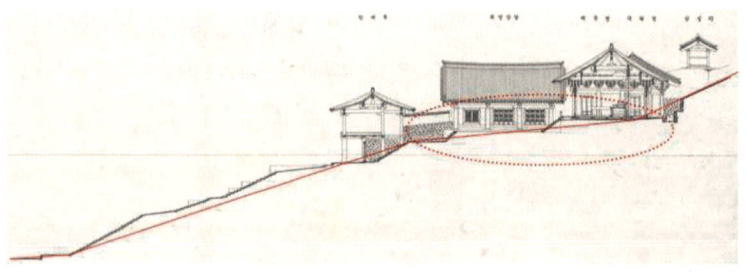

봉정사 지형 종단면도203)

자세히 살펴보면 극락전과 대웅전 그리고 화엄강단이 소재하는 부분이 그 윗부분[入穴部]과 아랫부분[전순:臺 아래]보다 상대적으로 평지다. "혈은 상대적으로 경사가 완만해지는 평지 부분에서도 가로로 가장 넓게 펼쳐진 부분에 맺힌다"라고 한다. 건축물을 세우기 위한 평지화 작업을 고려하더라도 이 지역이 상대적 평지에 횡(橫: 가로)으로 가장 넓은 부분으로 보인다. 따라서 이 지역에 필시 혈이 맺혀 있을 것이다.

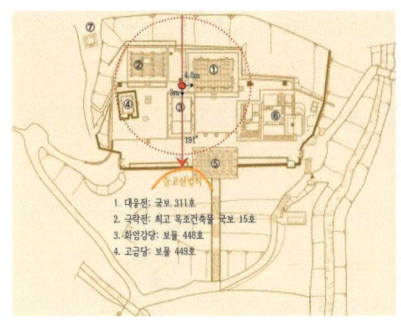 

　현장에서 본래 지형 상태를 고려해 세밀히 살펴본 결과 봉정사가 자리하고 있는 터는 와혈로 보인다. 와혈의 우측 현릉사(弦陵砂)에 해당하는 부분이 언덕으로 그대로 남아 있다. 법당을 향해 계단을 오르는 부분은 좌측 현릉사를 받치며 늘어진 여기가 만든 하수사(下手砂)로 보인다. 화엄강단 아랫부분에 쌓은 축대가 다른 부분에 비해 상대적으로 깊게 쌓여 있는데 바로 그 부분이 와혈의 전순에 해당하는 대(臺)의 아랫부분으로 골[谷]이 진 현상으로 보인다. 이러한 와혈은 소쿠리 모양으로 앞에서 언급한 비봉귀소혈의 둥지 형상이다.

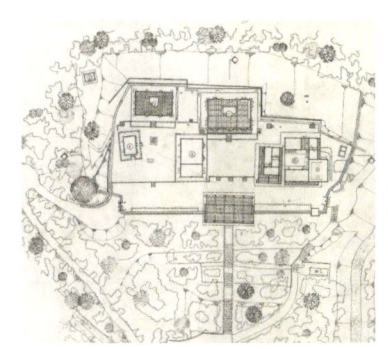 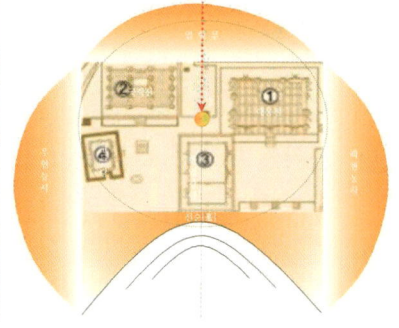

　　　봉정사 도면204)　　　　　　　봉정사 혈

제2장 혈을 기준으로 살펴본 사찰과 암자 :· 81

위의 혈 그림은 현장의 지형 지세를 살펴 그린 가상 혈도(穴圖)다. 와혈의 특성상 이 자리는 음택으로 쓰이면 상당히 큰 터이지만 사찰 터로는 넓지 않다. 그림을 보면 혈심으로 들어오는 입혈부(入穴部)는 상현달 모양으로 좌우 균형을 이루고 있다. 맥205)은 좌우 균형을 이루는 중심선을 따라 들어와 혈을 맺고 있다. 혈을 중심으로 좌·우 현능사가 균형을 이루며 혈을 보호한다. 오랫동안 존재하여 국보와 보물로 지정된 극락전과 대웅전 그리고 화엄강단과 고금당은 모두 혈장(穴場)206)내 자리하고 있다.207) 필시 혈처의 기운으로 인해 그 긴 세월을 이겨 보존될 수 있었을 것이다.

종합하면, 봉정사는 간룡의 기운이 떨어져 사세가 균형을 이루며 포근히 감싸고 있는 터에 자리하고 있다. 풍수적으로 최선의 자리다. 풍수에서 혈은 사세가 조응하여 원국을 형성하는 국의 중심이며 균형처에 맺힌다. 봉정사의 혈은 좌우 용호와 균형을 이루며 국의 중심에 맺혀 있다. 높이도 과·불급하지 않고 적중하여 장풍을 만끽하면서도 주위 산들과 조화롭다. 국보·보물로 지정된 봉정사의 건축물은 모두 풍수의 핵심인 혈처에 자리하고 있다. 하지만 주법당이 온전히 혈의 중심에 자리하지 못하면서 혈기(穴氣)를 한곳에 집중하지 못하여 혈의 가치와 효용성을 극대화하지 못하고 있다.

나. 봉황산 부석사 무량수전

봉황산 하에 자리한 부석사는 신라 문무왕 16년(676)에 의상대사가 왕명을 받들어 짓고, 공민왕 7년(1358)에 소실되어 고려 우왕 2년(1376)에 다시 짓고 광해군 때 새로 단청한 것으로, 1916년에 해체·수리 공사를 하였다.208) 의상대사는 부석사터를 "땅이 영험하고 산이 수려하여 참으로 불법을 설파하기 좋은 곳"이라 하였다.209)"

부석사의 주법당은 무량수전이다. 무량수전은 우리나라에서 두 번째로 오래된 목조건축물이다. 무량수전이 그 오랜 세월을 견디며 고색창연함을 뽐내는 까닭은 무엇일까?

1) 국세 분석

| 무량수전 래룡 | 무량수전 앞 전경 |

무량수전은 백두대간 갈곳산에서 분기된 강한 기운의 용맥이 주산인 봉황산을 세운 후 곧장 떨어져 펼친 터에 자리하고 있다. 주산인 봉황산은 입체적으로 용맥(날개)을 펼쳐 무량수전이 자리한 터를 품듯이 국을 형성하고 있다.

자리가 상당히 높은 곳에 자리하면서 국내 물이 앞으로 상당히 길게 순수(順水)한다. 이렇게 당처 앞 물이 길게 순수하는 터에 혈을 맺기 위해서는 기운의 근원[氣源]이 멀고 힘이 좋은 간룡의 직입이 필수적이다.[210]

발아래 무수히 많은 산이 옹기종기 자리하고 있다(위 오른편 사진). 모두 혈처에 자리한 무량수전을 원인으로 나타나는 결과물로 보인다.[211]

제2장 혈을 기준으로 살펴본 사찰과 암자 : **83**

2) 혈 분석

래룡　　　　　　　　　　　무량수전

　봉황산이 펼친 국의 중심으로 진입한 용맥(위 왼편 사진)이 평지까지 내려와 혈을 맺는다. 무량수전은 바로 그 혈처에 자리하고 있다. 그런데 건물의 균형이 상대적으로 넓은 국의 우측으로 치우친다. 왜 이러한 현상이 발생한 것일까?
　좌향은 기운이 흐르는 방위를 기준으로 한다(자연 방위론 참조). 혈을 맺는 기운이 들어오는 방위를 좌(坐)로 하고 혈을 맺고 나가는 여기의 방위를 향(向)으로 한다. 용맥의 기운은 균형처를 지향하기 때문에 기운의 흐름과 달리 좌향을 하게 되면 건물은 국의 균형에서 벗어나게 된다. 무량수전의 균형이 우측으로 치우치는 까닭은 건물의 좌향이 기맥의 흐름과 일치하지 못하고 왼쪽으로 틀어 자리하면서 넓어진 우측 공간만큼 균형이 우측으로 치우치는 현상 때문이다.
　용맥(기맥)이 흐르는 자연 방위론을 기준으로 보면 무량수전의 본래 향은 범종각과 천왕문이 있는 쪽이다(아래 오른쪽 그림의 파란 선). 그러나 현재 무량수전은 앞의 봉긋한 산을 보면서 왼쪽으로 약 40도(아래 그림의 빨간 선) 크게 틀어져 있다. 그러다 보니 무량수전은 우측의 넓은 공간으로 균형이 무너진다.

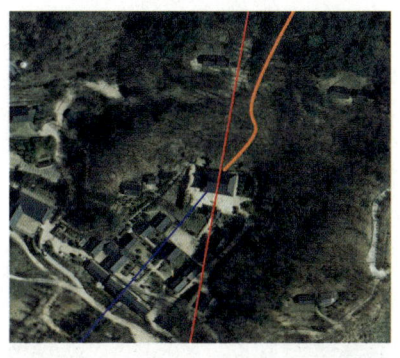 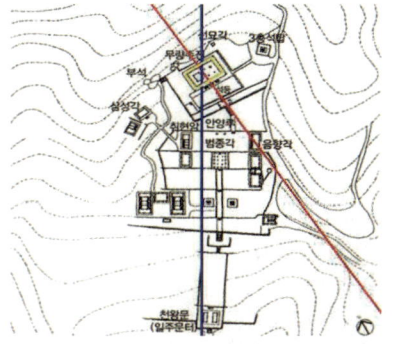

실제 균형처를 지향하는 용맥의 특성을 확인하기 위해 혈처로 들어오는 용맥의 진행 방위를 확인해 보자. 무량수전으로 떨어지는 용맥은 형기적으로 왼편에서 오른편으로 입혈하고 있다(아래 오른편 그림). 입혈 방향을 기준으로 하면 건물의 좌향은 위 그림에서 파란 선 방향이어야 한다.

그렇다면 혈을 맺고 빠져나가는 여기의 진행 방향을 살펴보자. 여기가 나가는 방향은 균형처이다. 좌우 균형처는 상대적으로 높은 산등이나 주위보다 낮은 곳이다. 그런데 무량수전 앞의 누각인 안양루가 자리한 경사지에 쌓은 석벽 높이를, 무량수전을 기준으로 보면 왼편보다는 오른편이 상대적으로 높다(아래 왼편 그림). 무량수

제2장 혈을 기준으로 살펴본 사찰과 암자 :• 85

전 앞마당을 수평으로 만들기 위하여 낮은 것만큼 더 높이 벽을 쌓았기 때문이다. 이처럼 상대적으로 낮은 우측으로 균형이 기우는 것을 보더라도 좌향이 왼쪽으로 많이 틀어져 있음을 알 수 있다.

이렇게 안대를 기준으로 좌향을 설정할 때는 물의 흐름과 음양교배가 되는 방향으로 할 수는 있으나 지나치면 무량수전처럼 균형이 무너지는 현상을 피할 수 없게 되므로 주의해야 한다.

결과적으로 부석사 무량수전은 간룡이 내려와 맺은 혈의 중심에 정확하게 자리하였지만 가까이에 특립(特立)한 안산을 지향[對案山坐向]하면서 본래 좌향을 벗어나 균형이 우측으로 쏠리고 있다. 그러면서 천왕문에서 범종각으로 진입하는 구간의 축선과 주법당인 무량수전의 좌향이 달라지는 구조가 되고 말았다.

2. 풍수 한반도 도입의 주역

풍수는 인간의 독특한 생존 본능적 입지 선정에서 시작되었다. 중국의 풍수는 다른 문명과 달리 황하문명 발상지 황토고원의 혈과 함께 기원하였다. 황하를 중심으로 농경 정주를 시작한 중국인은 오랜 시간적 축적을 통해 혈을 중심으로 하는 우주관, 방위관, 중 사상, 풍수관 등 시·공간개념을 자연스럽게 집단의식으로 갖게 된다.

상고시대 인간은 천재지변 등 우주 자연 현상과 변화에 경외심과 공포심을 갖게 되면서 신(상제)을 상정하게 된다. 동아시아에서는 이러한 신의 의지를 헤아리기 위해 오랫동안 갑골과 시초 등을 이용한 복서(卜筮)가 유행하였다. 춘추전국 시대가 되면서 복서와 함께 고대로부터 전래한 음양(陰陽)과 오행(五行)이 점차 상호 결합하면서 이를 통한 택지·택일 등의 점술(占術)적 풍수가 유행하며 점차 국도(國都)의 건립과 집터의 선택 등에 응용하게 된다.

한대(漢代)가 되면서 정치적인 행사와 관련하여 참위(讖緯)와 도참(圖讖)이 성행하고 골상을 통한 길흉화복의 예측술이 정립된다. 특히 전한(前漢) 동중서(董仲舒)의 동기감응론(同氣感應論)과 후한(後漢) 왕충(王充)의 명정론212)은 고래의 운명론을 체계적 이론으로 집대성해 간다. 음양오행, 도참·참위와 골상을 통한 예측술(관상술) 그리고 동기감응론과 명정론 등의 이론적 토대 위에서 집단의식으로 잠재되어 있던 공간개념도 풍수로 점차 이론적으로 체계화되어 발전하게 된다. 이처럼 중국의 풍수는 한대에 기틀을 마련하여 위진 남북조 시대를 거치면서 체계화되어213) 당나라에서 적극적으로 응용되어 사용하면서 유행하게 된다.

이러한 풍수의 공간적 지력(地力) 사상은 불교의 심적 불력신앙(佛力信仰)과 교섭하면서214) 동아시아로 전파되어 확산된다. 풍수의 한반도 전래도 불교의 전래와 깊은 연관성을 갖게 된다.215) 특히 풍수가 유행하던 당나라를 유학한 스님은 귀국 후 부처님의 진신사리를 모시는 장소와 사찰 입지 선정 시 풍수 지식을 적극적으로 활용하게 된다. 입당승은 형세 풍수의 발상지에 해당하는 강서 지역의 유학을 통해 형세론을 중심으로 사찰 입지의 전형을 완성해 간다.216)

이에 본 절에서는 중국 풍수의 한반도 전래가 불교와 함께 비롯되었음을 입당 유학승인 자장율사217)와 의상대사를 중심으로 5대적멸보궁과 화엄십찰을 통해 살펴 확인해 가고자 한다.

가. 자장율사와 5대 적멸보궁

1) 자장율사

자장(慈藏)율사는 신라 상대(上代)에서 중대(中代)로 넘어가는 변혁기의 스님이다.218) 자장율사는 638년219) 입당하여 643년 3월 16일220)에 돌아왔다. 귀국 후 대국통(大國統)의 지위에서 전개한 승단정비(僧團整備)와 국가불교의 확립은 이후 신라의 삼국통일과 원효·의상의 활동 배경이 된다.

638년 입당 후 승광별원(勝光別院)에 주석하면서 법상을 친견하며 보살 수계를 받고 수계교화를 하다 639년 운제사 동쪽의 초암에 들어가 수양 후 642년에 운제사에 머물다 장안으로 돌아와 황제와 황태자의 배려 속에 643년 장경(藏經)과 성물(聖物: 진신사리 등)을 가지고 귀국한다.221)

귀국 후 대국통이 되어 분황사에 주석하며 왕궁과 황룡사에서 섭대승론(攝大乘論) 등을 강의하면서 계율을 중심으로 승단을 정비하고 10여 사찰을 건립하였을 뿐만 아니라222) 계율 관련 서적 등 10여 권을 저술하였다.

자장율사는 입당 후 오대산 등 명산을 돌아보면서 여러 선지식을 참례하였다.223) 그뿐만 아니라 장안에 머물면서 당의 선진 문화를 직접 경험하며 익혀 귀국 후 적극적으로 수용할 것을 건의하였다.224) 이러한 그의 행적으로 보아 그 당시 당나라에서 성행하던 풍수 문화(지식)를 자연스럽게 접하며 습득할 수 있어 사찰 창건과 사리 안장 등에 활용하였을 것으로 보인다.

2) 5대 적멸보궁

5대 적멸보궁은 영취산 통도사 금강계단-오대산 중대의 적멸보궁-함백산 정암사의 수마노탑-설악산 봉정암의 사리탑-사자산 법흥사 적멸보궁으로 석가모니 부처님의 진신사리225)를 안장한 자리로 널리 알려져 있다.

적멸보궁은 부처님 진신사리를 봉안하고 그 앞에 예불을 올리기 위해 마련한 전각으로 '적멸보궁'이란 용어는 조선시대 오대산 중대의 전각 현판에서 비롯된 것으로 알려져 있다.226) 그러나 우리가 살펴볼 5대 적멸보궁은 사리를 봉안한 장소를 기준으로 한다. 그래서 통도사 금강계단과 봉정암 사리탑 그리고 정암사 수마노탑이 대상이 될 것이며, 오대산과 사자산의 진신사리 안장처는 구체적으로 그 위치가 알려지지 않아 적멸보궁 뒤편의 둔덕부로 할 것이다. 굳이 불사리 안장처와 적멸보궁을 상대적으로 구분하면 적멸보궁은 양택으로 진신사리 안장처는 음택이라 할 수 있을 것이다.

진신사리의 국내 전래에 대한 최고(最古)의 기록은 진흥왕 10년

(549) 봄으로 양(梁)나라에서 보내온 것이다.227) 초기의 진신사리 한반도 유입에 관한 정확한 기록은 찾아보기 힘들다. 다만 불교의 전래와 함께 사리신앙이 정착한 것으로 보아 불교를 전파하기 위해 한반도에 들어온 귀화승과 인도와 중국에서 유학한 스님을 통해 유입되었을 것으로 추정해 볼 수 있다. 진신사리의 한반도 유입이 위진남북조시대 말엽에서 당대(唐代)에 주로 유학승을 통해 이루어진 것으로 보아 당대에 유행하던 중국 풍수의 국내 전래와 연관하여 진신사리의 안장에 풍수적 입지 선정의 가능성을 유추해 볼 수 있을 것이다.

5대 적멸보궁은 모두 자장율사가 당에서 가져온228) 진신사리를 모신 곳으로 알려져 왔다. 그러나 일연의 『삼국유사』에 의하면 자장율사가 직접 진신사리를 모신 곳은 통도사 금강계단뿐이다.229) 스님으로서 일연은 자장이 "오대산에서 띠집을 짓고 부처님 진신을 뵙고자 7일 동안 머물렀지만 나타나지 않아 묘법산으로 가서 정암사를 세웠다"230)며 오대산 진신사리 안장에 대해 침묵한 것231)과 달리 유학자인 민지는 [봉안사리개건사암제일조사전기]를 통해 "오대산에 가서 지로봉(地爐峰)에 올라 불뇌(佛腦)와 정골(頂骨)을 봉안하고, 가라허(伽羅墟)에 비를 세웠다"232)고 한다. 오대산에서 문수보살을 친견하지 못한 자장은 계시에 따라 정암사를 짓고 상주하지만233) 끝내 문수보살을 친견하지 못하고 이곳에서 입적하게 된다.234) 그러나 자장율사가 직접 석가 진신사리를 정암사에 안장했다는 기록은 없다. 다만 자장이 이곳에서 입적하면서 본인의 유골을 석혈에 남기면서235) 정암사는 자장의 유적지로 그의 율학 전통을 계승해 가고 있다.

사자산 법흥사와 설악산 봉정암은 단편적인 자장 관련 설화236)가 전해지지만, 진신사리 안장에 자장율사가 직접 관여한 기록은 없다. 다만 사자산과 설악산은 국내 선불교의 뿌리가 되는 구산선문(인물)과 연관된 장소로237) 깨달음의 상징인 불사리의 의미를 계승하는 핵심 장소이다.

　이상의 내용을 요약하면 5대 적멸보궁은 자장율사와 직접적인 관련성을 확인할 수 없으며 다음과 같은 의미의 장소로 정리할 수 있을 것이다. 첫째, 석가모니부처님의 가르침을 전하는 불사리 신앙의 핵심 장소다. 둘째, 출가승에 식가모니부처님의 언행을 본받도록 하는 출세간 계율의 상징이다. 셋째, 한국 선불교의 전통을 계승하는 상징적 성소다.

　이장에서는 애당초 5대 적멸보궁은 자장과 직접 관계된 것으로 생각하여 5대 적멸보궁의 진신사리 안장처의 입지를 통해 자장의 풍수관을 논하고자 하였다. 그러나 자장율사의 행적과 5대 적멸보궁에 관한 기록과 연구 자료를 살펴본 결과 5대 적멸보궁의 진신사리 안장과 자장율사의 직접적인 관련성을 찾을 수 없게 되면서 5대 적멸보궁의 입지 분석을 통한 자장율사의 풍수관을 논할 수 없게 되었다. 이에 부처님 진신사리를 모신 성스러운 장소로서 5대 적멸보궁 각처의 불사리 안장처의 입지를 풍수적으로 분석한 후 그 특성을 종합해 소개하고자 한다.

자장율사에 관한 중국 기록

년도	찬자	제목
645~665(증보)	道宣	『續高僧傳』卷24, 「唐新羅國大僧統 釋**慈藏**傳」
		『續高僧傳』卷15, 「唐京師普光寺釋 法常傳」
668	道世	『法苑珠林』64, 「唐沙門**釋慈藏**」
9C		「五臺山讚」
약 947~951		〈五臺山圖〉
		『歷代編年釋氏通鑑』卷7,〈釋慈藏〉
		『品高僧摘要』卷3, 「慈藏傳」
1596	鎭澄	『清涼山志』

자장율사에 관한 국내 기록

년도	찬자	제목
872		〈皇龍寺刹柱本記〉
	원효?	『慈藏傳』과 『本傳』 비전
	원효	『記』
9c ~ 10c 추측	미상	『臺山本記』와 『臺山本傳記』 비전
	金富軾	『三國史記』 卷5, 「新羅本紀5」
		『事林廣記』 비전
		『通度寺戒壇記』 비전
	一然	『三國遺事』 卷4, 「慈藏定律」
		『三國遺事』 卷3, 「皇龍寺九層塔」
		『三國遺事』 卷3, 「臺山五萬眞身」
		『三國遺事』 卷3, 「皇龍寺丈六」
		『三國遺事』 卷3, 「臺山月精寺五類 聖衆」
		『三國遺事』 卷3, 「前後所將舍利」
1307	閔漬	『五臺山事蹟記』, 「五臺山月精寺開創祖師傳記(甲·乙本)」, 「奉安舍利開建寺庵第一祖師傳記(丙·丁本)」
조선후기		『通度寺誌』, 「通度寺舍利袈裟事蹟略錄」
〃		『通度寺誌』, 「通度寺創祖慈藏行蹟」
〃		『通度寺誌』, 「慈藏律師行蹟」
〃		『太白寶塔事蹟』, 「江原道旌善郡太白山淨巖寺事蹟」
〃		『頭陀山三和寺事蹟』, 「慈藏祖師傳記」
1778		『江原道旌善郡太白山淨巖寺事蹟』
1820 ~ 1896	梵海 覺岸	『東師列傳』 卷1, 「慈藏傳」

가) 통도사 금강계단

불보사찰인 통도사 건립과 금강계단의 축조에 대해서는 오직 『삼국유사』에만 기록되어있어[238] 금강계단의 축조 연대와 자장율사와의 관련성에 대해서는 지금까지 명확한 근거를 찾을 수 없어 여러 설이 다투고 있다. 현재 통도사의 계단형식은 전체적으로 고려 시대의 양식으로 되어있으며 1911년 7차의 대대적인 중수 상태로 유지되고 있다.[239]

① 통도사 터는 어떻게 만들어졌을까?

금강계단이 자리하는 통도사[240]는 영축산(靈鷲山)[241]을 주산으로 한다. 낙동정맥은 가지산을 지나 남진하다 능동산을 코앞에 두고 남동으로 방향을 전환하여 배내고개까지 내려갔다가 다시 솟구쳐 올라 남쪽으로 간월산-신불산을 거쳐 영축산을 우뚝 세워 대국(大局)[242]을 펼친다(아래 그림과 사진). 래룡을 자세히 살펴보자.

영축산 통도사[243]

영축산과 통도사

영축산을 세운 용맥은 가지산을 지나오는 낙동정맥의 기운을 근간으로 문필봉-오두산-배내봉-간월산-신불산이 뒤를 받쳐주는 간룡으로 그만큼 튼실한 기운을 내재하고 있다(아래 왼편 그림).

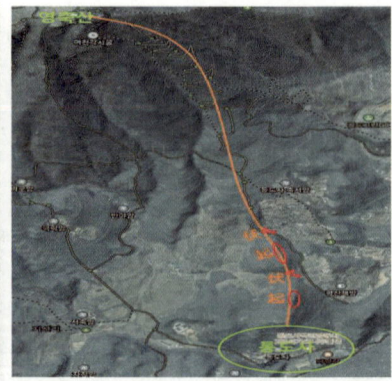

영축산 중심 용맥 연결도

우뚝 솟은 영축산의 강한 기운이 넓은 공간으로 떨어져 기복하며 진행한다. 용맥의 기운은 펼쳐진 공간의 영향을 받는다. 내재한 기운이 공간에 비하여 약하면 공간에 피동적으로 끌려 내려가면서 쥐

꼬리처럼 늘어지게 된다.244) 반대로 공간에 비해 용맥의 기운이 강할 시 능동적인 변화를 하면서 진행한다. 비록 상당히 넓은 공간이지만 영축산의 강한 기운으로 인해 용맥은 기복(起伏)하면서 진행한다(위 오른편 그림). 진행하는 용맥은 앞산과 양산천의 경계로 진행을 멈추게 된다.

진행을 멈출 시 용맥에 내재한 기운에 의해 혈의 맺힘 여부가 결정된다. 혈을 맺을 수 있는 기운을 내재한 용맥이라면 두 가지 경우를 고려해야 한다. 첫 번째는 용맥의 기운이 혈을 맺을 수 있을 정도로 적당히 잘 조절되어 주위 환경과 조건이 갖추어진 곳에서 최선의 자리를 선택하여 혈을 맺는 경우이다. 두 번째는 용맥의 기운이 상대적으로 강하여 1차 결혈 환경과 조건을 갖춘 지역을 이탈하여 멀리까지 진행하면서 스스로 결혈이 가능한 환경을 만들어 혈을 맺는 경우이다. 통도사 터를 만드는 용맥은 두 번째 경우에 해당한다.

통도사 1920년대 사진(왼편) 1900년대 그림(오른편)

용맥은 스스로 혈을 맺을 수 있는 환경을 만든다. 스스로 결혈 환경과 조건을 만드는 경우도 두 가지로 구분해 볼 수 있다. 첫 번째는 상대적으로 기운이 약한 용맥으로 주위 환경과 조건이 완전히 갖추어지지 않은 곳에서 와혈이나 겸혈의 양혈로 혈을 맺는 경우이다. 이때 양혈의 현능사는 일차적인 보호사가 되어 미비한 결혈 환경과 조건을 보충하게 된다. 두 번째는 상대적으로 기운이 강한 용맥이 결혈 환경이 형성되지 않은 지역까지 진행하여 스스로 산을 펼쳐 결혈 조건을 만드는 경우이다. 이 경우 산의 펼침은 공간과 용맥 기운에 의해 만들어진다.245) 통도사는 이렇게(두 번째 경우) 펼쳐진 산의 품 안에 자리하게 된다.

② 금강계단의 입지 분석

통도사는 영축산의 강한 기운을 내재한 용맥이 상당히 멀리까지 내려와 산을 만들어 펼친 전형적인 양택터[陽基]에 자리하고 있다. 통도사는 불법사찰이다. 부처님의 진신사리를 봉안한 금강계단이 있기 때문이다. 그렇다면 금강계단은 과연 어떤 터에 자리하고 있을까? 먼저 통도사가 자리한 입지를 양기적 차원에서 분석한 후 불보사찰의 핵심 요체인 금강계단의 입지를 혈 차원에서 세찰 분석한다.

가람은 본래 승려가 생활하는 공간이다. 그래서 기본적으로 산 사람이 거주하는 양택적 특성을 갖는다. 풍수에서 양택은 주로 개별적 특성보다 집단적 거주 장소의 개념으로 양기(陽基)246)로 접근한다. 통도사가 자리하고 있는 터는 영축산을 주산으로 길게 뻗어 내린 용맥이 펼친 산을 등지고 양산천이 앞을 휘감아 도는 배산임수처이다. 뒷산이 좌우로 길게 펼치면서 터 또한 가로[橫]로 길게 펼쳐져 있다. 횡으로 길게 펼친 터의 특성상 통도사는 사세가 횡으로 확장되면서 주법당 진입도 종적 구조에서 횡적 구조로 바뀌어 상·중·하 로전의 3원 체계를 형성하게 된다.247)

통도사 국내의 평지는 양산천을 경계로 위(가 지역)와 아래(나 지역) 양음(陽陰)으로 나누어져 있다(아래 왼편 그림). 통도사 건물이 들어서 있는 **가** 지역은 종(縱)으로 넓게 펼치며 물이 휘감아 돌아가는 서편(**가** 구역)과 동편(**가-1** 구역)으로 나누어 볼 수 있다(아래 오른편 그림).

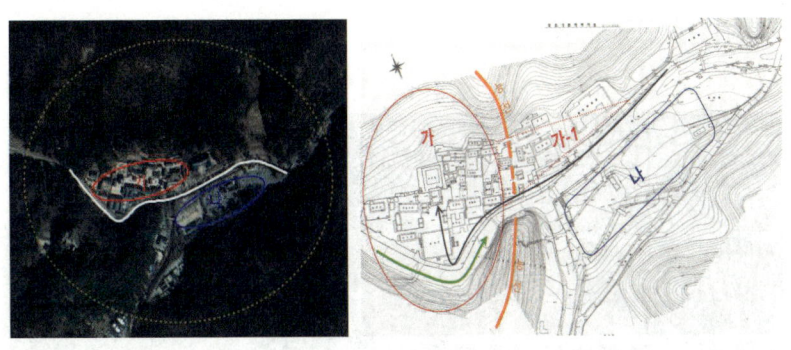

가 구역은 왼편 능선이 경계를 이루면서 금강계단을 중심으로 작은 원국을 이루고 있다. 통도사를 창건할 당시에 이러한 터의 형상을 고려했다면 **가** 지역에 사리탑을 중심으로 가람이 형성되었을 것이다. 왼편 능선을 연장하여 세가 빠져나가는 동편을 막고 하천길을 따라 국의 중심까지 진입하여 종적으로 거슬러 올라 금강계단을 참배하는 구조가 가능할 것이다.

지금은 사세가 **가-1**구역까지 확장이 되어 **나** 지역을 주차장으로 사용하면서 국내 전체 터를 모두 개발하여 이용하고 있다. 이렇게 되면서 **가** 구역의 기운이 상대적으로 넓은 **가-1** 구역과 **나** 지역으로 늘어져 빠져나가는 상태가 되어버렸다. **가** 구역의 기운이 천남(川南)의 **나** 지역을 통해 수구 쪽으로 쉽게 빠져나가지 않고 **가**와 **나** 양음(陽陰)의 기운이 조화롭게 국내에서 순환하며 상생할 수 있도록 관리해야 할 것이다.

풍수적으로 사찰의 운명은 경내 혈의 유무와 혈과 주법당과의 관계로 가늠한다. 통도사는 창건 당시 금강계단을 중심으로 하였으며 그 후 대광명전과 영산전을 세우면서 지금의 3원 체계로 변화해 왔을 것이다. 따라서 통도사의 주 법당으로서 기능은 금강계단에 집중되어 금강계단의 입지가 곧 통도사의 운명과 관계하는 것으로 볼 수 있다. 그렇다면 통도사의 핵심 요체인 금강계단은 풍수적으로 어떤 자리에 있을까?

위의 위성사진에 표시한 그림은 현무에서 펼쳐 내려와 통도사 터를 만들고 있는 개략적인 용맥도다. 이 다섯 용맥 중에서 **나**와 **다**가 중심 용맥이며 **가·라·마**는 중심 용맥을 옹호하는 용맥으로 보인다. 이들 용맥 중에 금강계단으로 연결되는 맥은 **나** 용맥이다. **나** 용맥은 등고선으로 표시된 산등의 중심을 따라 곧장 내려가면 좌우 보호사가 없고 앞산이 비스듬히 받쳐 혈을 맺기에 불리한 조건이 되어 버린다. 그래서 **나-1**과 같이 제3의 맥을 분기하여 혈을 맺을 수 있는 환경과 조건을 갖춘 자리를 찾아간다.248) 그렇게 기운이 찾아가 맺힌 혈처가 바로 금강계단이 자리하고 있는 곳이다. 아래 지형도는 **나**에서 분기한 **나-1** 용맥이 금강계단으로 연결되는 모습을 보여주고 있다.

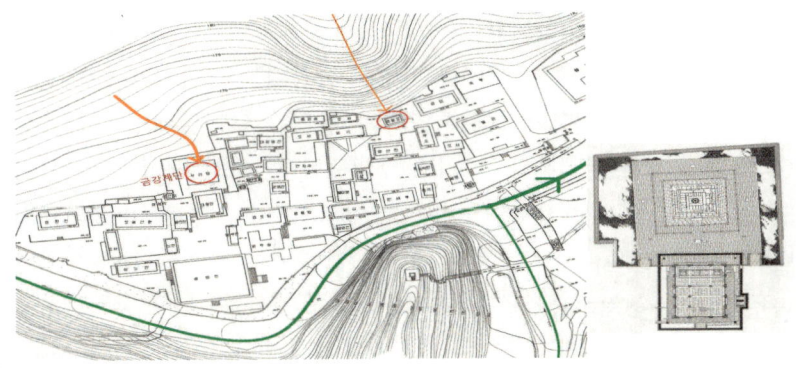

　금강계단은 혈처에 자리하고 있다. 필자가 추맥을 통해 점검해 본 결과 계단의 중심은 종적으로 흐르는 기맥의 중심과 일치하여 혈심의 조금 아래(약2-3m) 지점에 자리하고 있는 것으로 확인되었다. 혈처를 중심으로 본래 지형을 유추해 보면 혈의 우측은 **가** 용맥의 끝자락이 내려와 내백호로 감싸 안아주고, 좌측은 **다** 용맥에서 분기된 용맥(점선으로 표시)이 내려와 감싸준다. 그리고 당처 앞의 양산천이 만곡하며 안아주어 사세가 균형과 조화를 이루며 안정되어 있다.

　이러한 주장에 남는 의구심은 **다** 용맥에서 분기되어 좌측에서 혈을 보호하는 사와 혈 사이에 상대적으로 얕은 계곡의 물이 흐를 수 있다는 것이다. 그 물의 흐름이 금강계단이 자리한 혈처를 충분히 감싸지 못하고 수구 측으로 휘어져 버리면 터를 배신하면서 터의 균형이 무너져 기운을 제대로 갈무리하지 못해 혈을 맺지 못할 수 있다는 것이다.

　한편, 통도사 창건 설화[249])와 관련된 구룡지는 현재 **나** 용맥과 금강계단과 대웅전으로 이어지는 **나-1** 용맥 사이에 자리하고 있다. 따라서 구룡지의 현재 위치를 기준으로 보면 연못의 물은 **나** 용맥과 **나-1** 용맥 사이에서 발생하는 것으로 보아야 할 것이다.

나) 정암사 수마노탑

정암사는 자장율사가 창건하였다는 기록이 『삼국유사』250)와 『오대산사적』251)에 전해온다. 그리고 수마노탑을 자장율사가 세워 부처님 진신사리를 모셨다는 기록이 1972년 수마노탑 해체복원 공사 때 발견된 탑지석 자료252)와 정조 2(1778)년 취암 성우가 편찬한 「강원도정선군태백정암사사적」253)에 전해온다.

수마노탑이 처음 건립된 시기는 자장율사의 말년 정암사에 주석, 수마노탑과 자장율사의 각별한 인연을 소개하는 일연의 『삼국유사』와 민지의 『오대산사적』의 기록 그리고 비록 18세기 이후의 자료이지만 자장율사가 수마노탑에 불사리를 봉안했다는 기록을 들어 자장율사 생존 당시 7세기 중엽으로 추정하기도 한다. 그러나 통일신라 모전 석탑이 8세기 이후 건립이 본격화하고 현재의 수마노탑이 화강석을 이용해 축조한 기단, 향로석으로 사용된 배례석 상면의 연판 조각, 옥개석 층급의 처리 등을 비교하면 10세기 중엽~말 사이에 현재의 모습으로 건립됐을 것으로 추정되어 수마노탑은 고려 건국 초 현재의 모습에 가깝게 건립되었고, 구조적 취약점으로 인해 고려와 조선 시대를 거치면서 여러 차례 수리가 이루어지면서 현재의 모습을 유지하게 된 것으로 판단된다.254)

① 정암사의 입지 분석

정암사는 백두대간 은대봉과 함백산 사이에서 분기한 두 용맥의 끝자락(용진처[255])에 자리하고 있다. **가** 용맥이 끝나는 구역의 남향 터에 대부분 건물이 자리하고 **나** 용맥 상에는 수마노탑과 그 아래 평지에 적멸보궁이 자리하고 있다(위 그림 참조). 정암사는 물을 경계로 두 구역으로 나누어져 있다. 먼저 **가** 용맥 끝자락에 자리한 터를 살펴보자. 백두대간 은대봉 앞에서 분기한 용맥이 남서로 뻗어 물을 거슬러 오르며 끝나는 터에 자리하고 있다. 용맥이 좌선(왼편으로 돎)하면서 왼편의 물이 우선(오른편으로 돎)하여 음양이 교합(交合)하는 득수처다.

그러나 이 지역은 높은 산에 깊은 계곡으로 평지가 넓지 않아 산등성 끝자락을 중심으로 건물이 자리하면서 물이 흘러 나가는 우측으로 세가 빠져나가고 있어 터의 기운이 안정적이지 못할 것이다. 이러한 단점을 보완하기 위해서 건물 배치를 ㄷ모양으로 하였을까(아래 왼쪽 그림)? 여하튼 내백호가 없어 터의 기운을 제대로 갈무리할 수 없다. 터 우측 계곡을 따라 이동하는 유동적 기운을 피하여 왼편의 터를 이용하면 수마노탑이 있는 높은 산이 가까이서 막고 있다.

본래 지형으로 보아 안온한 터는 아니다. 그래서 자연 소재를 이용한 건물은 이 터에서 오래 유지할 수 없을 것이다.

256)

비록 내백호는 없지만 왼편의 물이 터를 안고 앞에서 들어오는 물과 합수하여 우측으로 빠져나가는 득수처로 나름의 장점을 가지고 있다. 물이 나가는 쪽은 높게 자라는 수종의 나무를 심어 세의 유출을 막아가면 될 것이다. 터는 기의 그릇으로 품을 수 있는 능력이 제한되어 있다. 부처님의 후예라면 꼭 필요한 최소한의 시설물을 터의 기운을 상승하는 구조와 배치로 짓고 가꾸어가야 할 것이다.

② 수마노탑은 어떤 자리에 위치하고 있을까?

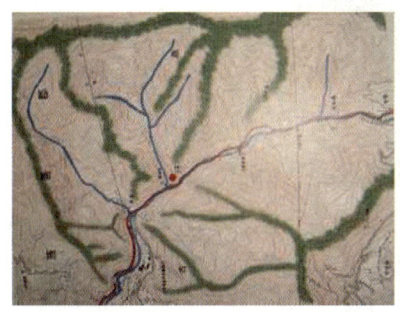

수마노탑은 통도사의 금강계단과 달리 산등성이 위에 자리하고 있다. 위 사진에서 확인할 수 있듯이 거시적으로 보아 수마노탑이 위치한 자리를 중심으로 좌우 물과 산이 모여들고 있다. 비록 좌우 산이 모이며 그사이 계곡물도 모이지만 합수 후 지속적으로 물러난다.257) 아무리 합수를 하여도 물이 너무 멀리까지 흘러 나가면 자리의 기를 온전히 보호할 수 없다. 물이 흘러 나가는 쪽으로 기가 빠져나가는 것도 부정적이지만 물이 빠져나가는 곳에서 거꾸로 불어 들어오는 바람이 자리의 기를 상(傷)하게 할 수 있기 때문이다.

258)

제2장 혈을 기준으로 살펴본 사찰과 암자 ❖ 103

수마노탑이 위치하고 있는 자리는 혈로 보이지 않는다. 탑이 자리하고 있는 부위의 등고선은 좁고 일정하다. 경사가 급한 사면으로 물을 따라 흐르는 계곡의 유동성에 직접적으로 노출되어 영향받으면서 탑이 위치하고 있는 자리 근처는 온통 암석이다.

탑이 혈처에 자리하지 못하면서 균형이 무너져 있다. 현재 탑의 좌향은 물이 흘러 나가는 쪽을 피해 서향을 하고 있다. 탑을 향해 세운 적멸보궁이 자리한 지형을 보면 물이 흘러 나가는 부위가 넓게 빗면을 이루면서 균형을 이루지 못하고 있다. 수마노탑도 비스듬히 경사진 산을 마주하면서 물이 나가는 쪽으로 균형이 치우친다. 균형이 무너지는 북서쪽에서 불어오는 바람이 탑을 향해 불어올 것이다. 그런데 묘하게도 탑의 앞쪽 우측 모서리가 북서쪽을 향하면서 바람이 모서리에 닿아 탑에 주는 충격을 최소화하고 있는 것처럼 보인다.259) 그래도 바람에 노출되어 있고 터 자체의 균형이 무너지는 곳에 자리하여 돌을 소재로 쌓은 탑이지만 수시로 보수를 하지 않을 수 없었을 것이다. 그렇다면 현 위치보다 바람의 영향을 적게 받고 안전한 균형처는 없을까? (이하 내용은 부처님 진신사리를 모신 성소 지역으로 통제되어 현장을 접근할 수 없어 위성사진을 보고 추정하였음을 밝혀둔다.260))

현재 수마노탑은 계곡의 유동적인 흐름에 영향받는 경사면에 자리하고 있으므로 먼저 경사 지역에서 벗어나야 한다. 좁은 간격의 등고선 위에 상대적으로 넓게 펼쳐진 지역이 있다(아래 사진 참조). 상대적 평지에 올라서면서 계곡의 강한 동적 기운에서 벗어날 수 있어 안정적이다. 균형을 지향하는 용맥의 흐름을 따라 좌향을 하게 되면 자연스럽게 좌우 균형을 갖추게 될 것이다.261) 그런 자리를 동그라미로 표시해 보았다(아래 그림).

　이제 필자가 표시한 자리(황색 동그라미)를 중심으로 풍수적 입지를 분석해 보자. 사리탑은 음택이다. 이 자리는 음택 자리로서 굳이 혈상으로 구분하면 유혈로 보인다. 백두대간 은대봉과 함백산 사이에서 분기 발원하여 나온 용맥이 북서진(北西進)하면서 내려와 그 끝자락(용진처)에서 상대적 평지를 만든 곳이다. 자리의 뒤편에 결인처로 보이는 지점도 있다. 용맥의 흐름을 따르는 자연 방위론을 기준으로 좌향을 설정하면 좌우 산이 모이는 중심선을 지향할 것이며, 이 용맥의 여기가 만든 (적멸보궁이 있는) 평지도 배를 내밀고 있다. 따라서 이 자리는 음택의 입지 조건을 어느 정도 충족하는 자리로 현재 탑이 자리하고 있는 곳보다 계곡풍의 영향이 훨씬 적고 사세가 균형과 조화를 이루며 안정적이라 할 수 있을 것이다.

다) 사자산 적멸보궁

사자산에 자장율사가 부처님 진신사리를 모셨다는 이야기는 18세기 이후의 기록뿐이다. 1778년 정암사의 승려 취암 성우가 기록한 『강원도정선군태백산정암사사적』에 의하면, "자장이 진신사리를 봉안한 사찰은 황룡사와 월정사, 대화사, 사자산(법흥사), 통도사"라고 하였다.262) 또 1906년에 세워진 [금강산건봉사석가영아탑봉안비]에는 "신라승 자장은 … 석존의 정골사리와 치아사리를 받들어서 … 오대·취서·사자·갈래의 4 산에 안장하였다."263)라고 하였으며, 「법흥사 사적비」에도 "사자산 법흥사는 신라의 고승 자장율사가 나라의 흥륭과 백성의 평안을 위해 643년(선덕여왕 12)에 사자산 연화봉에 부처님의 진신사리를 봉안, 창건하고 흥녕사라고 이름하였다."라고 하여 자장율사가 부처님 진신사리를 모신 곳으로 소개하고 있다. 2018년 흥녕선원지 발굴 조사 중 7세기경의 금동반가사유상이 출토되어 신라시대에 세워진 것으로 확인되고 있다.

법흥사는 구산선문 사자산문의 근거지였다. 불사리는 선승에게 깨달음과 이심전심의 상징이다. 사자산 진신사리는 선승과 함께 그 존재의 명맥을 이어왔을 것이다.

① 법흥사와 흥녕선원지 입지

법흥사는 본래 흥녕사로 신라 시대에 창건되어 구산선문 사자산문의 본거지로 절중선사에 의해 중흥하였지만, 진성여왕 때(891년)에 병화로 소실되어 다시 복원하여 유지되어 오다 고려말 조선 초가 되면 사세가 기울어 19세기 초까지 명맥만 유지되어 오다 폐사되었다. 1902년 구터에 법흥사를 건립했으나 1912년 화재로 소실되고 1932년 중건하여 오늘에 이르고 있다.264)

흥녕사와 선원지는 사세에 따라 구분 없이 확장되고 축소되었을 것이다. 따라서 현재 법흥사가 자리하고 있는 터와 흥녕선원지를 아울러 입지 분석을 진행한다.

터를 만드는 용맥은 백두대간 오대산 지역에서 분기되어 계방산-운두령-태기산-청태산-성목재-문재를 거쳐 주산인 사자산을 세우고 곧장 남으로 내려와 현무인 연화봉을 세운다. 법흥사와 흥녕선원지는 모두 연화봉에서 분기되어 남으로 내려온 용맥 끝자락이 펼친 상대적 평지에 자리하고 있다.

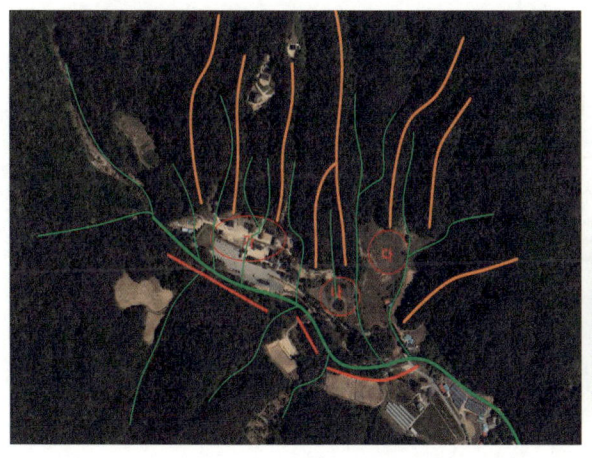

터는 지금 법흥사가 자리하고 있는 **가**와 지금은 비어 있는 **나**와 **다** 구역으로 나누어 보면 **가**와 **나** 구역은 앞에 물이 사면으로 흐르면서 물이 흘러나가는 왼편으로 균형이 쏠리며 기운도 함께 설(泄)하는 것으로 보인다. 그에 비하여 **다** 구역은 앞의 물이 一자 혹은 환포하여 어느 정도 내부 기운이 갈무리될 것이다(위 왼편 그림). 물과 함께 앞산이 펼친 상대적 평지의 선을 보아도 터의 기운을 보호하지 못하고 빠져나가는 형세를 하고 있다. 그나마 앞산의 산릉(공제선)이 **나**와 **다**지역에서는 일자로 정대하는 형세다.

결과적으로 **가**와 **나** 지역은 기운이 머물러 혈을 맺을 수 있는 곳이 없는 것으로 보이며 **다** 구역은 나름 혈을 맺을 수 있는 균형처로 보인다.

지금의 법흥사처럼 횡으로 길게 터를 잡은 경우는 철저히 용맥의 끝자락에 기대고 용맥 사이 흐르는 계곡 물길을 피해 건물을 배치해야 한다. 특히 물길이 막혀 터에 스며드는 일이 없도록 물의 흐름을 원활히 해야 한다. 가로형의 터는 세로형에 비하여 당처의 기운이 안정적이지 못하다. 왜냐하면 터 앞 물길을 따라 흐르는 동적 기운에 의해 당처의 기운이 흔들리거나 휩쓸려 나갈 수 있기 때문이다. 따라서 터의 기운이 쉽게 빠져나가지 못하도록 대책을 마련해 가야 할 것이다.

먼저 전체 터의 중심이며 주법당이 들어설 장소를 정해야 한다. 터의 조성에서부터 건물의 모양과 배치까지 터의 중심에 기운이 모이도록 체계적으로 구조화해 가야 한다. 물이 흘러 나가는 왼편에 조산을 만든 후 숲을 조성하여 막고, 터 앞 물의 흐름을 보를 쌓거나 연못을 만들어 정적으로 제어해 가야 한다.

② 적멸보궁

 필자는 오래전에 사자산 북쪽 평창군 방림면 계촌리 어느 산정부에서 땅굴을 파고 수양을 한 적이 있다. 당시에 문재터널에서 사자산을 거쳐 연화봉을 통해 적멸보궁으로 내려오다 연화봉 급경사지 절벽 아래로 떨어졌다. 다행히 아슬아슬 절벽에 기생하는 고목에 가랑이가 끼면서 걸려 죽음을 모면할 수 있었다. 함부로 무례하게 성소를 침입한 자에 대한 엄중한 경고성 교훈에 이후 부득불 잠행할 시 먼저 실례의 용서를 구한다. 이러한 인연 때문일까? 어느 날 밤 원주를 다녀오다 홀연히 적멸보궁을 찾아가 닫힌 문 앞에 쪼그려 앉아 졸다 새벽 도량석 목탁 소리에 깨어 108배를 하고 돌아온 인연도 있다.
 필자와 특별한 인연이 있는 사자산 적멸보궁은 불사리를 모신 곳이 외부로 드러나 있지 않다. 보궁 뒤편 둔덕 혹은 연화봉에 안장되어 있다는 이야기가 전해지고 있을 뿐이다. 여기서는 적멸보궁 뒤편의 둔덕을 중심으로 터의 특성을 살펴 가고자 한다.

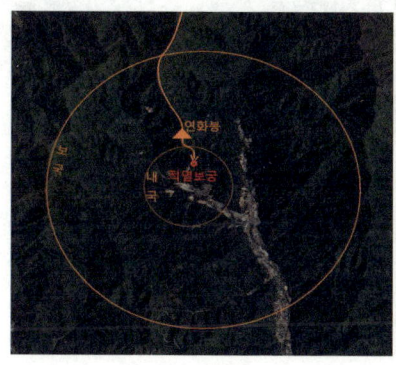 

 법흥사와 마찬가지로 적멸보궁의 래용도 주산인 사자산에서 직입하여 연화봉에서 분기되어 내려온다. 연화봉에서 달려온 용맥은 잘

록하게 결인한 후 솟구쳐 언덕을 만든다(위 오른편 사진). 언덕은 두뇌로 정상에서 좌우로 선익을 펼쳐 혈장을 만든다(아래 왼편 사진). 그리고 혈장이 끝나는 전순부에서 급경사를 이루며 당판을 마무리한다(아래 오른편 사진). 결인-솟구침-펼침-마무리까지 전형적인 혈장의 모습이다. 솟구쳐 형성된 두뇌에서 전순까지 혈은 타원형의 모습이다. 타원형의 중심이 바로 혈의 중심[혈심]이다.

이제 혈을 중심으로 형성된 국세를 살펴보자. 보궁은 평지의 법흥사와 달리 상당히 높은 산등성이 위에 자리하면서 국세가 이중으로 넓게 펼쳐져 조응한다(위 왼편 사진). 그만큼 용맥의 기운이 강해야 넓은 국(세계)을 감당할 수 있을 것이다. 내국의 수구 측이 조금 열려 있지만 혈은 국의 중심 균형처에서 사세와 조화롭게 자리하고 있다.

좋은 자리일수록 변화에 민감하다. 터를 조성하고 필수 건물을 앉힐 때 자연지세에 합당한 크기, 모양으로 최적의 자리를 선택하되 터의 손상을 최소화하며 자연과 공생의 길을 모색해 가야 한다.

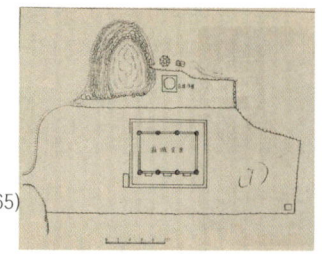

옛날 사자산 적멸보궁 사진과 법흥사 그림

라) 오대산 적멸보궁

오대산은 문수 신앙을 중심으로 하는 불교 성지의 원형이다. 오대산에는 적멸보궁을 중심으로 오대 암자와 상원사, 월정사가 자리하고 있다. 오대산의 불교 인연은 자장율사의 오대산 문수 신앙에서 비롯되었다고 할 수 있다. 여기서는 오대산 문수 신앙의 개요와 함께 오대산 진신사리 봉안처로서 적멸보궁(뒤 둔덕 포함)의 입지에 대하여 살펴 가고자 한다.

① 오대산 적멸보궁

오대산 문수 신앙은 산악숭배 사상을 바탕으로 불교의 『화엄경』「보살주처품」에는 '청량산에서 문수보살이 상주설법(常住說法)한다'라고 기재되어 있는 것에서 비롯된다.266) 여기서 언급하는 문수보살의 주처 청량산이 중국의 오대산으로 인식되면서 오대산 문수 신앙이 중국에서 시작된다. 북조(北朝) 시대부터 오대산에 승려가 입산 수행하였지만, 이 시기는 문수신앙으로 확고히 자리 잡지는 못하였다. 그 후 수(隋)를 거쳐 당(唐)나라 초기까지 이러한 오대산과 문수보살의 관련성은 지속적으로 추동되어오다 당 고종 때가 되어 전국적 신앙의 중심으로 거듭나며 화엄학과 함께 흥성하여 오대산 문수신앙으로 확고히 자리한다.267) 이러한 중국의 오대산 문수 신앙은 자장율사의 행적과 함께 우리나라 오대산 문수 신앙으로 이식되어 전개된다.

일연은 오대산에 대하여 "땅의 상을 보는 이가 말하기를 국내의 명산 중에 이 땅이 가장 수승하니 불법이 길이 흥할 곳이라고 했다"268)라고 하였다. 이러한 오대산의 진신사리 봉안에 대해서 민지는 「봉안사리개건사암제일조사전기」를 통해 "자장율사가 중국 오대산 문수보살로부터 받은 사리를 우리나라 오대산에 봉안하였다"269)라고 하는 반면에, 일연은 『삼국유사』에서 자장이 중국 오대산에서 사리를 받은 것과270) 오대산에 머문 것은 기록하면서271) 진신사리 봉안에 대해서는 침묵한다. 따라서 실제 오대산에 자장율사가 직접 진신사리를 봉안하였는지는 알 수 없다.

오대산 적멸보궁의 불사리는 사자산 적멸보궁과 마찬가지로 땅속에 묻힌 '지궁(地宮)'으로 배전(拜殿)인 지금의 적멸보궁은 원래는 없었다.272) 이제 적멸보궁과 불사리가 묻혀 있다는 언덕을 중심으로 입지를 분석해 보자.

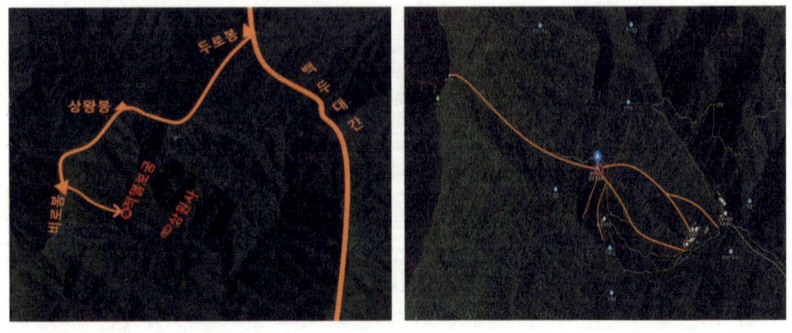

터의 주산은 비로봉이다. 비로봉은 백두대간 두로봉에서 분기되어 상왕봉을 거쳐 남서진(南西進)한 용맥이 세운다. 비로봉은 오대산 국을 펼친다. 국의 중심으로 비로봉에서 발원한 용맥이 떨어진다. 줄곧 남동으로 내려가던 용맥이 솟구쳐(起) 1차 언덕을 만든 후 다시 하강하여(伏) 솟구쳐(起) 언덕을 형성한 후 두 줄기로 분기한다. 적멸보궁은 언덕 앞 분기 지점에 자리하고 있다.

이 자리를 보고 조선의 유학자[273]도 현대의 풍수학인[274]도 대부분 좋은 자리로 평하고 있다. 필자의 의견은 조금 다르다. 이 자리는 분명 국의 중심 용맥이 내려와 기봉하여 분벽하는 지점에 위치한다. 따라서 나쁜 자리는 아니다. 그렇지만 최선의 터인 혈로는 보이지 않는다. 그 까닭은 무엇일까?

제2장 혈을 기준으로 살펴본 사찰과 암자 : 113

주산인 비로봉에서 달려온 용맥이 솟구쳐 언덕을 형성한다. 언덕 부위는 봉긋하게 솟아 하나의 봉우리275)를 이루지 못하고 변화(위이)를 하면서 진행(위 왼편 사진)하여 두 갈래로 분기한다. 바로 그 분기점의 중심에 적멸보궁이 자리하고 있다(위 오른편 사진). 보궁이 자리한 지점에서 왼편으로 분기하는 용맥이 요도와 같은 역할을 하면서 보궁 앞 용맥은 우측으로 방향이 꺾여 변화한다(아래 사진). 그러면서 혈을 맺지 않고 계속 진행하는 모습이다.

많은 사람이 이 터를 혈처로 본 이유는 아마도 결인 후 솟구침을 통해 형성된 돌혈276)로 보았기 때문일 것이다. 돌혈을 이루기 위해서는 사방에서 터를 받치면서 세가 멈추어야 한다. 그러나 이 부위는 사방에서 터를 받치지도 않고 세도 멈추지 않고 위이277) 변화하며 진행하는 모습이다. 따라서 이 자리는 비로봉에서 출맥한 중심 용맥이 내려와 크게 솟구쳐 입체식 분기278)를 하는 분벽처로 보인다.

혹자는 이곳을 용맥이 행도하는 중간지점에 맺힌 '기룡혈'279)이라 한다. 그러나 기룡혈이 되기 위한 기본 조건인 '영·송사'280) 마저 갖추고 있지 않다. 다행히 이 지점에서 혈을 맺을 수 있는 기운이 기원하는 것(기원처)281)으로 보여 나름의 존재 의미를 부여할 수 있을 듯하다.

이 터를 용두로 보아 불사리를 이곳에 봉안하였다는 설이 있으며282) 가끔은 부정적인 평가를 하는 사람도 있었다.283) 여하튼 이 자리는 사자산 불사리 봉안처와 상당히 유사한 입지적 특성을 가진 것으로 보아 당시의 정치적·종교적 시대 상황을 반영한 것으로 보인다.284)

마) 설악산 봉정암 사리탑

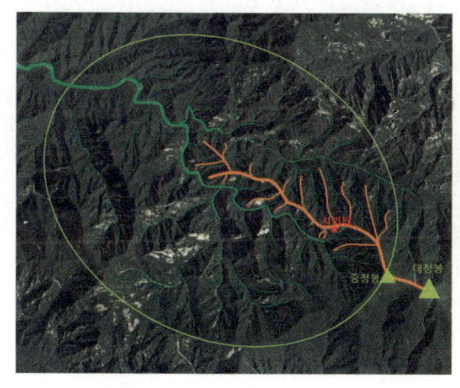
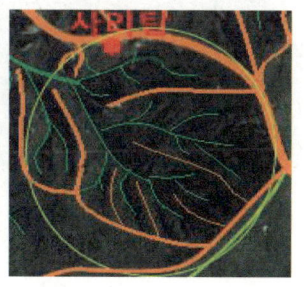

필자는 자칭 봉정암 불자다. 강원도 평창 계촌리 산정 부에서 땅굴을 파고 수양하던 때 봉정암을 찾아가면서 스스로 불자라 천명하였다. 그리고 매년 봉정암 사리탑을 찾아간다.

설악산 봉정암 사리탑이 자장율사로부터 시작되었다는 설화가 전해오며 여러 차례 중수해 온 것으로 기록되어 있으나[285] 지금의 사리탑은 양식으로 보아 고려 시대 후기에 세워진 것으로 알려져 있다. 봉정암의 주법당인 적멸보궁은 세월에 휩쓸려 그 위치를 달리해왔다. 그래서 사리탑이 위치한 자리를 대상으로 터를 분석한다.

봉정암 사리탑은 간룡의 중간 부위에 자리하여 풍수적으로 접근하기 쉽지 않다. 먼저 사리탑으로 오는 용맥부터 살펴보자! 설악산은 한계령-끝청-중청봉-대청봉-공룡능선-마등봉-황철봉-미시령으로 이어지는 백두대간을 기준으로 설악산 지역을 내(안)설악과 외(바깥)설악으로 나눈다.[286] 봉정암 사리탑은 내설악에 자리하고 있다. 설악산(대청봉)을 주산으로 내려온 용맥은 중청봉을 현무로 커다란 국을 펼친다. 중청봉에서 분기한 용맥이-소청봉을 거쳐 국의 중심으로 하늘을 나는 용처럼 꿈틀거리며 내려온다(위 사진).

사리탑은 이 중심 용맥이 잠시 멈칫하는 곳에서 홀연 낙맥한 터에 자리하고 있다(위 사진).

 간룡의 중간지점에서 일맥이 미끄럼을 타듯이 갑자기 방향을 바꾸어 남향으로 떨어져[橫落] 반듯한 터를 형성한다(위 오른편 사진).
 그 앞에 조응하는 국(局)이 펼쳐져 있다. 세(勢)가 빠져나가는 우측을 막아주고[287] 앞에서 물이 조응하면서 원형의 국이 터를 껴안는다. 터는 홀연히 그 품에 떨어져 안긴다. 그곳에 혈이 맺혔다. 굳이 무슨 혈이냐고 묻는다면 '섬혈(閃穴)'[288]로 용맥의 중간에 맺히는 기룡혈[289](아래 왼편 사진)의 특징과 간룡의 기운이 횡으로 떨어지는 횡사락혈(橫斜落穴[290], 위 왼편 사진)의 특징을 지니고 있다. 상당히 높게 자리하면서 혈 앞 전순은 밝고 둥근 암반이 인(人)자로 떠받친다(위 오른편 사진).

사리탑은 전순을 받치는 암반 위에 자리하고 있다. 그 때문에 사리탑을 향해 절을 하는 예배자가 오히려 사리탑보다 위에 자리하게 된다. 근본적으로 사리탑을 혈의 중심(혈심)에 앉히고 그 아랫부분에서 절을 하는 것이 바람직할 것이다.

섬혈은 갑자기 떨어지면서 결혈 환경을 미처 다 갖추지 못하는 단점이 있을 수 있다. 사리탑이 자리한 터의 우측 어깨 부분이 충분히 감싸지 못하면서 북서풍의 영향을 받을 수 있다. 특히 이 터는 래룡이 뻗어오는 산뿐만 아니라 터 아랫부분의 산보다도 상대적으로 낮은 기룡혈의 특성[291]을 가져 높은 산악지대에서 강하게 휘몰아치는 불규칙한 바람의 영향을 보다 많이 받을 수 있다. 이러한 바람으로부터 상대적으로 안전한 부위가 당판의 중심에 자리한 혈심부이다.

필자는 매년 봉정암을 방문하면 항상 혈심부에서 절을 하고 앉아서 철야 참선을 한다.

바) 종합

평지인 통도사 금강계단과 달리 강원도에 산재하는 사리 봉안처는 큰 산을 주산으로 중심 용맥에 자리하여 그 영향력을 극대화하고 있다. 이러한 상징적 자리를 통해 그 영향력을 제고하는 행위는 조선 시대 태봉이나 필자가 참여한 보병 안장의 의미와 유사하다. 이를 통해 볼 때 통도사의 금강계단이 출세간 승려에게 계를 주는 실질적인 자리라면 산중의 사리 봉안은 깨달음을 상징하는 부처님의 사리를 통해 깨달음의 세계를 널리 전파하는 자리라 할 수 있을 것이다. 이는 통일신라 후기의 지방 호족의 세 확산과 관련성을 배제할 수 없다. 그 지역을 지배하는 힘을, 불사리를 통해 과시하며 극대화하는 당시 정치·사회 상황을 엿볼 수 있다. 상황에 따라 그 목적을 달리하듯이 탑의 건립 목적도 시대에 따라 달리하였을 것이다.

통도사의 금강계단이 자장에 의해 초기 불교의 승단 계율을 바로 세우기 위한 목적으로 건립한 것이라면 산중의 불사리는 선승에 의해 깨달음의 상징이며 불법을 널리 전파하는 목적으로 이루어진 것으로 보인다.

5대 적멸보궁의 불사리 기원은 자장의 당나라 유학에서 시작되었다. 당시 당나라에는 풍수 최고의 고전인 청오경과 장서를 중심으로 이순풍(李淳風 602~670), 원천강(袁天綱 573~645) 등 유명 풍수인과 함께 풍수가 유행하고 있었다. 당 시대에는 불교와 풍수가 함께 성행하면서 당유학승은 풍수를 자연스럽게 인연하였을 것이다. 특히 당대 불교의 원융무애 법계 연기의 화엄 사상과 불립문자 직지인심의 선불교 사상은 한 우주 속에 존재하는 자연과 인간의 깊은 관계성을 분명하게 이해할 수 있도록 하였으며 초월적 감각으로 인식할 수밖에 없는 풍수적 효용성을 적극적으로 수용하는 계기가 되었을 것이다. 이러한 시대 조류를 바탕으로 대당 유학승을 중심으로 뿌리내린 불사리 신앙이 본격적으로 자리하면서 자연스럽게 풍수적 입지 선정이 이루어진 것으로 보인다.

오대 적멸보궁의 진신사리 안장처의 입지 분석을 통해서도 풍수적 입지선정이 최우선으로 고려되었음을 확인할 수 있었다. 통도사의 금강계단은 지형이 거의 사라진 평지임에도 혈처에 자리함으로써 그 존재 가치를 유지하고 여전히 많은 사람이 찾는 불보사찰로 위상을 떨치고 있다.

정암사 불사리탑이 혹여 자장율사가 그 입지를 선정했다면 그의 운명과 결부하여 해석할 여지가 있어 여운을 남긴다.

나. 의상대사와 화엄십찰

의상대사는 625년에 출생, 소년기에 출가하여 661년부터 670까지 10년 동안 당나라에 머문 유학승이다. 항구도시 양주를 거쳐 종남산 지상사에서 화엄 2조 지엄을 스승으로 화엄학을 수학하고 귀국한다. 귀국 후 의상은 왕경(경주)에 머물지 않고 5-6년 동안 전국의 산천을 돌아다니면서 수행한 후 화엄종을 개창하여 10대 제자[292] 등과 함께 이 땅에 장엄한 화엄 세계를 구현하다 702년에 세상을 떠난다.[293]

화엄십찰은 의상과 그의 제자 및 법손이 의상의 화엄사상 즉 의상의 화엄 종지를 널리 전달하기 위해 전국에 세운 전교사찰(傳敎寺刹)이다. 화엄십찰은 최치원의 『법장화상전』[294]과 일연의 『삼국유사』[295]에 전해오는데 정리하면 아래 표와 같다.

13개 사찰 중에서 그 위치와 규모가 명확하게 파악되어 유지되고 있는 곳은 부석사, 화엄사, 해인사, 갑사, 범어사, 국신사(귀신사)이다. 이들 사찰 중 앞에서 살펴본 부석사를 제외한 5개 사찰에 대해 입지 분석하여 화엄십찰이 갖는 풍수적 의미와 가치를 소상히 밝혀가고자 한다.

사찰명	소재지	창건년도	창건자
법장화상전			
갑사	충남 공주군 계룡면 중장리	420 혹은 556	아도화상/혜명/의상
옥천사	경남 고성/경북 청도	670	의상대사
부석사	경북 영풍군 부석면 북지리	676	의상대사
국신사 현 귀신사	전북 김제시 금산면 청도리	676	의상대사
범어사	양주(부산) 금정산	678	의상대사
화엄사	전남 구례군 마산면 황전리	742-765	연기조사
해인사	경남 합천군 가야면 치인리	802	순응·이정
보원사 현강당사	충남 서산시 운산면 용현리		
청담사	불확실(한주 부아산)	신라	
화산사	불확실(삭주 계람산)	신라	
보광사	불학실(강주 가야산)	신라	
미리사	불확실(중악 팔공산)	신라	
삼국유사			
부석사	경북 영풍군 부석면 북지리	676	의상대사
비마라사	원주(단양) 비마라산?	676?	의상대사
화엄사	전남 구례군 마산면 황전리	667/742-765	연기조사
해인사	경남 합천군 가야면 치인리	802	순응·이정
옥천사	고성 비슬산/청도 용천사	670	의상
범어사	부산 금정산	678	의상

1) 화엄사

　화엄사 창건에 대해 여러 설이 있지만 지금까지는 통일신라시대 (8세기 중엽) 연기법사에 의해 창건된 것으로 보는 설이 가장 유력하다.296) 화엄사의 주법당은 각황전(覺皇殿)으로 본래 명칭은 장육전(丈六殿)이었다. 이에 화엄사는 각황전을 중심으로 입지 분석한다.

 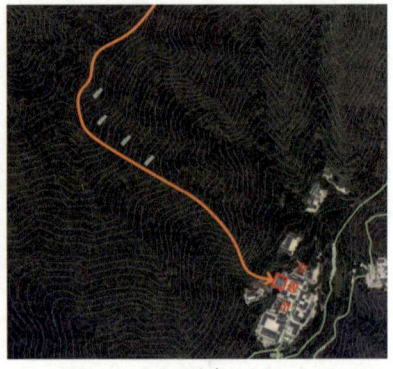

　화엄사 터를 만드는 용맥은 백두대간 노고단과 성삼재 사이 종석대에서 분기되어 나온다(위 왼편 그림). 용맥은 마지막 기봉처에서 입체적으로 분벽한다. 그중 남동쪽으로 떨어지는 용맥이 각황전으로 내려온다(위 오른편 그림). 그렇게 내려온 용맥은 사사자 3층석탑이 서 있는 곳까지 밀고 내려온다. 각황전은 사사자 3층석탑이 자리하고 있는 용맥이 세가 나가는 쪽을 막아주는 그 안쪽에 자리하고 있다. 오른손 법칙에 준해 혈을 맺고 있다(아래 왼편 그림). 그런데 용맥이 분기되어 각황전 뒤로 연결되는 모습은 분명하게 드러나지 않는다. 이 부분을 확인하기 위하여 사사자 3층석탑으로 가는 맥과 분기되는 지점에서 각황전까지 몇 번이고 오가면서 맥이 흐르는 상대적 凸부를 추적하여야만 했다.

만약 이곳으로 맥이 내려오지 않으면 상대적 골짜기로 수기가 흐르는 자리가 될 수 있기 때문이다.

이처럼 용맥이 형기적으로 분명하게 드러나지 않는 경우, 맥의 연결과 결혈 지점까지 시각적 확인을 통한 공감이 불가하여 형기론297)에만 의존하여 혈을 찾게 되면 이러한 혈은 쉽게 찾을 수 없게 될 것이다. 실제 밖으로 드러난 용맥의 흐름은 사사자 3층석탑이 있는 곳으로 내려가는 것처럼 보여지기 때문이다. 그러나 사사자 3층 석탑이 있는 부위는 기본적으로 터의 기운을 보호하는 우백호가 없어 기운을 갈무리하지 못하여 혈이 맺힐 수 없다. 만약 강한 기운의 용맥이 이처럼 외부 용맥의 보호를 받지 못하는 곳까지 진행한 경우에는 양혈로 벌린 사이 공간에 스스로 낮게 임해야 혈을 맺을 수 있다.

2) 귀신사

귀신사는 676년(문무왕 16)에 의상(義湘)이 창건하였으며 창건 당시에는 국신사(國信寺)라 하였으나 고려 시대 때 국사 원명 징엄(圓明 澄儼, 1090~1141)이 중창하면서 구순사(狗脣寺)로 바뀌었고, 임진왜란의 전화로 폐허가 된 것을 1873년(고종 10)에 춘봉(春峯)이 중창하면서 귀신사로 이름을 바꾸었다고 한다.298)

「귀신사 중수기」(1823)에서 "이 절은 거대한 사찰로서 한 나라에 울리게 되었으니, 금당 아홉 채, 종루 여덟 채, 요사 아흔 칸, 부속 암자 아흔아홉 곳이다"라고 기록하고 있다. 그렇게 많은 건물이 다 사라지고 남은 단 한 채의 법당이 귀신사의 주법당인 대적광전이다.

귀신사 터를 만드는 용맥은 모악산에서 온다(위 왼편 그림). 귀신(歸信)은 믿음에 귀의한다는 의미다. 믿음[信]은 인의예지신 오상(五常)에서 가운데[中]에 위치한다. 귀신사가 있는 곳을 중심으로 주위의 산과 물이 모여들어 원국(圓局)을 이루고 있다(위 오른편 그림). 산과 물이 모여드는 곳에 사세의 기운도 모여든다. 귀신사는 사세의 기운이 조응하는 국의 중심, 신(信)의 위치에 당당히 자리하고 있다.

귀신사의 혈은 현무에서 남(南)으로 뻗어 내려온 용맥이 직입하여 주법당인 대적광전에 오롯이 맺혀 있다. 대적광전에 맺힌 혈을 내청룡·백호가 잘 감싸며 보호한다. 래룡의 끝자락에서 오른손법칙[299]에 준해 분기한 오른쪽 능선(내백호)은 상대적으로 높게 혈처를 감싸 보호할 뿐만 아니라 그 끝자락은 혈 앞의 물이 터를 충분히 감싸지 못하고 순수하면서 혈처의 세가 빠져나가는 부분까지 잘 막아주며 갈무리하고 있다. 이에 비해 혈의 왼편은 두뇌 부분에서 왼손법칙에 준해 분기한 능선(내청룡)이 나지막이 감싸안아 준다. 이렇듯 대적광전은 좌우 능선이 감싸 보호하며 균형을 이룬 중심처에 자리하여 주위 산과 물이 모여드는 명당의 중심, 천심(天心)[300]을 향하고 있다.

3) 갑사

갑사는 백제 구이신왕 1년(420)에 아도화상이 세웠다는 설과 556년에 혜명이 지었다는 설이 전해지고 있으나 확실하지 않다. 679년에 의상이 보수하여 화엄종의 도량으로 삼으면서 신라 화엄 10찰의 하나가 되었다. 갑사는 현재 남아 있는 철당간이 신라말의 것으로 추정되므로 9세기까지는 대찰이 이루어졌던 것으로 추측할 수 있다. 그리고 고려 시대에는 의상을 계승한 균여계 화엄학이 전수되어 온 곳임이 확인된다. 균여가 강의한 『십구장원통기(十句章圓通記)』를 그의 문인인 담림(曇林)이 받아 적은 기록이 갑사에 전해 내려왔는데 천기(天其)가 1226년에 이를 찾아내어 방언을 없애고 잘못된 부분을 고쳐 간행하였다는 기록이 있기 때문이다.[301]

갑사는 현재 철당간과 대적전이 자리하고 있는 지역에서 개창을 한 것으로 알려져 있다. 따라서 갑사는 대적전을 중심으로 입지 분석을 진행한다.

대적전이 자리한 터를 만든 용맥은 계룡산 주봉인 천황봉에서 북쪽으로 관음봉을 거쳐 삼불봉(수정봉) 방향으로 북행하던 용맥이 중간에서 분기하여 북서행 하여 내려온다(위 왼편 그림). 대적전은 북

서행하여 내려온 간룡의 용진 혈처에 자리하고 있다. 대적전 앞 우측으로 길게 늘어진 용맥은 대적전이 자리하고 있는 터를 지탱하여 받쳐주는 소위 '지게작대기'302)이며 하수사라 할 수 있다(위 오른편 그림).

　대적전은 개창 초기 주법당으로 알려져 있다. 현재 갑사는 주법당인 대웅전을 중심으로 건물들이 배치되어 있다. 대웅전 구역(이하 '대웅전터'로 표기)과 대적전 구역(이하 '대적전터'로 표기)은 다른 용맥 하에 자리하고 있다. 대적전터가 강한 기운의 간룡이 내려와 만든 터라면 대웅전터는 상대적으로 유(柔)한 용맥이 내려와 끝자락이 갈라져 넓게 펼친 터에 자리하고 있다.

　이 두 터의 특징을 비교해 보면, 대적전터가 종적으로 길게 늘어진 형상이라면 대웅전터는 횡적으로 넓게 펼친 모습이다. 터가 종적으로 길게 형성되는 경우와 횡적으로 넓게 펼치는 경우는 터를 만드는 용맥의 기운과 용맥의 진행을 멈추게 하는 물과 앞산의 거리와 대면 각도 등과 연관하여 이해할 수 있다. 즉 터 앞의 물이 길게 빠져나가는 경우에는 용맥을 따라온 기운도 종적으로 길게 늘어지면서 종적으로 긴 당판을 형성하는 반면에, 터 앞의 물과 산이 횡으로 가로 막을 경우에는 용맥을 따라온 기운도 더 이상 앞으로 나아가지 못하고 좌우로 펼치는 터를 형성하게 된다.

　좌우로 펼쳐진 대웅전 터의 경우에는 두 줄기 이상의 용맥이 터를 만든다. 용맥 중에서 혈을 맺은 곳이 있다면 그 자리에 주법당을 세우면 최선의 길이 될 것이다. 혹여 혈이 없다면 기운을 측정하여 상대적으로 강한 기운의 용맥을 선택하여 그 진처에 용맥의 기운에 기대어 주법당이 자리하도록 해야 한다. 용맥과 용맥 사이에는 상대적 물길이 항상 존재한다. 그 물길의 흐름을 막아서는 안된다. 물길을 막으면 수기가 주변까지 스며들 수 있기 때문이다. 가능하면 물길 위에는 건물을 세우지 않는 것이 바람직하다.

　대웅전터처럼 기운이 강하지 않은 한줄기의 용맥이 여러 갈래의 용맥으로 나누어져 터를 만드는 때는 힘의 분산으로 평지까지 혈을 맺을 수 있는 기운이 내려 오지 않을 수도 있다. 또 대적전터와 같이 앞으로 길게 물이 순수하는 경우에는 터를 만드는 용맥의 기운이 강하지 않으면 물을 따라 빠져나가는 기운을 감당할 수 없어 혈을 맺지 못한다.

갑사의 혈은 강한 기운의 용맥 끝에 자리한 대적전에 맺혀 있다. 대웅전터는 보다 많은 건물을 수용하여 대가람을 이룰 수 있는 특징을 가지고 있지만 경내까지 혈을 맺을 수 있는 기운이 내려 와 있지 않은 것으로 보인다.

4) 범어사

 범어사 사적기에는 "신라 흥덕왕(재위 826-836) 때인 835년에 의상이 창건하였다"303)라고 하였으나 이때는 의상 사후 133년이 지난 해이다. 이는 범어사가 이전에 소규모의 사찰이 있었다 하더라도 현존하는 규모의 사찰은 9세기 전반인 흥덕왕대에 중창되었음을 말해준다.304)

 범어사는 의상대사를 비롯해 원효대사, 표훈 대덕, 낭백선사, 명학스님과 근대에 경허선사, 용성선사, 성월선사, 만해선사, 동산선사 등 고승들이 수행 정진한 곳으로 알려져 있다.

 범어사의 주법당은 대웅전이다. 대웅전은 정확하게 혈처에 자리하고 있다. 대웅전이 자리하고 있는 혈을 만든 용맥은 낙동정맥인 금정산을 주산으로 정상인 고당봉에서 분기하여 동진하여 내려온다(위 그림과 사진). 오래전에 금정산에 티벳불교 세계평화의 보병 안장을 마치고 고당봉에서 범어사로 내려오는 용맥을 추적해 본 적이 있다. 중간에 너덜바위로 이어진 부분이 있어 래룡을 추적하는 일이 쉽지 않았다.

 범어사를 중심으로 형성된 보국은 좌청룡이 안산까지 이어져 있어 좌수가 일차적으로 영향을 준다. 좌수(左水)는 대웅전이 향(向)을 하고있는 중심부를 지나 우수(右水)와 합수한 후 우백호 끝자락을 지나 파구한다. 그런데 우백호 끝자락이 충분히 높게 터를 감싸지 못하면서 국내의 기운이 순수하는 물과 함께 어느 정도 설하는 모습이다. 그럼에도 대웅전에 혈이 맺힐 수 있는 까닭은 주위의 산세가 원국을 이루며 조응하고 그 안에 깃든 강한 기운을 내재한 용맥 때문일 것이다(아래 그림·사진). 당판은 이미 평지화되어 세밀한 형기적 분석이 불가하지만305), 대웅전을 중심으로 펼쳐진 원형의 모습을 통해 혈의 존재를 가늠해 볼 수 있을 것이다.

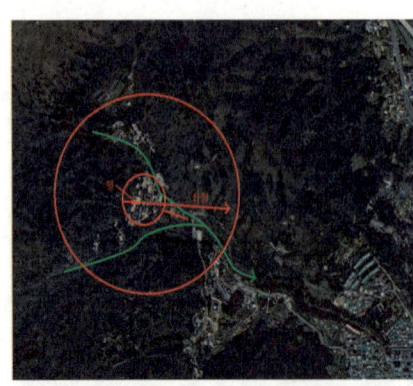

5) 해인사

해인사의 종산(宗山)은 가야산이다. 분수령으로 보면 백두대간 대덕산지점에서 수도산을 거쳐 가야산 지역으로 연결되어 있다. 래룡은 1,430m 상황봉을 지나 정상인 1,443m 칠불봉을 세운다. 해인사로 떨어지는 기운은 칠불봉을 지나 분기되어 남진(南進)하는 용맥을 따라온다.

거친 암석으로 형성된 산줄기[幹龍]를 타고 달려와 해인사 뒤편에 현무봉을 이룬 후 해인사 경내로 이어진다. 큰 산의 높은 곳이라 박환이 제대로 되지 않아 삼족맥(三足脈)306)을 뻗어 평지룡으로 이어져 입혈부(入穴部)가 분명하게 드러나지 않는다.

주룡에서 삼족맥으로 분기되는 지점부터 용맥이 뚜렷이 드러나지 않아 추맥으로 맥을 찾고 혈을 찾는다. 추맥 결과 혈은 팔만대장경이 보장되어있는 장경각의 법보전 뒷부분, 불상이 자리한 곳에 맺혀 있다.

해인사 절터의 가장 상부에 결혈(結穴)하고 있다. 그 까닭은 용맥의 강한 기운과 주위 사격의 거리와 높이 때문일 것이다. 용맥의 기운은 그 세기에 비례한 보국(保局)을 갖는다. 해인사의 용맥은 기운이 강한 것만큼 높게 자리하고 있는 셈이다. 현무를 비롯한 주위 산들도 상당히 높아 상대적인 조화를 위해서도 이처럼 터의 상부에 자리함이 합당할 것이다. 만약 현재 조성된 터의 아랫부분으로 내려가 혈을 맺게 되면 높은 주위 산의 압(壓) 받을 수 있을 뿐만 아니라 기운이 흘러 나가는 좌편의 상대적으로 낮고 짧은 사(砂)로 인한 설기(洩氣)의 영향을 받아 세가 왼편으로 치우칠 수 있기 때문이다.

입혈맥(入穴脈)은 장경각의 뒤편에서 장경각의 중심으로 들어와 혈을 맺고, 그 여기(餘氣)는 해인사의 주(主) 법당인 대적광전의 중심을 향해 나간다. 혈처의 장경각과 주위 건축물은 '자연 방위론' 좌향을 기준으로 포진하고 있다. 그래서 나름 국세와 균형을 이루고 주위 산세와 조화를 이루고 있다. 여기(餘氣)는 아랫부분으로 내려가면서 점점 공간의 세(勢)에 이끌려 왼편으로 굽어 흐르고 넓은 공간만큼 늘어지게 된다.

터의 중심 건물의 배치를 보면 장경각-대적광전-구광루-해탈문-봉황문으로 이어지는데 그 중심이 물이 빠져나가는 왼편으로 굽어 있음을 확인할 수 있다. 이는 장경각에 맺혀 있는 혈의 기운이 대적광전에서 끝이 나면서 그 아랫부분은 순수(順水)하는 세(勢)에 끌려 내려가는 현상을 보이고있다.

　해인사는 안산이 반듯하게 안아주지 못한다. 때문에 우수도좌(右水到左)하는 물이 사선(斜線) 모양으로 흐른다. 그래서 멀리 뾰족하게 솟구친 남산제일봉이 주법당에서 뚜렷하게 보여 해인사 화재의 원인이 된다고 하여 소금단지로 비보하고 있다.

6) 종합

화엄십찰로 그 위치가 분명하고 현존하는 화엄사-귀신사-갑사-범어사-해인사에 대해 혈을 중심으로 풍수적 입지를 분석해보았다. 화엄십찰 중 현존하는 6개 사찰(부석사 무량수전 포함)은 모두 주법당이 혈처에 자리하고 있다. 혈처에 자리한 모든 사찰의 주법당을 의상대사가 주관하여 소점하였다는 명확한 근거는 찾을 수는 없었지만, 의상대사와 그의 제자승이 관여한 것으로 보인다.

어떻게 모든 사찰의 주법당이 혈처에 자리할 수 있었을까? 사찰의 주법당이 혈처에 자리하면서 그 긴 세월을 견디어 지금까지 존재하는 것일까? 풍수적 소점이 분명하게 이루어졌다는 것이다. 혈에 소점할 수 있는 풍수적 능력이 있었다는 것이다. 풍수를 배웠다고 하여 누구나 혈을 찾아 정확하게 소점할 수 있는 경지에 오를 수는 없다. 따라서 풍수에 크게 깨우친 한 스님의 노하우가 비전되었을 것이다. 아마도 의상대사와 대당 유학승으로부터 시작되었을 것이다.

이제 '도선국사로부터 한반도에 전래되었다'는 풍수 역사는 재고되어야 마땅할 것이다.

3. 미륵신앙의 탯자리 금산사 미륵전

가. 미륵신앙

미륵신앙이란, 미륵불(Maitreya) 또는 미륵보살에 대한 불교 신앙을 말한다. 미륵보살은 석가의 일생보처보살로 석가모니 부처에 이은 당래의 부처다. 미륵신앙은 미륵이 사는 도솔천에 상생하는 것을 염원하는 상생신앙과 도솔천으로부터 인간세계로 하생한 미륵의 교화를 받는 하생신앙이 있다.

상생신앙은 『관미륵보살상생도솔천경(觀彌勒菩薩上生兜率天經)』에 의하면 부처(석가)는 사위국(舍衛國) 기수회고독원(祇樹繪孤獨園)의 설법에서 회좌에 있는 미륵이 12년 후에 종명(命終)해 도솔천으로 왕생할 것을 고한다. 현기(懸記) 그대로 12년 후에 미륵은 결가부좌한 채로 입멸하며, 그의 몸은 자금(紫金) 빛을 발하며 도솔천으로 상생하였다. 도솔천은 광명과 연화(蓮華), 행수(行樹)로 장식되고 무수한 영락(瓔珞)은 미묘한 음악을 연주하고 있다. 9억의 천자와 500억의 천녀는 '일생보처의 보살'인 미륵을 공양한다. 미륵은 천관(天冠)을 쓰고 칠보로 엄식(嚴飾)된 마니전상(摩尼殿上)의 사자상좌(師子床座)에 앉아 주야 6시에 설법한다.[307] 이 도솔천에 태어나기 위해서는 오계(五戒)·팔재계(八齋戒)·구족계(具足戒)를 갖추고 몸과 마음으로 정진해야 하며, 십선법(十善法)을 닦고 도솔천의 쾌락함을 사유해야 한다.

미륵은 석가 입멸 후 56억 7천만 년 뒤에 염부제(閻浮提) 즉 인간세계로 하생한다. 이때 도솔천에 상생했던 사람은 미륵을 따라서 하생하고, 용화삼회와 연을 맺는다. 미륵하생은 『미륵대성불경(彌勒大成佛經)』에 의하면 마가다국(摩伽陀國) 파사산(波沙山)의 하안거

(夏安居)에서 부처가 사리불(舍利佛)에게 게구(偈句)를 말하는 것부터 시작된다. 양구(穰佉)왕의 시두말성하(翅頭末城下)의 토지는 윤택하며 사람들은 복덕하여 원적겁절(怨賊劫竊)의 근심과 기근독해(饑饉毒害)의 어려움이 없었다. 또한, 곳곳에 금은 진보가 산처럼 쌓여 있었는데, 사람의 무리는 그것을 버리고서 돌아오지 않는다. 성중(城中) 바라문가에 태어난 미륵은 성안의 사람들이 풍요 속에 오욕으로 생사의 고통에 깊이 빠지고 있는 모습에 대하여 연민(憐愍)하며 자신도 고·공·무상(苦·空·無常)으로 집에 있어도 즐겁지 않았다.308) 마침내 출가 학도의 길을 택하여 용화수의 아래에서 정각을 성취해 미륵불이 된다. 그리고 초회의 설법에서 96억의 비구승이 아라한을 얻게 한다. 제2회의 설법에서 94억의 사람들에게, 제3회의 설법에서 92억의 사람들에게 아라한을 얻게 한다.309) 석가는 과거세불이며 미륵은 미래세불이다. 현재세는 무불인데, 미륵은 '인간세의 등명(燈明)'이다. 이렇게 미래세에 있어서 '용화삼회'와 결연하는 것을 바라는 것이 미륵의 하생신앙이다.

미륵 정토로 가는 길은 상품인(上品人)은 불상 앞에서 보리기(菩提記)를 받는 것이며, 중품인(中品人)은 수명이 다할 때 세존의 탄지(彈指)에 의해 왕생할 수 있으며, 하품인(下品人)은 용화수 아래에서 여래를 만나 무상도심(無上道心)을 얻는 것이다.

1) 백제권역의 미륵신앙

미륵신앙은 인도에서 발전하여 중국으로 전해진다. 백제의 미륵신앙은 중국의 미륵신앙을 수용하면서 전개된다. 중국의 미륵신앙은 5세기 초 영험담(靈驗談)을 중심으로 전개되어 『미륵상생경(彌勒上生經)』이 번역되면서 중엽에는 도안(道安)과 법현(法顯)에 의하여 크게 고취된다. 남북조시대 중국의 미륵신앙은 석가모니불 신앙과 함께 성행한다. 석가모니불에 대한 이해와 신앙에 기초하여 미륵은 석가모니의 후계자로서 신앙의 대상으로 자리 매김한다.

백제는 중국 남조의 미륵신앙을 수용하였다. 이능화의 『조선불교통사(朝鮮佛敎通史)』에 보이는 「미륵불광사적기(彌勒佛光寺事蹟記)」에 따르면, 백제는 성왕 초기에 미륵 불광사가 있었다는 기록이 있어 미륵신앙이 수용되어 있었음을 알 수 있다. 이 당시 백제는 중국의 남조와 밀접한 관계를 유지하고 있었고, 남조의 제(齊)에서는 무제(武帝) 때에 왕자 소자량이 용화회를 베풀었던 기록을 살펴볼 때, 이 당시 백제에도 미륵신앙이 수용되었을 것이다.

백제의 미륵신앙 수용은 비교적 안정된 상황에서 이루어져 중국의 말법적 특성은 보이지 않는다. 미륵신앙의 수용 초기인 웅진 도읍 시에는 기존 토착 신앙과 융합하며 계율을 중시하였다. 위덕왕대에 미륵신앙은 절정에 이르러 재위 41년에 미륵석상을 일본에 전해준다. 사비로 도읍을 옮기면서 왕권 강화를 도모하며(왕흥사) 미륵신앙은 왕권과 귀족세력 중심으로 전개된다. 미륵상생과 미륵하생 신앙이 함께 공존한다. 그 예가 용화산의 사자사[310]와 미륵하생의 미륵사[311]로 볼 수 있다. 특히 백제의 미륵신앙은 농경문화를 배경으로 하는 토착문화와 혼합되어 정토 신앙과 융합하여 미륵신앙을 통해 정토에 왕생하고자 하는 특성을 보이며 현세이익적(現世利益的)이다. 즉 득도와 성불이 아니라 복을 구하고 병을 고치며 조상의 명복을 빌며 정토신앙과 윤회사상과 연결되어 전개되었다.

미륵신앙은 초기 왕권과 귀족세력 중심에서 점점 일반 백성에게 확산되면서 전쟁과 자연재해 등의 고통에서 벗어날 수 있는 미륵세계를 동경하게 된다. 이후 미륵신앙은 벼농사를 주로 하는 평야 지대인 충남과 호남지역에서 뿌리 깊게 자리한다. 이들 지역이 그만큼 착취와 수탈이 심했다는 것을 의미한다. 1894년에 일어난 동학농민혁명도 1892년 고창 선운사 도솔암 마애불의 배꼽 속에 숨겨져 있는 비결을 꺼내는 것으로부터 시작된다.

2) 모악산 중심 미륵신앙

한역으로 미륵불은 '자씨(慈氏)' 또는 '자존(慈尊)'이라 한다. 어머니를 자당(慈堂)이라는 것으로 비추어 엄뫼인 모악산과 자씨불인 미륵불은 무한 자비로 상통한다. 모악산 중심의 미륵신앙 근원지는 금산사이다. 진표율사에 의해 금산사가 중창되면서 백제 유민의 미륵하생신앙은 현실이 되었다. 진표율사는 점찰법회312)를 통해 중생의 죄업을 씻어주며 유민들을 교화하며 미륵신앙으로 사회 구조적 모순을 시정해 갔다. 후삼국 시대에는 견훤이 백제 유민의 한을 품고 금산사에서 미륵신앙을 고취하였고, 조선조 정여립도 모악산 지역을 중심으로 도참사상과 대동사상을 바탕으로 대동회를 조직하여 미륵세상을 도모하였을 것이다. 이러한 상대적 박탈감과 핍박의 고통을 품은 모악산의 미륵신앙은 '지금-여기'의 현실을 '당장-온전'의 미륵세계로 염원하며 그 힘은 소승적 깨달음에서 대승적 중생구제로 나타난다. 이러한 사상을 바탕으로 진묵대사는 모악산을 중심으로 깨달음을 통한 중생구제를 실천한다. 모악산의 신앙은 일반 백성에게는 자각을 통한 사회적 모순 타파를 지향하는 민중 개혁 이념으로 투영된다.

그 결과 전봉준, 김개남의 동학농민운동의 시발처가 되었고, 강증산과 소태산 신종교의 발흥으로 나타났다. 강증산과 소태산 모두 미륵신앙과 연결되어 있다. 증산교에서는 강증산이 미륵불의 화신으로 등장하고 소태산의 원불교에서는 미륵불이 법신불 일원상의 현현으로 사사물물(事事物物)의 세계를 완성해 가는 존재라고 한다. 이들은 모두 후천개벽을 통한 미륵 세계를 지향한다.

미륵이 석가모니를 계승하여 붓다가 남겨둔 중생들을 모두 구제하여 완전히 평등한 사회, 즉 용화세계를 구현하고자 한 것처럼, 모악산 하의 신종교는 미륵신앙을 숭상하면서 철저하게 당래불 사상을 접목해 미륵 경전에서 표방하는 먼 미래의 미륵불이 아닌 현세를 구제하는 미륵불로서 미륵경전 속의 시·공간성을 초월하고 있다. 모악산 하의 신종교들은 미륵 하생신앙을 표방하며 민초의 어려운 현실을 해결해 줄 수 있는 구세주 역할을 하고자 하였다.

※ 여기서 꼭 한 가지 언급하고 싶은 사항이 있다. 필자가 호남지역에서 강의할 때면 꼭 빠지지 않고 받는 질문이 있다. 바로 고려 태조가 남긴 훈요십조 중 8조에 언급한 산수배역설313)이다. 고려 초부터 전라도는 풍수적으로 반역자가 태어날 곳이라고 구전되어왔는데 바로 이곳에서 역적으로 지목된 정여립(1546~1589)이 출현한 것이다. 그 뒤 전라도는 '반역향'이라는 규정을 받아 점차 전라도 인사들의 관계 진출이 어렵게 되었으며 설사 관직에 나아갈 수 있다고 하더라도 요직으로의 길은 막히고 말았다는 것이다. 그래서 "정말로 풍수적으로 호남의 산수가 훈요십조에서 언급하는 것처럼 반역적인 것인지? 그래서 자신들의 후손까지도 그 멍에를 지고 살아가야 하는지?"를 묻는다.

아니다! 절대 아니다!! 그 이유는 본래 그런 것이 없기 때문이다. 자연은 스스로 그러하고 절로 그러할 뿐이다. 왕건의 훈요십조는 왕건 자신의 트라우마를 감추기 위해 당시 유행하는 도참 풍수 사상을 이용하여 대중을 선동한 심리 전술적 정치 술수에 불과하다. 이러한 인간 심리작용을 이용한 정치 술수는 일제강점기에 일본인들이 우리의 산천에 쇠말뚝을 박고 "이제 조선은 맥이 끊어지고 중요혈이 제압되어 어떠한 기도 쓸 수 없다!"라며 우리 백성에게 패배의식을 불어 넣은 경우와 매우 유사하다. 이러한 인간의 심리를 파고드는 술책에 휘말려 들지 않기 위해서는 주체적이고 능동적인 역사관과 인생관을 고취해가야 할 것이다.

나. 금산사

김제 금산사에도 자장이 진신사리를 봉안하였을까? 1971년 11월에 금산사 5층 석탑을 해체 수리할 때에 사리와 함께 기문 등이 발견되어 실물이 등장하였기 때문이다. 1492년에 지어진 「모악산 금산사 오층석탑 중창기」의 다음과 같은 내용은 자장의 금산사 진신사리 봉안의 가능성을 재고하게 한다.

> 5층 석탑은 979년에 조성하기 시작해 982년 완공된 탑으로 옛날에 있었던 석가여래사리 5과와 정광여래사리 2과, 사리 1과가 분신하여 총 3매를 놋쇠로 만든 사리합 장치를 열어 만인이 사리에 공경을 다 했다.314)

위의 기문이 소재하였던 금산사의 5층 석탑은 979년에 조성하기 시작해 982년에 완공되었는데, 중창기의 후미에 "옛날의 기록을 다시 베껴 썼다"라고 하여 그 이전의 기록을 다시 전재하여 기록의 신빙성이 증가하고 있다315). 다른 기문에 의하면 신라의 승려 진표가 금산사의 3층 미륵전과 장육삼존을 조성하였다고 한다. 그러면 '석가여래 사리는 자장이 봉안한 것이며 언제 봉안된 것일까'하는 의문을 가질 수 있다. 이는 조선 중기 승려 무경 자수(1664-1737)가 지은 기문에서 자장이 귀국 후 용황사 (황룡사의 오류)와 금산사에 진신사리를 봉안했다고 한다.316) 그리고 조선 후기 승려 송담 성유가 1783년(정조 7)에 지은 「호남금구현동모악산금산사대법당중수기」에도 "옛날 자장 법사가 중국에 들어가 운제사에서 불두골과 사리 100매를 얻어 귀국하여 양산 통도사에 두골을 봉안하고 사리를 사방 명산에 분장하였는데, 금산사도 그 가운데 하나이다"317)라고 하였다. 그리고 조선 후기 문인 김재찬(1764-1827)도 그의 저서 『해석유고』에서 금산사의 '여래사리'를 언급한 바 있다.318) 이러한 사실 때문인지 조선 후기에 금산사가 삼보사찰[319]로 불렸다. 즉, 1828년(순조 28)에 호남 12군현을 유람하고 쓴 저자 미상의 기행록인 『속남유록』에서 "우리나라 사찰에 삼보가 있다. 금산사에는 장륙불이 있으므로 불보이며 해인사에는 대장경이 있으므로 법보는 이 사찰을 이른다. 승보는 보조 이하 16국사가 나왔다."[320]라고 하였다. 이렇듯 금산사는 법보사찰인 해인사와 승보사찰인 송광사와 더불어 불보사찰이라고 하였다.[321] 금산사는 자장에 의해 진신사리가 모셔지고, 진표가 가람을 대중창하여 장륙불상을 모시게 되면서 불보사찰로 불리게 된 것이며, 고려시대 문헌에도 '금산불우(金山佛宇)'라고 하였다.[322] 이렇듯 금산사는 삼보사찰 가운데 불보사찰로 간주되기도 하였음을 알 수 있다.

1) 금산사 미륵전

금산사는 진표율사 이후에 미륵신앙의 중심지가 되었다. 금산사의 가람 배치는 방등계단을 중심으로 하는 미륵상생신앙과 미륵전을 중심으로 하는 미륵하생신앙의 이중적인 미륵신앙 체계다. 방등계단은 미륵상생의 도솔천의 상징이다. 도솔천에 왕생하기 위해서는 계법을 준수하고 십선도를 행해야 한다. 미륵전은 미륵하생의 실현장으로 미륵장육상이 조성된 이후 용화삼회(龍華三會)의 설법 도량으로 자리하여 미륵신앙의 근원지가 되었다.

이러한 이중적 미륵신앙 체계는 진표율사가 금산사를 중창할 당시의 사회·정치적 환경을 고려한 결과다. 통일신라 왕권의 주도하에 중창된 금산사는 왕권을 비롯한 귀족 세력의 지배체제를 정당화시켜주는 미륵상생신앙과 구 백제 지역에 만연되어 있던 미륵하생신앙을 통해 백제 유민을 교화·포섭하고자 하였다.

필자는 금산사 미륵전이 갖는 의의를 풍수적 관점에서 자세히 들여다보고자 한다. 금산사 미륵전은 혈처에 자리하고 있다. 금산사 미륵전이 세워진 이후 모악산을 중심으로 미륵신앙과 사상이 끊임없이 전개된다. 미륵신앙·사상의 근원처가 바로 금산사 미륵전이다. 그 오랜 세월 금산사 미륵전이 미륵신앙과 사상의 탯자리(근원처)가 될 수 있었던 근본적인 연유는 금산사 미륵전이 혈처에 자리하고 있기 때문이다.323) 혈의 기운이 신앙과 사상의 정보를 싣고 세상에 영향을 끼치는 것이다.

금산사 미륵전 미륵불 발아래에는 가마솥대좌가 자리하고 있다. 미륵불을 받치는 가마솥이 갖는 의미는 무엇일까?

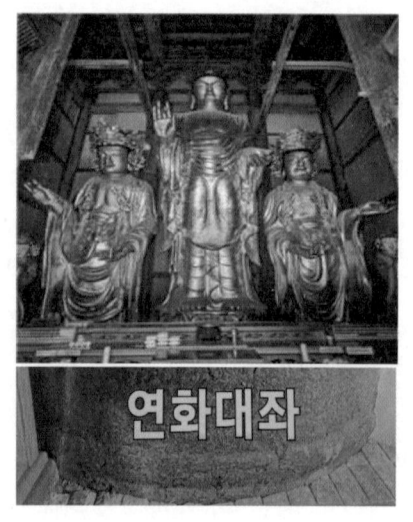

그 옛날 가마솥은 용광로다. 세상의 부조리함을 녹여 새로운 것을 만들어내는 조물주(체)이다.324) 썩어 문드러진 부정부패와 구제 불능의 편향된 의식까지 몽땅 가마솥에 넣어 리셋하여 새출발을 지향하는 개혁의 요체이며 상징이다. 증산(甑山)-정산(鼎山)-시루봉-정암(鼎巖)-솥바위에는 상극의 갈등과 모순을 녹여 상생의 길을 모색하고 성취해 가고자 하는 미륵신앙사상이 내재하고 있다. 가마솥이 제대로 쓰이기 위해서는 가마솥의 안과 밖에 물과 불이 필요하다. 물과 불은 음양이며 정신과 물질이다. 물과 불의 양과 질의 조화가 긴요하다. 물과 불, 정신과 물질, 음과 양이 조화로울 때 비로소 상생의 길 즉 미륵하생의 세상이 열릴 것이다.

2) 금산사 미륵전의 입지 분석

금산사의 주산은 모악산이다. 모악산에서 서쪽으로 길게 뻗어 내린 용맥의 끝자락이 펼친 곳에 금산사가 자리하고 있다(아래 왼편 그림). 금산사를 중심으로 모악산은 커다란 국을 형성하고 있다. 모악산에서 발원한 물은 모두 황해로 흐른다. 금산사의 물은 한 번도 뒤돌아보지 않고 곧장 서쪽을 향해 흐른다(아래 오른편 그림).

 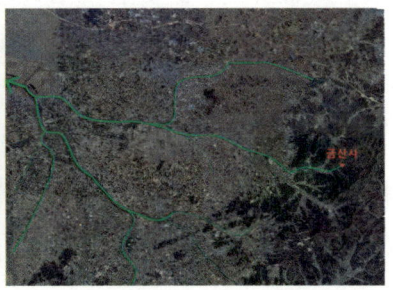

금산사는 미륵보살의 상생공간인 송대(금강계단 부분)와 미륵불의 하생공간인 금당(미륵전)이 상하 2단으로 조성되어 미륵전을 주법당으로 동좌서향(東坐西向)의 가람 배치를 하였으나 후백제와 고려 시대에 중창하면서 금강계단과 탑 그리고 당간지주로 이어지는 남북축선의 가람 구조로 확장되었을 것으로 본다.[325]

   금산사 지형은 미륵전을 중심으로 자리한 주요 부분을 터의 좌우 물이 합수하여 흘러 나가는 쪽으로 길게 늘어진 부분이 받치고 있다(위 왼편 그림). 터는 물[勢]이 흘러 나가는 남서쪽이 충분히 감싸지 못해 내부 기운이 끊임없이 밖으로 흘러 나가고 있어 설기에 대한 비보가 긴요하다.

   금산사의 혈은 미륵전의 중심에 자리한 미륵 본존불(그 아래 쇠솥[鼎] 좌대)에 맺혀 있다(아래 왼편 그림). 혈은 모악산에서 길게 뻗어 내려온 용맥의 기운이 직입하여 맺힌 경우다.326) 혈은 적멸보궁 뒤편(두뇌)에서 좌우로 분기한 보조 용맥이 좌우에서 혈처를 감싸 보호하면서 결혈 조건을 갖추게 된 것으로 보인다. 좌수도우(左水到右)하는 이러한 당판에서는 물이 나가는 우측을 받쳐주는 보조 용맥의 역할이 긴요하다(아래 오른편 그림)327).

미륵전의 좌향은 배산임수를 기준으로 하지 않고 용맥의 흐름과 직교하는 서향이다. 서향은 앞의 물이 터를 지나 좌수와 비록 합수하지만 결국은 달아나고, 앞산이 균형을 갖추지 못하고 물이 나가는 쪽으로 기울어져 더 부정적이다.

미륵전의 배치는 기맥의 흐름과 완전히 일치하지는 않는다. 이에 비해 송대에 자리한 금강계단은 대체로 배산임수에 준해 남향하고 있다. 송대는 혈을 보호하는 우측 보조용맥의 둔덕으로 금강계단이 송대에 자리함으로써 미륵전에 맺힌 혈로 연결되는 기맥의 흐름을 저해하지는 않는다.

다. 미륵 할머니

현시대를 살아가는 사람들이 알 수 없을 만큼 오래전부터 금산사 초입에 미륵 할머니를 모신 조그마한 전각이 있었다. 그 안에 돌로 만든 미륵 할머니 석상이 있었다. 소위 기도발이 좋은 곳으로 소문이 나면서 전국에서 무인(巫人)을 비롯하여 수많은 사람이 찾아와 소원을 빌며 기도하였다고 한다. 필시 궁핍하거나 소외당하는 중생이 찾아와 소원 성취를 염원하거나 한풀이 기도처로 인기가 높았던 모양이다. 그런데 지금은 전각과 미륵 할머니 석상을 금산사 경내로 옮겨 놓아버렸다. 어떤 연유로 옮겼는지는 짐작할 뿐이다. 아마도 미륵 할머니를 찾아오는 사람들이 많아지면서 금산사 측에서 나름의 조치를 취한 것으로 여겨진다.

그렇게 많은 사람이 찾아왔다는 미륵 할머니가 있었던 자리는 풍수적으로 어떤 자리일까? 현장을 찾아가 본다. 전각이 사라진 자리에 주위 돌들을 모아 쌓은 것으로 보이는 자그마한 돌탑이 있다. 용진처다. 비록 물이 나가는 쪽을 막는 우백호가 없어 바람의 영향이 많은 곳이라 바위가 병풍을 펼쳐 만든 터이지만 혈이 맺혀 있다. 지금은 상가단지로 개발되어 확인할 수 없지만 아마도 터의 기운을 보호하는 나지막한 사가 터의 우측을 받치고 있었을 것이다.

미륵 할머니는 금산사 미륵전 혈을 보호하는 우백호 끝자락에 맺힌 혈처에 자리하여 미륵전 문지기 역할을 수행하고 있었던 것은 아닐까(아래 왼편 그림)? 인자하기 그지없는 미륵 할머니는 아직도 미륵 세계인 금산사 도솔천과 용화 성지에 인연하지 못한 하근기의 중생을 구제하는 미륵보살이 아니었을까? 만약에 미륵 할머니가 온전히 혈처에 자리하지 못하였다면 그 모든 사명을 다할 수 있었을까?

혈처에 자리하여 당당히 소명을 다하는 미륵할머니를 비혈지로 옮겨 민초의 풀뿌리 미륵신앙을 해코지하는 근본적인 이유는 무엇일까? 금산사 혈처의 미륵전이 미륵신앙의 산실이라면 혈처로 빛나던 미륵 할머니는 지극 정성으로 기도하는 하근기 중생[민초]을 위로하고 용화세계로 이끄는 진정한 미륵보살이 아니었을까?

라. 모악산의 혈처

필자는 오래전에 모악산정 부위에 티벳불교 세계평화의 보병을 안장한 인연이 있다. 그 때문일까? 수시로 모악산을 찾아간다. 모악산자락에는 강증산의 득도처로 알려진 대원사를 비롯하여 그의 외동딸이 그의 체백을 안장하고 증산 미륵불을 봉안한 증산법종교 본부가 소위 오리알터[鴨卵基]에 자리하고 있다. 이처럼 모악산 권역에는 미륵신앙과 관련된 자리가 여기저기 산재해 있다. 여기서는 혈처에 자리한 곳을 위주로 그 위치만 소개한다. 소개하는 자리에는 모두 혈이 맺혀 있다. 주법당이나 주 건물이 혈에 자리하고 있는 경우도 있지만 그렇지 않은 곳도 있다.

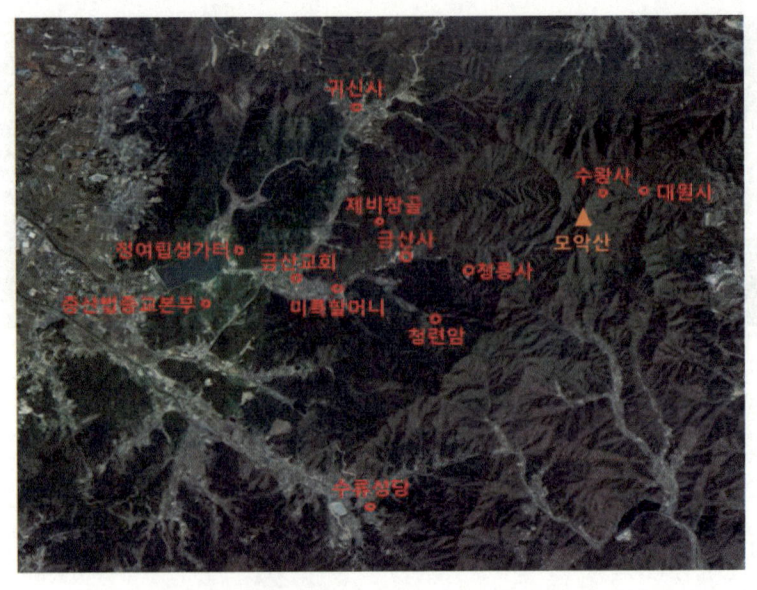

장소명	혈처 주법당:○ 주법당외:●
금산사	○ * 미륵전
귀신사	○ * 대적광전
대원사	●
수왕사	●
청룡사	●
청련암	●
수류성당	○
증산법종교본부	○ * 천하전
미륵할머니	○
정여립 생가터	○
제비창골	●
금산교회	○

4. 혈과 스님

가. 경허스님: 동학사·천장사

경허스님은 우리나라 근대 선불교의 중흥조이다. "스님의 속성은 송(宋)씨, 본관은 여산(礪山), 법명은 성우(惺牛)이며 법호는 경허(鏡虛)"이다.329) 9세 때 부친이 돌아가면서 어머니를 따라 경기도 의왕시 소재 청계사(淸溪寺)에서 계허(桂虛)스님을 은사로 출가하여 사미계를 받는다.

14세 때 유학자인 박처사(朴處士)로부터 처음으로 문자를 익힌다. 그해 계허스님이 환속하면서 경허는 계룡산 동학사(東鶴寺)에 있는 만화보선(萬化普善) 강백에게 천거된다. 경허스님은 동학사에서 불교의 교리와 유교 경전 심지어 노장(老莊)사상까지 두루 섭렵하여 23세(1868년)에 동학사 강원의 강사로 추대된다.

1879년 첫 은사였던 계허를 찾아가던 길에 모진 풍우(風雨)를 만나 민가에 머물러 피하려 하였으나 악성 호열자(콜레라)로 시체가 널려 있는 참혹한 상황에서 생사의 절박함을 깨닫고 선(禪)의 길로 회심(回心)한다. 동학사로 돌아와 강원을 폐쇄하고 학인을 모두 해산시킨 뒤, 방문을 닫은 채 참선을 시작한다. 영운지근(靈雲志勤) 선사의 '나귀의 일도 가지 않았는데, 말의 일이 닥쳐왔다(驢事未去馬事到來)'라는 화두를 참구 중 3개월 만인 11월 보름께 한 사미승의 '소가 되어도 콧구멍 뚫을 곳이 없다(爲牛則無穿鼻孔處)'라는 말에 활연 대오(豁然 大悟)한 후 이듬해 봄에 연암산 천장사(燕巖山 天藏寺)로 옮겨 보임(保任)에 들어가 일대사(一大事)를 마치고 6월 주장자를 꺾어 던지며 다시 오도가(悟道歌)를 읊은 뒤 전등 연원(傳燈 淵源)을 밝힌다. 경허스님의 「오도가(悟道歌)」는 다음과 같다.

사방을 돌아보아도 사람이 없으니,
의발(衣鉢)을 누가 전하랴, 의발을 누가 전하랴.
사방을 돌아보아도 사람이 없네.
봄 산에 꽃이 활짝 피고 새가 노래하며,
가을밤에 달이 밝고 바람은 맑기만 하다.
정녕 이러한 때에 무생(無生)의 일곡가(一曲歌)를 얼마나 불렀던가?
일곡가를 아는 사람 없음이여,
때가 말세더냐, 나의 운명이던가, 또한 어찌하랴.
...
슬프다. 어이하리!
대저 의발을 누가 전하리?
사방을 돌아보아도 사람이 없구나.
사방을 돌아보아도 사람이 없으니,
*의발을 누가 전하리.*330)

1884년(39세) 10월 초순 어느 날, 동학사에서 제자 도암(道岩, 훗날 滿空)을 처음 만난다. 당시 도암의 나이는 14세였다. 도암을 천장암으로 보내 그해 12월 8일 태허화상을 은사로, 경허스님 자신이 계사(戒師)가 되어 월면(月面)이라는 법명과 사미계를 수여한다. 이처럼 스님은 만공(滿空)·혜월(慧月)·한암(漢岩)·수월(水月) 등 많은 제자승을 배출해 낸다. 그들은 경허스님의 뒤를 이어 우리나라 불교계에 종장(宗匠)으로서 크게 영향을 끼쳤으며 오늘날에도 그 문하승이 불교계에 다수를 차지하고 있다.

이후 경허는 장발유복(長髮儒服)으로 함경도, 평안도(주로 평안북도 강계(江界)·위원(渭原), 함경남도 삼수(三水)·갑산(甲山)·희천(熙川) 등지)로 자취를 감춘 뒤, 스스로 이름을 박난주(朴蘭洲)라고 지었으며 머리를 기르고 선비 갓을 쓰고 변신한 뒤, 서당에서 훈장을 하며 김탁(金鐸)·김수장(金水長) 등의 친지들과 술을 마시기도 하고 시를 짓고 소일하며 세간의 풍진(風塵) 속에 자신을 묻어버렸다.

경허의 나이 67세 때인 1912년 4월 25일 함경남도 갑산군 웅이

방(熊耳坊)에서 죽음을 맞이하기[示寂] 직전에 마지막으로 일원상(一圓相)을 그린 위에 다음과 같은 임종게(臨終偈)를 남기고 입적하였다.

외로이 홀로 밝은 마음의 달
온누리의 빛을 머금었구나.
그 달빛 온누리와 함께 사라졌으니
이는 다시 무엇인가?331)

1) 동학사와 경허스님

724년(성덕왕 23) 상원(上願)이 암자를 지었던 곳에 회의(懷義)가 절을 창건하여 청량사(淸凉寺)라 하였고, 920년(태조 3) 도선(道詵)이 중창한 뒤 태조의 원당(願堂)이 되었다. 936년 신라가 망하자, 대승관(大丞官) 유거달(柳車達)이 이 절에 와서 신라의 시조와 충신 박제상(朴堤上)의 초혼제(招魂祭)를 지내기 위해 동학사(東鶴祠)를 지었고, 사찰을 확장한 뒤 절 이름도 동학사(東鶴寺)로 바뀌었다.

이 절의 동쪽에 학 모양의 바위가 있어, 또는 고려의 충신이자 동방이학(東方理學)의 조종(祖宗)인 정몽주(鄭夢周)를 이 절에 제향하여, 또는 동쪽진인출현(眞人出於東方)에서 '동(東)'자와, 푸른 학이 보금자리를 찾아가는 형국(寺版局靑鶴歸巢形)에서 '학(鶴)'자를 따서 '동학사'로 명명하였다는 설이 함께 전해진다.

1394년(태조 3) 고려의 유신(遺臣) 길재(吉再)가 동학사의 승려 운선(雲禪)과 함께 단(壇)을 쌓아서 고려 태조를 비롯한 충정왕·공민왕의 초혼제와 정몽주의 제사를 지냈다. 1399년(정종 1) 고려 유신 유방택(柳芳澤)이 이 절에서 삼은(三隱) 정몽주·이색(李穡)·길재의 초혼제를 지냈으며, 다음 해 이정한(李貞翰)이 공주 목사로 와서

단의 이름을 삼은단(三隱壇)이라 하고, 또 전각을 지어 삼은각(三隱閣)이라 하였다.

1457년(세조 3) 김시습(金時習)이 조상치(曺尙治)·이축(李蓄)·조려(趙旅) 등과 더불어 삼은단 옆에 단을 쌓아 사육신의 초혼제를 지내고, 이어서 단종의 제단을 증설하였다. 다음 해에 세조가 동학사에 와서 제단을 살핀 뒤 단종을 비롯하여 정순왕후(定順王后)·안평대군(安平大君)·금성대군(錦城大君)·김종서(金宗瑞)·황보인(皇甫仁)·정분(鄭苯) 등과 사육신, 그리고 세조 찬위(簒位)로 원통하게 죽은 280여 명의 성명을 비단에 써서 주며 초혼제를 지내게 한 뒤 초혼각(招魂閣)을 짓게 하였다. 그리고 인신(印信: 도장)과 토지 등을 하사하였으며, '동학사'라고 사액하고 승려와 유생이 함께 제사를 받들도록 하였다.

1728년(영조 4) 신천영(申天永)의 난으로 절과 초혼각이 모두 불타 없어졌고, 1785년(정조 9) 정후겸(鄭厚謙)이 위토(位土)332)를 팔아버리자, 제사가 중단되기도 하였다. 1814년(순조 14) 월인(月印)이 예조에 상소하여 10여 칸의 사옥과 혼록봉장각(魂錄奉藏閣)을 세웠고, 1827년 홍희익(洪羲翼)이 인신을 봉안하는 집을 따로 지었으며, 충청좌도 어사 유석(柳奭)이 300냥을 내고 정하영(鄭河永)이 제답(祭畓)을 시주하여 다시 제사를 베풀었다.

1864년(고종 1) 봄에 금강산에 있던 만화보선이 주재하면서 옛 건물을 모두 헐고 건물 40칸과 초혼각 2칸을 지었는데, 초혼각은 1904년 숙모전(肅慕殿)으로 이름이 바뀌었다.333)

동학사는 신라-고려-조선왕조를 거치면서 불교와 유교가 공존해 왔다. 이러한 동학사의 특이한 환경은 14세에 이곳에 내려와 본격적인 공부를 시작한 경허에게 유-불-도의 다양한 지식을 두루 섭렵할 수 있게 하여 이후 그의 사상에 영향을 끼치게 된다.

동학사에서 경허는 9년간의 강원 수업을 마친 후 약관 23세(1868년)의 나이에 동학사 강원의 강사가 된다. 1871년(高宗 8) 동학사 강원 제3대 강백으로 취임하여 강의한 지 8년째인 1879년 경허는 환속한 계허를 찾아가다 콜레라가 창궐한 마을을 지나면서 생사의 절박함을 깨닫고 즉시 동학사로 돌아와 강원을 닫고 당시 조실방(祖室房: 지금의 실상선원)에서 정진하여 1879년 11월 15일에 깨달음을 얻는다. 이때 "마음밖에 법이 없고, 눈에 흰 달빛이 가득하네, 높은 산 흐르는 물 소나무 아래 여울지고, 긴 긴 밤 맑은 하늘 아래서 무엇을 할꼬"334)라는 오도송을 남긴다.

2) 동학사의 혈처와 경허스님 득도처 풍수

동학사의 종산은 계룡산이다. 계룡산의 일맥이 쌀개봉-관음봉을 거쳐 삼불봉을 세운다. 삼불봉에서 분기하여 남동으로 낙맥한 용맥의 끝자락에 동학사가 자리하고 있다. 주변 산세가 높고 경사가 심하고 계곡이 깊다. 넓지 않은 사찰 영역은 앞의 높고 가파른 산세에 압(壓)을 받을 수 있다.

삼불봉에서 낙맥하는 용맥은 암석으로 형성된 거칠고 강한 기운이다. 거친 기운이 가파르게 떨어져 물의 경계를 이삼백 미터 앞두고 상대적 평지에서 호흡을 고르며 살기를 떨어낸다. 동학사 영역은 산이 높은 것만큼 골도 깊어 용맥은 살기를 온전히 떨어내지 못한 채 주법당인 대웅전이 자리한 곳으로 굽어들어 혈을 맺는다. 동학사 터를 만든 용맥처럼 끝이 두 갈래로 나누어질 때는 그 가운데 부분으로 기운이 직입하여 혈을 맺는데 여기서는 안쪽(우측) 용맥을 따라 짧게 떨어져 혈을 맺고 바깥쪽(좌측) 용맥이 보다 길게 뻗어 안쪽의 혈을 보호하는 형세다. 그러나 당판을 자세히 살펴보면 왼쪽 능선이 가끼이서 충분히 길게 뻗어 혈을 긴밀하게 안아주지 못하고 있다(아래 우측 사진).

이처럼 충분히 관쇄가 되지 않아 당내 기운이 천천히 빠져나가는 곳에서는 쉽게 혈을 맺을 수 없다. 이러한 지역은 혈처 앞으로 물이 순수하는 지역과 마찬가지로 간룡과 같이 용맥에 내재 된 기운이 크고 그 근원이 길어야 한다. 다행히 동학사로 떨어지는 용맥은 그 세력이 강하고 근원이 멀 뿐만 아니라 국의 크기가 작아 혈을 맺을 수 있게 되었다.

따라서 이러한 곳에서는 내부 기운이 쉽게 설하지 않고 보호될 수 있도록 건물의 배치와 좌향 그리고 진입로와 출입구까지 풍수적인 고려가 있어야 한다.

현재 혈처에 자리한 대웅전을 중심으로 당처의 상황을 보면 납기335)가 들어오는 곳이 건물로 막혀 있고 대웅전의 좌향이 물이 나

가는 쪽으로 조금 틀어져 있을 뿐만 아니라 경내 출입구도 대웅전 앞마당의 왼편 앞쪽에 있어 당내 기운이 쉽게 빠져나가는 상태로 보인다.

  득도처인 실상선원은 반듯하게 좌우 균형을 갖춘 현무의 품 안에 자리하고 있다. 상당히 넓게 조성되어 큰 건물이 들어서면서 당판의 본래의 지형이 사라져 버려 현상적 설명을 주로 한다. 우선 결혈 여부를 확인하기 위해 잔존하는 본래 지형에 기대어 추맥으로 결혈 여부를 확인한다. 혈이 선원 건물 바로 뒤편에 자리하고 있다. 선원은 혈장의 중심을 차지하지는 못하였지만, 혈장에 자리하고 있는 셈이다.

  선원이 자리하고 있는 터의 세(勢)가 빠져나가는 부분을 대웅전으로 떨어지는 외청룡이 감싸고 있지만 충분하게 높지 않다. 그래서 선원 앞 왼편에 비보숲을 조성하여 세(勢)가 나가는 부분을 막아주고 있다. 터가 물에서 다소 떨어져 있고 향(向)도 물이 흘러 나가는 쪽을 보면서 안산이 멀어져 대웅전처럼 압(押)을 하지 않아 편안하다.

3) 천장암과 경허스님

천장암(天藏庵, 현재는 '천장사'로 불림)은 충남 서산시 고북면 장요리 연암산(燕巖山)에 소재한다. 천장암의 역사는 633년(백제 무왕 34년)에 담화대사(曇和大師)가 제자와 함께 수도하기 위해 창건하였다고 전하나 관련 기록은 찾아볼 수 없다.336) 천장암은 경허스님이 주재하면서 수행처로 거듭난다. 대도를 성취한 동학사(東鶴寺)가 '득도 인연처'라면 천장암은 '보임 인연처'로 우리나라 근대 선불교의 불씨를 되살린 역사적 현장이다. 스님은 동학사에서 오도한 이듬해 1880년 봄 천장암으로 거처를 옮겨 1년 반을 보임(保任)한다.

천장암은 '하늘이 감춘 암자'이다. 주산인 연암산의 품에 안겨 있다. 연암산은 제비 바위의 산으로 그 최상처에 자리한 천장암은 연소혈(燕巢穴: 제비집)337)이다. 이런 천장암에서 경허스님은 고행 정진하였다.

上慈庵居士書: 자암거사에게 보내는 글
천장암이 좋다고 함은 한쪽은 산이요 한쪽은 바다라 비록 그러하나 경치를 구경하려는 사람들만 올 수 없는 것이 아니라 통인달사(通人達士)도 교섭할 수가 없다. 통인달사들만 교섭할 수 없는 것이 아니라 부처와 조사도 오히려 그러하다. 괴롭고 괴롭도다, 이곳을 어찌 가히 말할 수 있으랴 … 수행하는 모양은 도무지 없고 다행히 두세 명의 도반이 있어 산가(山歌) 야곡(野曲)을 함께 부르니 얼마나 다행한 일이랴. …338)

스님은 산중 수행의 인고에 대해 넋두리한다. 글 중 두세 명의 도반은 삼월(三月)인 수월(水月), 혜월(慧月), 만공(滿空)스님으로, 1882년 수월의 천장암 출가와 이듬해 혜월이 정혜사로부터 건너오고 그해 겨울에 만공이 동학사로부터 합류하여 천장암에서 경허스님을 시봉하며 함께 수양하고 공부하였다. 경허스님이 천장암에 보임하면서 읊은 풍수시(風水詩)다.

「청산에 노닐다」
산 절로 푸르니 물 절로 녹빛이다
맑은 바람 떨치니 흰 구름 돌아가네
종일토록 바위 위에 앉아 노니니
스스로 버린 세상 또 무얼 바랄까339)

 경허스님은 천장암에서 자유인으로서 깨달음의 경지를 바람과 물[風水]로 노래한다. 경허스님은 이곳 천장암에서 보임과 수행을 마친 후 시공을 초월한 '겁외가(劫外歌)'를 읊고 하산한다.

4) 천장암 풍수

 천장암은 연암산을 주산으로, 남쪽으로 뻗어 내린 가장 속등의 진처(盡處)에 자리한다. 천장암을 감싸는 보국은 종적(남북방향)으로 긴 타원 모양으로 형성되어 있다. 연암산에서 떨어진 용맥은 ㄴ모양의 건물 중심으로 들어와 혈을 맺고 있다. 바로 '천장암'이라 명찰을 단 건물이다. 혈처는 높은 곳에 자리하지만, 좌우 균형을 갖추며 주위 산세와 조화를 이루고 있다.

혈처로 떨어지는 용맥(입혈부)　　입혈부에서 본 혈처의 건물

나. 성철스님: 성전암·백련암

퇴옹 성철(1912~1993)은 합천 이씨 종가의 종손이며 7남매(4남 3녀)의 장남으로, 1912년 음력 2월 19일에 경남 산청에서 부(父) 이상언과 모(母) 강상봉 사이에서 출생하였다. 속명은 영주(英柱)이다. 유학자 집안에 태어난 그는 어려서부터 건강이 좋지 않아 대원사에 자주 요양하러 갔었는데 스무 살 때 영가(永嘉) 현각(玄覺)의 증도가(證道歌)와 대혜(大慧) 종고(宗杲)의 『서장(書狀)』을 접하고 불교에 본격적인 관심을 갖는다.

그는 대원사에서 '구자무불성(狗子無佛性)'을 화두로 24시간 잠자지 않고 참선 수행하는 용맹정진을 통하여 42일 만에 깨어있는 동안 화두가 여일한 동정일여(動靜一如)을 경험한 후 대원사의 본사인 해인사로 옮겨간다.

1936년(25세) 3월, 하동산을 은사로 계를 받고 성철(性徹)이라는 법명으로 출가송을 남긴다.340) 그 이듬해(1937년, 26세) 범어사에서 운봉화상으로부터 비구계를 받고 용성문중의 맥을 잇는다.

1940년 동화사 금당선원 하안거 중 '꿈속에도 깊은 잠 속에서도 화두를 놓지 않는 오매일여(寤寐一如)'를 경험하고 그해 여름 세속 나이 스물아홉, 승랍 3년에 문득 자신의 본래면목(本來面目)을 보아 오도송을 읊는다. 그 후 금강산 마하연으로 떠나면서 성철은 자신의 경지를 점검해 간다. 송광사에서 서적을 통해 보조 지눌과 수덕사의 정혜사에서 만공, 그리고 효봉 등 당대 선지식을 친견하며 자신의 경지를 점검하지만, 누구에게도 인가를 받지 않는다.

그 후 복천암과 도리사를 거친 후 대승사에서 수행하면서 청담을 만난다. 1947년 겨울, 한국불교를 재건하고자 청담과 '봉암사 결사'를 주도하였으나 한국전쟁으로 무산된다.

1951년 성철은 경남 통영 안정사 근처에 초가 세 채의 토굴[闡提窟]에 주석한다. 그 후 문수암-운봉암-성수사 등에 안거한다. 1955년 성철스님은 파계사 성전암으로 들어가 10년 동안 산문불출 수행 후 1965년 김용사에서 최초로 대중에게 법문을 설한다.

1967년 해인총림의 초대 방장이 되어 해인사 대적광전에서 백일법문을 설한다. 이후 26년간 해인총림의 방장으로 퇴설당과 백련암에 머물면서 조계종 6대, 7대 종정을 역임한다. 그리고 1993년 11월 해인사 퇴설당에서 열반송을 남기고 입적한다.

1) 백련암과 성철스님

백련암(白蓮庵)은 해인사 소속 가야산 암자 중에서 가장 높은 곳에 자리하고 있다. 창건자 및 창건 시기는 전해오고 있지 않다. 경암(1743~1804)이 지은 『해인사 백련암 중창기』에 의하면 1605년에 서산문인 소암대사가 중건하였고, 1608년에 송운대사가 기와공사를 마쳤으며 1667년에 일헌 등이 뒷마무리하였고, 1795년 해명당이 광풍루와 조실채(두 건물 모두 현존하지 않음)를 신축하였다고 전해진다.

성철스님은 백련암에서 23년간 주석하였다.

2) 백련암 풍수

백련암의 종산은 가야산이다. 가야산 정상 칠불봉(1,443m)에서 출맥하여 남진-남서진하여 떨어진 곳에 백련암이 자리하고 있다. 하얀 연꽃처럼 밝게 빛나는 암석이 백련암을 감싸고 있다. 암자터의 중심으로 맥이 떨어져 오래 묵어 아름답게 빛나는 원통전에 혈을 맺는다(아래 그림).

입혈부 　　　　　　　　　래룡과 원통전

원통전은 1687년(숙종 13) 환적스님이 신축하였고, 뒤에 응해(應海)스님이 중건하였다고 한다. 원통전의 주련341)은 인파대사(?~1846)의 임종게로 알려져 있다.

3) 성전암과 성철스님

성전암은 대한불교조계종 제9교구의 본사인 동화사에 속하며, 파계사(把溪寺) 부속 암자이다. 창건연대는 미상이나, 1695년(숙종 21)에 현응(玄應)이 중창하였고, 1915년에 대사 보령(保寧)이 중건한 것으로 전해온다.342) 조사 현응이 영조 탄생을 위하여 백일기도를 하였던 곳으로 영조는 감사의 의미로 11세 때 현응전(玄應殿)이라는 현판을 만들어 성전암으로 보냈다. 현재 성전암은 참선도량이다.

이곳 성전암에서 성철스님은 1955년부터 10년 동안 동구불출(洞口不出)하며 수행하였다.

4) 성전암 풍수

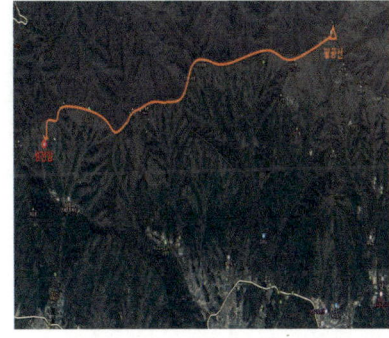 

성전암의 종산은 팔공산이다. 팔공산에서 서쪽으로 출맥한 1간룡이 삼갈래봉과 도각봉의 중간지점에서 분기하여 남으로 뻗어내려 혈을 맺는다. 용맥의 끝자락, 혈처에 성전암의 주 건물인 선방이 자리하고 있다. 상당히 높은 곳이다. 혈은 암맥이 펼친 암반 위에 맺혀 있다. 소위 연소혈이다.

선방으로 떨어지는 암맥   제비혈 선방

성철스님이 주석한 백련암과 성전암은 모두 혈처에 자리하고 있다. 두 곳 모두 상당히 높은 곳에 자리하며 용맥의 끝에 매달려 있는 현유혈의 모습이다. 특히 두 곳 모두 간룡이 직입하지 않고 분기된 가지룡이 떨어져 혈을 맺고 있다. 이점은 높은 산악지대의 강하고 거친 기운이 아직은 제대로 탈사(脫卸)되지 않아 기운의 순화를 위해 제3의 용맥인 삼족맥을 분기하여 혈을 맺는 것과 유사한 특징으로 보인다.

다. 법정스님: 불일암

법정(法頂)스님은 1932년 전남 해남 바닷가에서 태어났다. 그의 속가 이름은 박재철(朴在喆)이다. 1954년에 출가를 결심하면서 안국동 선학원에서 은사 효봉을 만난다. 그와 대화를 나눈 뒤 그 자리에서 삭발하고 환복하였다. 다음 날 통영 미래사로 입산해 행자 생활을 시작한다. 이듬해인 1955년 사미계를 받은 법정은 지리산 쌍계사에서 정진한다. 1959년에는 통도사에서 비구계를 받았고, 해인사 전문강원에서 대교과를 졸업한다. 1960년 통도사에서 『불교사전』 편찬 작업에 동참하였고, 1967년 서울 봉은사에서 운허스님과 불교 경전을 번역하며, 〈대한불교〉, 〈경향신문〉, 〈서울신문〉, 〈동아일보〉 등 일간신문과 〈신동아〉, 〈여성동아〉, 〈기독교 사상〉 등 잡지에 글을 기고한다. 기독교 모임에서도 강연하며 함석헌이 주도했던 〈씨올의 소리〉 편집위원으로 활동하며 사회 민주화 운동에 참여한다. 1971년에는 민주수호국민협의회 결성에 참여하였고, 유신 철폐 개헌 서명 운동에도 참여한다. 1970년에는 <불교신문> 편집국장을 맡는다. <불교신문>에 기고한 글 중에 월남전 파병을 반대하는 글(1972)로 인해 <불교신문> 주필 자리에서 물러나지만, 1973년에 수상록인 『영혼의 모음』을 출간한다.

1975년 제2 인혁당 사건을 겪으면서 서울을 떠나 불일암으로 향한다. 1976년 4월에 법정은 자신의 대표적인 수필집 『무소유』를, 1978년에는 『서 있는 사람들』이라는 수상집을 발간하며 군사독재 정권과 사회의 부조리를 비판하기도 했다. 불일암에 머물면서 송광사와 관계된 일도 맡았는데 1984년부터는 송광사 수련원장을, 1987년부터 1990년까지 보조사상 연구원 원장직을 수행한다.

1992년 강원도 산골 오두막으로 떠날 때까지 무소유의 삶을 실천하다, 1997년 서울 성북동에 길상사를 창건하여 주석하고 2010년 3월 11일 향년 77세, 법랍 55세로 열반하였다.

1) 불일암과 법정스님

불일암은 조계산 송광사 소속 암자다. 불일암(佛日庵)은 1975년 법정스님이 봉은사 다래헌에서 내려와 송광사 16국사 중 제7세인 자정국사(慈靜國師, 1293-1301)가 창건했던 자정암(慈靜庵) 폐사지에 건물을 새로 올려 불일암(佛日庵)이라고 명명하고 편액(扁額)을 걸었다. '불일'은 보조국사의 시호 '불일보조국사(佛日普照國師)'에서 따왔다.

> *1975년 칠성스님이 머물다 떠난 뒤로는 비어 있었다. 자정암 시절의 암자 모습을 기억하는 사람은 많지 않다. 서울 봉은사 다래헌에 계시던 법정스님께서 재출가의 의지로 몇 군데 토굴 터를 둘러보시고는 자정암에 오르셨다. 남향으로 햇볕이 좋고 샘물도 맛이 좋았다. 마침, 매화가 향기를 뿜어내고 있었다. 당시 법정스님께는 샘터사로부터 받은 원고료 250만 원이 있었다. 그 돈을 건축 자금으로 하여 불일암 불사가 시작되었다. 낡은 자정암 건물을 헐어내고 쓸 만한 목재와 기와를 수습하여 지금 식당채로 쓰이는 하사당을 지었다.*
>
> *불일암 본체는 팔작지붕으로 14평이다. 법정스님께서 직접 설계하셨다. 예불공간과 명상실이 있고, 책 읽고 글을 쓰는 서재가 있다. 또 작은 다실이 있고 군불 지피고 더운물 사용하는 정재간이 있다. 정재간 다락은 책을 정돈해 두는 서재로 사용하였다. … 불일암 본체를 지을 목재와 기와는 인부를 동원하여 등짐으로 져 나른 것이다. 길부터 개설하고 자재를 나르는 요즘의 방식이 아니라 옛길을 보존한 채 2Km 거리를, 등짐을 져서 목재 하나 기와 한 장이 불일암까지 올라온 것이다. 마침내 1975년 11월 2일, 효봉 노스님의 기일에 맞추어 불일암 낙성을 가졌다. 그날 수계식을 했으니 나와 불일암의 출가 나이가 같은 것이다. 그때 심은 후박나무 묘목이 고목으로 자랐다. 손수 심은 나무 아래 스님의 유해가 뿌려졌다.*[343]

법정스님은 1975년부터 강원도 오두막으로 떠나는 1992년까지 17년의 세월을 불일암을 주 거주처로 머물렀다.

2) 불일암 풍수

　불일암은 조계산을 주산으로 한다. 호남정맥은 유치산-오치산-점치(재)를 지나 조계산을 세운다. 불일암은 점치(재)를 지난 호남정맥이 조계산을 500여 미터 앞에 두고 서쪽으로 분기·출맥하여 주암호에 이르는 용맥 상에서 마지막 기봉처(해발 400봉)를 앞두고 분기하여 남서로 떨어지는 상대적 지룡의 끝자락 평지에 자리하고 있다.
　터의 물이 흘러 나가는 쪽을 우백호가 충분히 감싸면서 균형을 갖춘 장풍국이다. 터 앞 전순 아랫부분에 해당하는 밭두렁이 건물이 소재한 안쪽으로 휘어 있다. 내부의 기운이 끝나고 있음을 알 수 있다. 핵심은 '혈을 맺을 수 있는 기운이 건물까지 내려와 있느냐?'이다.

　　터 앞 밭두렁　　　　　건물 뒤로 내리꽂는 급경사 용맥

　건물 뒤에 내리꽂는 급경사의 산줄기가 보인다. 지각일까 용맥일까? 용맥이면 혈을 맺을 수 있는 기운을 내재하고 있을까?

 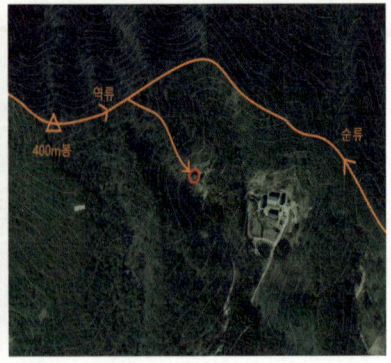

　추맥을 통해 입혈 기운과 결혈 여부를 점검해 본다. 기운이 내려와 혈을 맺고 있다. 어떻게 이러한 용맥에서 혈을 맺을 수 있을까?
　불일암으로 떨어지는 용맥을 역추적하면 상대적 간룡에서 분기되어 내려오는 것을 확인할 수 있다(위 그림). 분기 지점의 출맥 방향을 보면 높은 산에서 오는 순류의 진행 방향이 아니라 400m봉에서 역류하는 기운이 떨어지는 형세이다.
　이처럼 상대적 간룡에서 횡으로 떨어지는 상대적 지룡(가지룡)에 혈이 맺히기 위해서는 순류와 역류의 기운이 충돌하는 지점에서 분기 출맥하는 용맥이라야 가능하다. 즉 멀리서 달려오는 상대적으로 강한 순류의 기운과 마지막 기봉처에서 역류하는 기운이 부닥치는 지점에서 파생하는 기운이 만든 용맥이라야 상대적 간룡의 기운이 공급되어 혈을 맺을 수 있게 된다. 그 지점은 순류와 역류의 기운의 세기에 의해 결정된다.

라. 서암스님: 원적사

서암스님(西庵, 1914~2003)의 속성은 송(宋), 본명은 홍근(鴻根)이고, 법명도 본명과 같은 홍근(鴻根)으로 경상북도 영주시 풍기읍 금계동 506번지에서 출생하였다. 서암은 부친 송동식(宋東植)과 모친 신동경(申東卿) 사이에서 5남 1녀 중 셋째로 태어났다.

서암은 어린 시절 동네 서당과 단양의 대강보통학교, 예천의 대창학원 등에서 한학(漢學)과 신학문(新學問)을 배웠다. 1928년에는 경상북도 예천 서악사 화산(華山)스님의 문하에서 행자 생활을 하였고, 1932년 그가 19세 때 김룡사에서 낙순화상을 계사(戒師)로 사미계(沙彌戒)를 받았다. 이후 서암은 김룡사 강원에서 수학하고, 1935년 김룡사에서 금오(金烏)스님으로부터 비구계(比丘戒)와 보살계를 받았다. 1938년 강원을 졸업한 그는 유학을 떠나 일본 니혼대학[日本大学] 종교학과에 입학하였다. 그러나 1940년 폐결핵 말기라는 진단을 받고 3학년을 끝으로 중퇴하여 귀국하게 된다.

귀국 후 서암은 1년 동안 대창학원에서 학생을 지도하였고, 1941년에는 김룡사 선원에서 참선 정진하였다. 이듬해 봄부터 1년 동안 강원도 철원 심원사에서 화엄경을 강의하였다. 1944년 여름에는 금강산의 마하연과 신계사에서 정진하며 병마를 물리쳤다. 그해 가을 서암은 묘향산과 백두산을 거쳐 문경 대승사의 바위굴에서 성철(性徹)스님과 함께 정진하였다.

광복의 해, 1945년 서암은 예천 포교당에서 불교청년운동을 전개하였으며, 1946년에는 계룡산의 나한굴(羅漢窟)이라는 천연동굴에서 용맹정진한다. 계룡산에서 내려온 뒤에도 그는 만공(滿空)스님의 회상인 정혜사와 한암(漢岩)스님의 회상인 상원사 그리고 해인사, 망월사, 속리산 복천암, 계룡산 정진굴, 대승사 묘적암 등지에서 정진을 계속한다. 1946년부터 1948년까지 서암은 금오화상과의 인연으로 지리산 칠불암, 광양 상백운암, 보길도 남은암, 계룡산 사자암

등지에서 정진하였다.

서암은 한국 전쟁이 한창이던 1951년부터는 비어 있던 문경 원적사(圓寂寺)로 가서 수행하였다. 서암이 원적사에서 정진한다는 소문을 듣고 많은 수행자가 전국에서 모여들기도 했다. 이후 그는 범어사, 동화사, 함창 포교당, 태백산 홍제암, 각화사 동암, 상주 청계산 토굴, 나주 다보사, 백양사, 지리산 묘향대, 천축사 무문관, 통도사 극락암, 제주 천황사, 김룡사 금선대, 상주 갑장사 등 여러 곳을 돌아다니며 정진·수행하였다.

서암스님은 1970년 봉암사 조실(祖室)로 추대되었으나 이를 사양하였고, 1975년에는 제10대 조계종 총무원장을 맡았으나 2개월 만에 사퇴하였다. 1978년에는 봉암사 조실이 되어 승풍을 바로잡고 가람을 중창하였으며, 일반인에게는 산문을 통제하여 사찰의 수행환경을 정화하였다. 그는 평생을 수행하고 정진하던 중 때때로 직책을 맡기도 하였지만 종단의 급한 문제가 해결되면 미련 없이 떠나 다시 수행에 매진하였다.

1991년 성철 종정(宗正)이 퇴임하게 되자, 종정 선출을 원로회의(元老會議)가 하느냐 종회에서 결정한 추대 위원회가 하느냐를 두고 조계종 내부에서 분쟁이 일어났다. 이때 서암은 조계종 원로회의 의장으로 추대되어 해인사 승려 대표자 대회를 주도하였으며, 종단의 개혁을 이끌었다. 1993년 12월에 서암은 제8대 조계종 종정으로 추대되었지만, 종권 다툼의 소용돌이가 계속되어 임기를 반년도 채우지 못하고 종정직을 내려놓고 이후 봉암사 조실도 사임하고 종단을 아예 떠나 거제도, 삼천포, 팔공산 등지를 거쳐 태백산 자락에 가건물을 지어 무위정사(無爲精舍)라 이름하고 무위자적 하였다.

2001년에 서암은 봉암사 대중들의 간청으로 봉암사의 염화실로 돌아와 2003년 3월 29일 염화실에서 입적하였다. 이때 서암은 세수 87세, 법랍(法臘) 72세였다.344) '한 말씀 남기시라?'는 제자들의 성화에 "그 노장 그렇게 살다가 그렇게 갔다고 해라"는 마지막 말씀을 남겨 열반송이 되어버렸다.

1) 원적사(圓寂寺)와 서암스님

원적사는 대한불교조계종 제8교구 본사 직지사의 말사이다. 660년(신라 태종 무열왕 7) 원효대사가 창건하고, 의상대사와 윤필거사가 함께 머물렀다고 하나 이를 뒷받침하는 근거는 없다. 이후의 20세기까지 역사는 전해오지 않고 있으며 1903년(광무 7)에 이르러 석교(石橋)대사가 중창하였다고 전해진다.

한국전쟁 중 서암스님이 방치되어 있던 이곳에 머물기 시작하면서 지금까지 수행 정진 도량으로 자리하고 있다. 원적사는 서암스님이 첫 번째 주지로서 소임을 시작한 곳이며 열반할 때까지 함께 한 특별한 인연처이다.

원적사 소재 서암스님 부도

2) 원적사 풍수

원적사의 주산은 백두대간 상에 자리한 청화산이다. 청화산 정상부에서 남동방으로 출맥한 용맥이 힘의 균형을 찾아 남남동방으로 살짝 굽어 원적사로 깃든다.

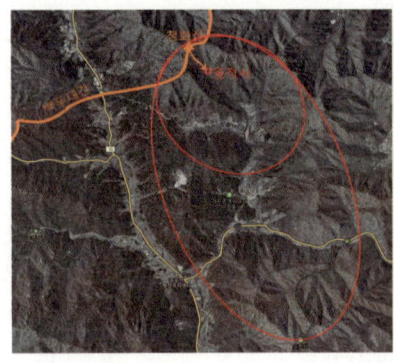
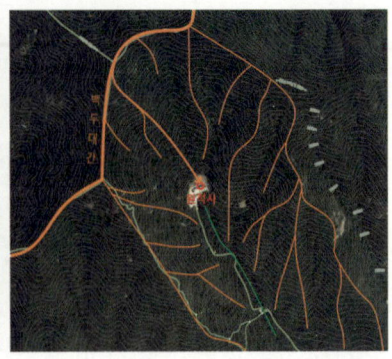

    용맥은 끝부분이 솟구쳐 작은 석산을 이루고 있다. 끝자락에 석산으로 솟구친 것도 특별하지만 형상과 빛깔도 예사롭지 않다. 풍수에서 솟구침은 용맥에 내재 된 기운의 강도와 이동속도로 설명할 수 있다. 즉 높은 곳(위치 에너지)에서 떨어지는 용맥의 기운은 운동 에너지를 가지게 된다. 솟구침은 용맥이 더 이상 진행하지 못할 때 뒤에서 미는 기운 즉 운동 에너지에 의해 발생한다. 마치 밀려오는 파도가 절벽에 막혀 솟구치는 것과 같은 원리다. 솟구침은 운동에너지의 양과 속도에 비례한다.

석산 앞에 자리한 주법당   입혈부[345](석산→주법당)

가파른 용맥의 끝자락에 자리한 석산은 내리꽂듯이 쏟아지는 기운을 포용하여 은빛으로 승화한 자태다. 청화산의 맑고 밝은 기운이 용맥을 타고 촛농처럼 흘러내려 쌓여 광명하고 있다. 그 빛나는 석산을 배광으로 바로 앞에 주법당이 좌선하듯 반듯하게 자리하고 있다. 혈은 바로 그 주법당에 오롯이 맺혀 있다. 아무리 흔들어도 꿈적도 않는 사세의 균형처이며 조화처이다. 이런 원적사 터를 학이 하늘을 향해 날아오르는, '비학승천혈(飛鶴昇天穴)'이라 칭하기도 한다.

5. 오대산과 오대 사상

가. 오대 사상

　오대 사상은 중국 산서성의 오대산을 문수보살의 도량으로 보는 신앙적 공간 체계에 축적된 사상이다. 오대산은 오방의 다섯 봉우리가 돈대(墩臺)와 같이 정상부가 평평한 토성체로, '오대'라는 명칭은 오대산의 다섯 봉우리 형태에서 차용된 것이다. 『화엄경(華嚴經)』에서 문수보살의 거처는 북방 청량산(淸涼山: 오대산)으로 묘사된다. 이러한 사상은 불교의 중국 전래와 함께 북위-수대를 거쳐 당대에 중국 산서성의 오대산346)이 문수보살의 성지로서 확립되어 오대 사상이 전개된다. 347)

　당대에 오대산의 신앙체계는 밀교의 불공금강(不空金剛, 705~774)과 화엄종의 청량 증관(淸涼 澄觀, 738~839)에 의해 밀교적 화엄 사상으로 확립된다. 이때부터 오대산은 화엄 사상과 함께 인드라망[氣]으로 연결된 삼라만상 곧 우주의 전형으로 만다라적 성지이며 도량처가 된다.

　이러한 중국의 오대 사상은 6-7세기경에 고구려-신라-백제에 전해지기 시작했을 것으로 본다. 『삼국유사』에서는 신라의 자장(慈藏) 율사가 당에서 오대산 문수 신앙과 사리 신앙을 접하고 귀국(643) 후 강원도 오대산에 월정사를 창건, 문수보살의 성지로 삼았다는 등, 오대산을 중심으로 한 신앙 설화가 전해온다. 따라서 본격적인 수용은 통일신라 시대 승려들의 당나라 유학을 통해 직접 오대산을 순례하거나, 오대산 신앙을 배워 전파하게 되면서 신라 하대에는 오대산 신앙이 크게 흥성하였을 것으로 본다.348) 고려 시대에는 화엄 사상을 국교적 성격으로 수용하고 문수보살 신앙도 크게 장려되었다. 이때 중국 오대산에 대응하는 우리나라의 오대산 성지 체계가 완비된 것으로 보인다. 중국 오대와 한국 오대를 비교하면 아래 표와 같다.

구분	중국 오대	한국 오대
동대(東臺)	망해봉(望海峰)	관음암 (東臺)
서대(西臺)	계월봉(桂月峰)	수정암 (西臺)
남대(南臺)	금수봉(錦繡峰)	지장암 (南臺)
북대(北臺)	엽두봉(葉斗峰)	미륵암 (北臺)
중대(中臺)	취암봉(翠岩峰)	사자암 (中臺)

결과적으로 한국과 중국 모두 문수보살 도량으로서 오대산 성지에 오방 구조를 투영하여 순례-의례-사찰 망이 결합한 성지 체계를 갖추게 된다. 그러나 중국이 다민족 불교가 교차하는 제국적 성지로 발전하였다면 우리나라는 불국토 구상 아래 사리 신앙과 문수 신앙이 결합하는 특징을 갖게 된다.

나. 오대산 풍수

1) 월정사

"신라에는 절과 절이 별처럼 늘어섰고, 탑과 탑이 기러기처럼 줄을 섰다"349) 그렇게 많은 "사찰 중에 전하는 말로는 '고산 제일의 사찰은 월정사요, 야산 제일의 사찰은 통도사(高山第一月精寺 野山第一通度寺)'라고 했다."350) 이러한 월정사 창건은 자장율사의 문수보살 친견을 위한 임시 기도처인 초막[茅屋]에서 시작하여 신효(信孝)거사를 거쳐 범일(梵日, 810~889)351)의 제자인 두타 신의(頭陀信義)가 암자를 지었다가 허물어진 후 수다사352)의 장로 유연(有緣)에 의해 사찰로서의 모습을 갖추게 된다.353)

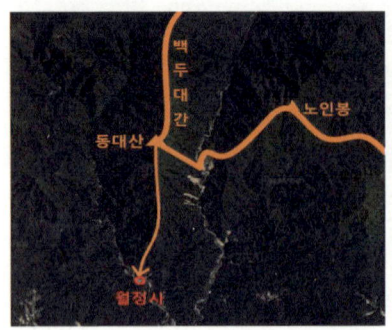 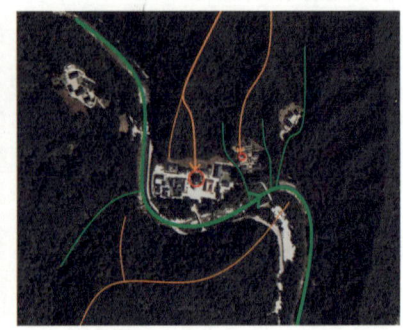

월정사로 내려오는 용맥은 백두대간 동대산에서 남진하여 곧장 내려온다(위 왼편 그림). 용맥이 끝나며 펼친 평지를 물이 안아주면서 만든 터이다. 용맥의 끝부분에서 두 줄기로 나누어 한 줄기는 터의 가운데로 내려와 혈을 맺고 다른 한 줄기는 곧게 뻗어 내려 터의 우측을 감싸며 보호한다.

354)

174 ❖ 혈(穴)의 향기 사찰·암자 풍수

건물을 세우면서 터는 평지화되어 있지만 뒤에서 내려오는 용맥을 세찰하면 낙맥의 중심선을 가늠할 수 있다. 그 중심선을 따라 추맥을 통해 확인한 결과 월정사의 혈은 주법당인 적광전에 맺혀 있다.

주법당에 혈이 맺혀 있는 사찰은 매우 적다. 월정사는 주법당에 혈이 맺힌 사찰 중의 한 곳이다. 월정사의 운명은 다분히 혈처에 자리한 적광전을 중심으로 펼쳐질 것이다. 그러나 안타깝게도 산중 사찰에도 지나친 불사로 고즈넉한 기운을 체감할 수 없다. 무엇이든 지나치면 청아한 향기가 사라져 가며 그리 오래가지 못한다. 적당히 비울 때 사람도 자연도 제대로 호흡(순환)할 수 있기 때문이다.

2) 상원사

상원사는 자장율사로 시작하여 태자 신분이었던 보천(寶川)과 효명(孝明: 훗날 성덕왕)의 두 형제에 의해 상원사(진여원: 705년)로 중흥되어 오만진신 신앙355)과 함께 사찰로서의 위상을 갖추게 된다.356)

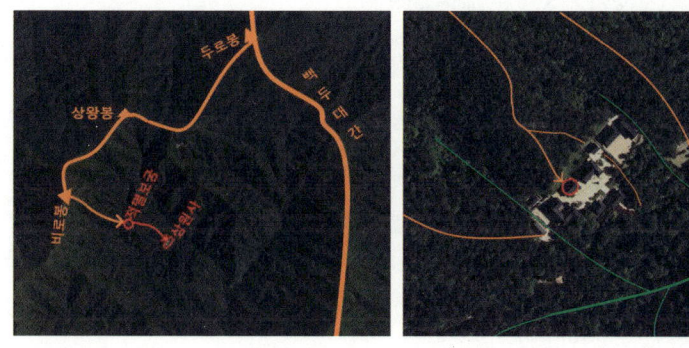

상원사 터는 적멸보궁에서 분기하여 왼편으로 내려온 용맥의 기운이 만들었다(위 왼편 그림). 용맥은 중간에서 다시 분기하여 우측

맥이 터를 만들고 왼편의 맥이 터의 내청룡이 되어 터를 보호한다. 터의 오른쪽은 적멸보궁에서 분기하여 오른편으로 내려온 용맥이 감싸며 보호한다. 터를 만드는 용맥은 끝자락에서 넓게 펼친다. 중심 기운은 터의 우측 부분으로 떨어져 혈을 맺는다. 터의 좌측 부분으로 떨어진 보조맥은 혈의 왼쪽으로 길게 뻗어내려 혈의 균형을 받쳐주고 있다(위 오른편 그림).

현재 상원사는 터를 가로로 길게 펼쳐 건물이 자리하고 있다. 주법당은 문수보살을 모신 문수전이다. 터에 떨어지는 용맥 기운을 쫓아 결혈지를 찾아보니 문수전 오른쪽 소림초당이 혈처에 자리하고 있다.

참고로 김홍도가 1744년 그렸다는 《금강사군첩》 중 상원사 건물 배치를 보면 중심 건물인 주법당을 현무로 그 앞에 빈 공간(명당)을 두고 앞과 좌우에 요사체 등을 지어 사신사를 갖춘 단일 체계의 구조다(위 그림). 이러한 구조에서 주법당이 혈에 자리하고 있다면 혈의 기운은 주위 공간으로 쉽게 설하지 않고 잘 보호될 수 있을 것이다.

상원사 옛날 사진357)

3) 오대산 오대

『신증동국여지승람(新增東國輿地勝覽)』 44, 「강릉대도호부(江陵大都護府)」에 "서쪽 1백 40리에 있다. 동쪽이 만월(滿月), 남쪽이 기린(麒麟), 서쪽이 장령(長嶺), 북쪽이 상왕(象王), 복판이 지로(智爐)인데, 다섯 봉우리가 고리처럼 벌려 섰고, 크기와 작기(作基)가 고른 까닭에 오대라 이름하였다"라며 오대산을 소개하고 있다. 지금은 오대산의 다섯 봉우리로 비로봉(중대), 동대산(동대), 호령봉(서대), 상왕봉, 두로봉이 자리 잡고 있다.

오대산에는 오대 암자가 자리 잡고 있다. 오대 암자의 기원은 신라 하대 보천(寶川)의 오만진신(五萬眞身) 신앙에서 찾아볼 수 있다. 오대산의 신앙체계는 자장의 문수 신앙에서 시작하여 보천에 의한 오대 신앙으로 변모한다. 보천은 오대산에서의 종교체험을 통해서 중대(中臺)의 문수를 중심으로 하는 오대 신앙[5方5佛5色]으로 변화시킨다. 이는 중국 오대산이 문수 신앙으로 유지되는 것과 다른 우리나라 오대산의 특징이다. 오대와 관련된 '오만진신'에 대한 내용은 민지(閔漬)의 『오대산 사적기』와 일연의 『삼국유사』에 기록되어 있다.358) 그중에서 『삼국유사』「오만진신」359)의 오대 관련 내용을 아래에 간단하게 정리한다.360) 오대의 배속된 색을 통해 오행 사상이 적용되고 있음을 알 수 있다.

『삼국유사』「오만진신」

흑-북대-상왕산(백련사)
본존: 석가여래
오백 아라한

백-서대-장령산(수정사)
본존: 무량수여래
1만 대세지보살

황-중앙-풍로산(화엄사)
본존: 비로자나불
1만 문수보살

청-동대-만월산(원통사)
본존: 없음
1만 관세음보살

적-남대-기린산(금강사)
본존: 8대보살
1만 지장보살

이렇게 기원한 오대산의 오대(암자)와 지금까지 존재하는 오대 암자와의 상관관계 즉 위치의 동일 여부는 알 수 없다. 긴 세월만큼 많은 성주괴공(成住壞空) 변화의 인연이 있었을 것이다.

동-서-남-북-중에 위치한 오대가 갖는 의미와 성립·변천 과정에 대해서는 역사적 자료를 통해 알아본 후, 풍수적 입지 분석은 현존하는 터의 주 건물을 중심으로 진행하고자 한다.

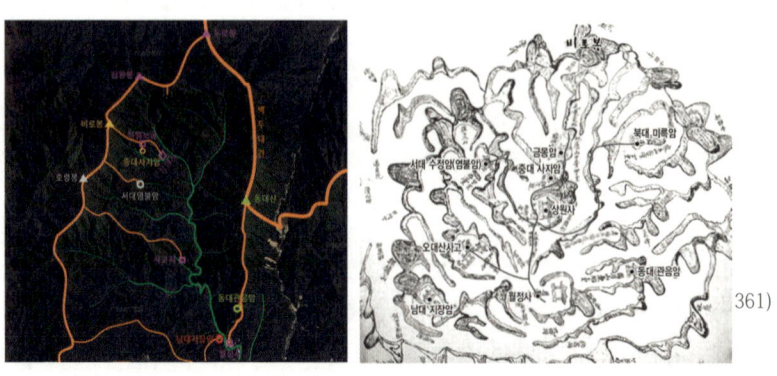
361)

오대산은 백두대간 권역에 자리하며 오대천의 발원지다. 오대산에는 월정사와 상원사 적멸보궁과 오대 그리고 사고지가 자리하고 있다(불교: 2寺 5庵 1宮). 오대는 만다라처럼 대칭적인 방위에 정위치하고 있지는 않다. 따라서 위치와 방위에 있어서는 상대성과 상징성에 집중할 필요가 있다.

가) 중대 사자암

중대에 대하여 『삼국유사』「오만진신」에는 "황처(黃處)인 중대(中臺)의 진여원(眞如院)에는 중앙(中央)에 니상(尼像)의 문수부동(文殊不動)을 봉안하라. (그리고) 후벽(後壁)에는 황색 바탕 위에 비로자나(毗盧遮那)를 상수로 하는 삼십육화형(三十六化形)을 그려서 봉안하고, 복전 오원(福田 五員)으로 하여금 낮에는 『화엄경(華嚴經)』, 육백권(六百卷) 『반야경(般若經)』을 독송하고, 밤에는 문수예참(文殊禮懺)을 염하며, 화엄사(華嚴社)라 칭하라.362)"라고 하였다.

중대는 오대의 중앙에 위치하며 사방의 사대가 옹호하는 자리다. 오대를 화엄의 원융구조로 하되 그 중심에 오대 신앙의 중심인 문수보살을 자리매김하여 나머지 사대가 보호하는 중앙집중 구조의 만드라 체계를 보여주고 있다. 이는 풍수에서 사신사의 중심에 자리하는 혈의 위치에 상응한다.

조선 초 권근(權近)의 『양촌집(陽村集)』「오대산사자암중창기(五臺山獅子庵重創記)」에는 "나옹의 문도 각운(覺雲) 설악(雪岳)이 이성계의 지원을 받아 중대 사자암(中臺 獅子庵)을 중건하였다"라고 한다. 또 조선 시대에 추가되는 『오대산사적기』의 「산중산기」에는 "중대 아래에 사자암이 있다. 자장법사가 당나라에 있을 때, 사자를 얻어 타고서 사리와 정골을 (모시고) 돌아왔다. 오랫동안 주석하였으므로 이 인연으로 '사자암'이라고 이름하였다"363)라는 현재 중대 암자인 사자암과 관련된 후대의 기록이 있다. 그러나 이때의 사자암이 곧 지금의 사자암인지는 정확히 알 수 없다.

　오대산의 주봉은 비로봉이다. 비로봉은 상왕봉을 거쳐 백두대간 두루봉에 연결된다. 오대산의 보국은 비로봉에서 남동방으로 떨어지는 용맥을 중심으로 형성되어 있다. 중대 사자암은 바로 그 중심 용맥이 만든 오묘한 자리다.

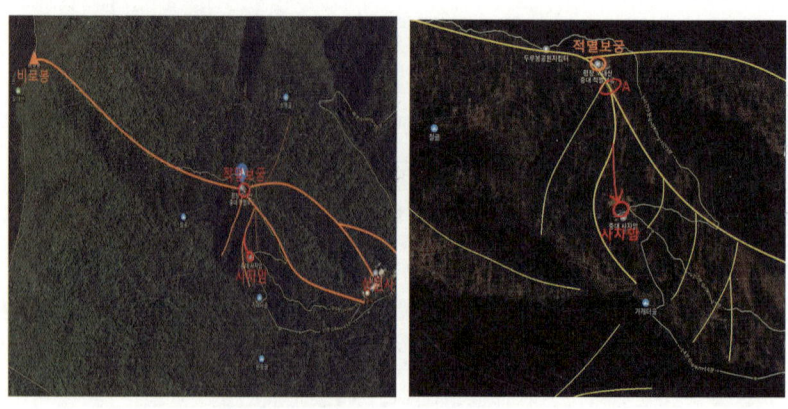

　비로봉에서 발원한 중심 용맥은 적멸보궁이 자리한 곳에서 크게 기봉한다. 그래서 많은 사람이 적멸보궁 혹은 그 뒤 둔덕에 혈이 있다고 한다. 필자도 별다른 실질적인 점검이나 확인 없이 불자로서 당연히 그럴 것이라 믿고 있었다. 그런데 어느 날 풍수인으로서 직접 실사를 하면서 보궁터가 소재하는 부위는 비로봉에서 출맥한 한 줄기의 용맥이 솟구쳐 분기하는 지점으로 혈이 맺혀 있지 않다는 결론에 이르게 되었다.

　그렇다면 두 갈래로 갈라진 용맥의 주 기운은 어디로 흘러 혈을 맺고 있을까? 보궁 소재처에서 솟구친 기운은 우측으로 휘어 세를 몰아 뻗어가다 다시 두 갈래로 분기한다(위 우측 사진 A지점).364)

그중 오른쪽 용맥이 중대 사자암으로 가파르게 떨어진다.365) 중대 사자암으로 떨어지는 용맥은 오른손 법칙에 준해 입혈하여 혈을 맺고 있다. 아래 사진은 사세가 안온하게 감싸며 균형과 조화를 이룬 곳에 자리한 중대 사자암의 모습이다.

이러한 혈은 겉으로 드러난 용맥의 형상적 흐름을 추적해서는 쉽게 찾을 수 없다. 주룡에서 분기하여 떨어지는 입혈 부위도 명확하지 않다. 그런데 혈을 찾아 그 자리에 서면 사세가 절묘하게 균형을 이루며 안정되어 있다. 그래서 이렇게 오묘하게 맺힌 혈을 '섬혈(閃穴)'이라 한다.

중대 사자암

나) 동대 관음암

동대에 대하여 『삼국유사』「오만진신」에는 "청재(靑在)인 동대(東臺)의 북각하(北角下)와 북대(北臺)의 남록지말(南麓之末)에는 마땅히 관음방(觀音房)을 두어, 원상(圓像)의 관음(觀音)을 봉안하고는 푸른 바탕 위에 일만관음상(一萬觀音像)을 그려, 복전 오원(福田 五員)으로 하여금 낮에는 8권 『금광명경(金光明經)』, 『인왕반야경(仁

王般若經)』 '천수주(千手呪)'를 읽고, 밤에는 '관음예참(觀音禮懺)'을 염하며, 이름을 '원통사(圓通社)'라 칭하라366)"라고 하였다.

　동대 관음암은 오대산이 주산이 아니라 백두대간 상에 자리한 동대산을 주산으로 한다. 동대산에서 남으로 길에 뻗어 내린 간룡은 월정사에서 용진(龍盡)한다. 동대 관음암은 그 간룡에서 분기된 가지룡의 끝자락에 매달려 있다.
　골짜기를 타고 올라 현장을 방문해 보니 관음암이 좌우가 옹호하는 사이를 뚫고 내려온 용맥의 진처에 자리하고 있는 것으로 보인다(위 사진). 그런데 추맥을 통해 결혈 여부를 점검 확인해 보니 혈이 맺혀 있지 않다. 관음암 뒤를 받치는 용맥에 혈을 맺을 수 있는 기운이 내재하고 있지 않기 때문이다.
　동대 관음암은 국의 형상이나 분기 지점의 모습이 앞에서 소개한 백련암, 성전암과 매우 유사한 모습을 보이고 있다. 그러나 백련암, 성전암에는 혈이 맺혀 있는 반면에 이곳에는 혈이 맺혀 있지 않다. 그 차이는 무엇일까?

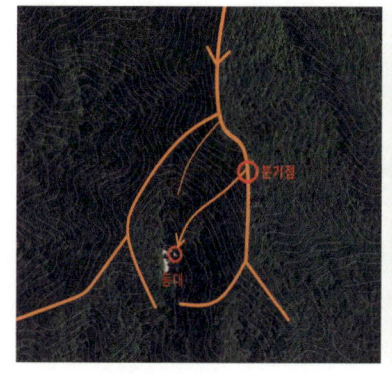

　백련암, 성전암은 전체 산에서 상당히 높은 곳에 자리하여 주용맥이 급하게 떨어지며 기운이 상당히 억세고 거칠다. 따라서 그 기운이 고스란히 깃드는 직룡 입수가 아니라 분기를 통해 조절과 순화를 이루어 당처에 깃들어 혈을 맺을 수 있었다. 반면에 동대 관음암은 상대적 높이가 그리 높지 않고, 래룡도 멀리 행도하면서 박환으로 상당히 순화되어 그 기운이 직입해야만 혈을 맺을 수 있었을 것이다. 그러나 동대 관음암 뒤를 받치는 가지룡이 상대적 간룡에서 출맥하는 분기점(위 왼편 그림)을 살펴보면 간룡의 우측 옆을 받치는 지각의 모습이다. 따라서 동대 관음암으로 떨어지는 용맥은 상대적 간룡으로부터 충분한 기운을 공급받지 못하여 혈을 맺지 못한 것으로 보인다.

다) 서대 수정암

　서대에 대하여 『삼국유사』「오만진신」에는 "백방(白方)인 서대의 남쪽에는 미타방(彌陀房)을 두어, 원상(圓像)의 무량수(無量壽)를 봉안하고는 백색 바탕 위에 무량수여래(無量壽如來)를 상수로 하는 일만대세지(一萬大勢至)를 그려, 복전 오원(福田 五員)으로 하여금 낮에는 8권 『법화경(法華經)』을 독송하고 밤에는 미타예참(彌陀禮懺)을 염하며 수정사(水精社)라 칭하라"라고 하였다.367)

수정암은 나암과 목암에 의해 1393년부터 중창하여 완성했다는 기록이 있는데368) 같은 터에 복원하여 위치와 건물의 구조에 크게 변화가 없었다고 한다.

서대에는 우통수(于筒水)라는 샘이 있다. 이 물이 한강의 시원이라는 기록이 있다.369)

서대 수정암의 주산은 오대산이다. 오대산에서 남진하여 호령봉으로 이어지는 간룡의 중간지점에서 분기하여 동남으로 달리던 용맥은 다시 분벽한다. 분벽 지점을 현무로, 왼편(동진)으로 달리던 용맥이 균형처로 횡사락하여 만든 터에 서대 수정암이 자리하고 있다.

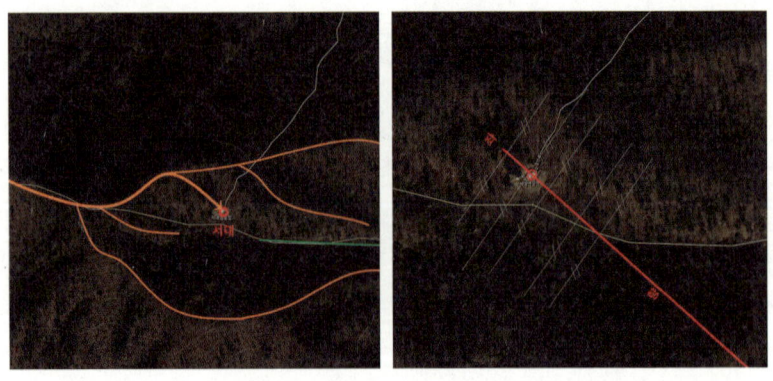

서대 수정암은 오롯이 혈처에 자리하고 있다. 혈은 사세의 균형처에 깃들어 맺힌다. 위 그림을 통해 서대를 중심으로 형성된 국세를 평면적으로 보면 오른편 공간이 상대적으로 넓게 보여 균형이 오른쪽으로 치우치는 모습을 하고 있다(위 왼편 그림). 그러나 혈처에서 서대 수정암의 좌향을 중심으로 등고선을 통해 그 높이를 비교해 보면 좌우 균형을 이루고 있음을 확인할 수 있다(위 오른편 그림).

래룡과 입혈부

라) 남대 지장암

남대에 대하여 『삼국유사』 「오만진신」에는 "적임(赤任)인 남대(南臺)의 남면(南面)에는 지장방(地藏房)을 두어, 원상(圓像)의 지장(地藏)을 봉안하고는 붉은 바탕 위에 8대 보살(八大菩薩)을 상수로 하는 일만지장상(一萬地藏像)을 그려, 복전 오원(福田 五員)으로 하여금 낮에는 『지장경(地藏經)』, 『금강반야경(金剛般若經)』을 독송하고, 밤에는 점찰예참(占察禮懺)을 하며, 금강사(金剛社)라 칭하라."370)라고 하였다.

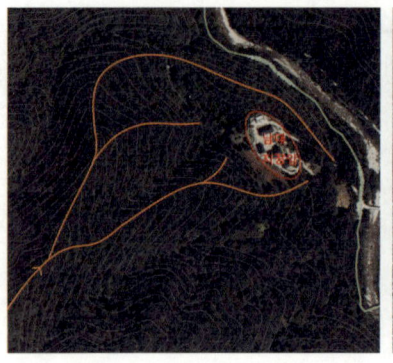 

 남대 지장암은 결혈이 되어 있지 않은 것으로 보인다. 좌변이 안산이 되어 터를 안고 감싸는 국내에 지장암이 자리하고 있다. 터는 앞-뒤-좌방까지 잘 감싸고 있어 안온하다. 내수와 외수(오대천)가 이중으로 환포하고 있다. 그러나 터로 떨어지는 용맥이 제대로 기운을 내재하지 못하여 비스듬히 세를 따라 미끄러지듯이 떨어져 혈을 맺지 못하고 있다.

마) 북대 미륵암

 북대에 대하여 『삼국유사』 「오만진신」에는 "흑지(黑地)인 북대(北臺)의 남면(南面)에는 나한당(羅漢堂)을 두어, 원상(圓像)의 석가(釋迦)를 봉안하고는 검은 바탕 위에 석가여래(釋迦如來)를 상수로 하는 오백나한(五百羅漢)을 그려, 복전 오원(福田 五員)으로 하여금 낮에는 『대방편불보은경(大方便佛報恩經)』, 『열반경(涅槃經)』을 독송하고, 밤에는 열반예참(涅槃禮懺)을 염하며, 백련사(白蓮社)라 칭하라371)"라고 하였다.
 북대는 나옹선사의 수양처로 "고려가 멸망하자 나옹이 오대산 북대(北臺)에 은둔하여 불상을 조성하고 난야(蘭若)를 창건하였다"라

는 기록이 있다.372)

　북대 미륵암은 두로봉(두로령)과 상왕봉(상왕봉 삼거리) 사이 토성체로 솟구친 구간에서 북으로 효순귀373)를 뻗어 횡으로 출맥하여 남으로 떨어진 용맥의 진처에 자리하고 있다. 용맥은 미륵암의 중심 건물인 선방의 중심을 지나 마당의 앞쪽 가장자리부에 혈을 맺고 있다(아래 오른편 그림). 혈처 앞에서 합수한 물이 앞으로 순수하다 앞을 감싸는 백호에 막혀 청룡을 감싸며 돌아 빠져나간다. 따라서 백호 안산이 된다.

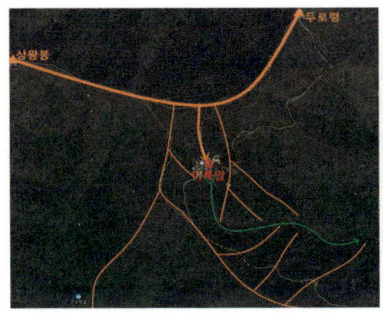 

　북대 미륵암은 혈을 중심으로 건물이 자리하지 못하고 있다. 혈처를 찾는 것도 중요하지만 정확하게 혈의 중심을 찾아 바르게 활용하는 점·재혈이 화룡점정이다. 혈의 생기는 에너지로 밝게 맑게 광명하기 때문이다.

사) 종합

한국의 오대산 오대는 중국의 오대산 오대와 달리 평평한 토체의 산등성이나 봉우리(臺)에 자리하고 있지 않다. 그래서 위치하고 있는 지형으로 보아서는 오대(五臺)로 표현하는 것이 어울리지 않을 수도 있다. 결과적으로 중대와 서대가 정혈처에, 북대가 혈장에 자리하고, 동대는 결혈 불가 용맥에 기댄 장풍처에, 남대는 평지 장풍처에 자리하고 있는 셈이다.

오대와 관련하여 각화사 소속 암자를 답사하였다. 각화사에 소속된 암자는 모두 7곳이다. 그중에 각화사 가까이 자리한 동암, 서암, 남암, 조도암을 답사하였는데 각화사 대웅전과 4 암자가 모두 정혈처에 자리하고 있었다. 반면에 모 대한불교조계종 본사 소속 5 암자를 방문하였는데 모두 비혈지로 각화사 암자와 대조가 되었다.

6. 혈의 효능과 가치

혈의 효능은 음·양택을 불문하고 현상적으로 실증되고 있다. 실제 현상적으로 드러난 대부분의 인물은 그 인물의 원인처로 개연성이 높은 음택이나 양택이 있다.

필자는 수년에 걸쳐 100수 이상 건강하게 장수하는 터, 대(代)를 이어 많은 손님이 찾는 음식점, 자연 소재로 건축하였지만, 오랫동안 무너지지 않아 문화재가 된 건축물, 건강하게 오래 살아 천연기념물이 된 노거수를 찾아 전국을 돌며 혈과의 관계를 조사한 적이 있다. 결과는 풍수의 혈과 매우 밀접한 관련성을 발견할 수 있었다. 장수터는 모두 혈처에 자리하고 있었다. 음식점과 천연기념물, 고건축물도 대부분 혈처에 소재하고 있거나 혈의 영향권 내에 자리하고 있었다. 혈은 인간뿐만 아니라 나무(목재 건축물/노거수)도 생사를 초월하여 건강하게 오래 존재(longrun)하게 한다.

오랫동안 촛불을 밝히고 향을 피워온 사찰과 암자도 혈과 깊은 관계가 있다. 주법당이 혈처에 자리하고 있는 사찰과 암자는 묘기(妙氣)가 서리고 묘광(妙光)이 빛난다. 그래서 신성이 온전히 보전되고 발현되어 긍정적 선순환의 기를 인간과 세계에 나누며 그 가치를 공유한다.

필자는 안동 봉정사와 부석사 무량수전을 혈이 맺혀 있는 전형적인 장소로 풍수 현장 공부를 시작하였다. 무량수전은 백두대간에서 곧장 직입하여 세운 봉황산의 중심 용맥이 만든 혈처에 자리하고 있다. 래룡을 추적하여 분석하면서 무량수전이 내뿜는 오래 묵어 숙성된 맑은 기가 바로 혈의 향기임을 알아차림 할 수 있었다. 봉정사는 사세가 겹겹이 감싸고 있어 안온하고 포근하기가 그지없다. 그 안에 국보·보물로 빛나는 4채의 건물이 간룡이 세운 천등산의 중심 기운이 직입하여 만든 혈의 품 안에 곱게 자리하고 있다. 혈의 향기는 자주 가서 지성을 다해 살피고 익숙해지면서 인연하는 정성의 선물이다.

우리나라의 풍수는 자생설과 중국 유입설이 공존한다. 모두 인간 생존의 본유(本有)성을 바탕으로 한다. 이 땅의 '풍수' 비조는 도선국사로 널리 알려져 있다. 그러나 "풍수 한반도 도입의 주역"에서 살펴본 바와 같이 자장율사와 의상대사를 비롯한 대당 유학승으로부터 이미 중국 풍수는 한반도에 도입되어 사용되어왔음을 알 수 있다. 풍수는 불교의 한반도 전래와 그 역사의 궤를 같이하면서 사찰과 암자 등 불교 건축물의 입지 선정에 우선적으로 적용되어왔다. 풍수의 혈과 함께하면서 사찰과 암자는 그 오랜 전통의 맥을 이어올 수 있었다.

혈의 가치는 제대로 사용할 때 가치와 효능이 극대화된다. 미륵신앙의 탯자리 금산사 미륵전을 통해 혈의 가치가 얼마나 지대한지 실감할 수 있다. 미륵전이 정혈처에 자리하면서 미륵 사상이 그 오랜 시간 그 지역에 지대한 영향을 주고 있다. 혈의 가치는 존재의 건강한 영속성을 보장하고 인간 의지를 북돋우어 실현할 수 있도록 돕는다. 해인사 팔만대장경은 혈처에 자리하면서 7번의 화재와 임진왜란·한국전쟁 중에도 극적으로 재해를 피해 갈 수 있었다. 또 혈처에 자리한 통도사 금강계단은 다른 적멸보궁과 함께 한국 현대불교의 정체성 확립에 초석이 되었고, 지금까지도 엄정한 수계의 근간으로 당당하게 자리하고 있다. 또 일찍이 의상대사가 부석사 무량수전을 혈처에 세우면서 이 땅의 불교는 화엄374) 제일로 성장 발전해올 수 있었다. 이뿐만 아니라 혈처에 자리한 사찰이 한국불교의 주류로 전통을 이끌어가고 있다. 이처럼 혈은 바르게 사용할 때 그 가치가 분명하게 드러난다.

그럼 이러한 혈은 어떻게 인연 할 수 있을까? 대부분 전통 사찰·암자는 당연히 혈처에 자리하고 있는 것으로 생각한다. 그러나 실상은 혈과 무관하게 자리한 사찰·암자가 훨씬 많다. 그만큼 혈은 희소하며 귀하여 쉽게 인연 할 수 없다. 그렇다면 혈처 인연의 핵심은 무엇일까? 우연일까 필연일까? 불교의 연기법과는 어떠한 관계성을 가질까?

　필자의 경험적 통계로 보면 풍수 지식 함양을 통해 혈의 인연을 추구하는 것보다 심신을 수양하는 것이 혈과 인연 할 확률이 훨씬 높다. 지식을 통한 혈을 추구가 자칫하면 욕심이 될 수 있는 반면에 수양은 욕된 마음을 비워가는 길[道]이 될 수 있기 때문일까? 상당히 많은 전통 사찰의 선원(禪院)이 혈처에 정위치 하고 있다. 필시 선승의 깨달음이 혈의 인연을 가져다주었을 것이다. 경허스님을 비롯한 근현대 고승의 혈처 인연을 확인하면서 마음자리와 혈의 인연은 무관하지 않은 것으로 여겨져 필자는 혈의 필연적 관계성을 견지하고 있다. 여기서 필연성은 선천적으로 타고나 숙명적이거나 어쩔 수 없는 강제적·피동적 인연이 아니라, 인간의 자유 이성을 기반으로 한 의지 실천의 소산으로 신축성과 유연성을 갖는 인연이다. 그래서 치열하게 격물하여 소위 문리가 터지는 초월적 경지에 이르면 시·공간(생사)까지 초월하여 불이(不二)의 인연 길이 열릴 수 있다고 생각한다.

　산(토지)에는 신성이 깃들어 있다. 그래서일까 우리는 산(토지)을 신으로 모신다. 사찰도 암자도 산을 배경으로 하여 '**산 **사(암)'라고 한다. 오대산에도 2사(寺) 5대(臺)가 있다. 오대도 신성을 전제로 예배·기도·수양처가 된다. 갓바위, 사리암과 같이 유명 기도처는 필시 혈처에 자리하고 있다. 혈이 인간 의지의 실현을 돕기 때문이다.

　전통 풍수는 공간의 적합성에 대한 시간적 증험의 결과로 축적된 생존 본능적 지혜. 터는 철저히 땅의 논리로 인간과 관계한다. 땅의 논리는 혈을 기준으로 판단할 수 있다. 그래서 우리는 지금까지 혈을 기준으로 사찰과 암자의 풍수적 특징을 살펴보았다. 그 결과 사찰과 암자의 운명은 혈과 깊은 연관성을 가지고 있음을 확인할 수 있었다. 그 관계성을 아래와 같이 3가지로 간단히 분류해 볼 수 있을 것이다.

- 첫 번째는 사찰이나 암자의 주법당(건물)이 혈에 정위치한 경우로 사찰과 암자는 그곳에 머무는 사람들이 목적하는 방향으로 활성화되고 번성한다.
- 두 번째는 사찰이나 암자의 주법당(건물)이 혈처에 자리하고 있지 않지만, 경내 주요 부위에 혈이 있는 경우로 사찰과 암자는 크게 번창하지는 않지만 무난하게 유지된다.
- 세 번째는 사찰과 암자에 혈이 없는 경우로 일시적으로 흥하거나 유지할 수는 있지만 결국 폐사하는 지경에 이르게 된다.

사찰과 암자도 다른 음·양택과 마찬가지로 그 흥망성쇠·길흉화복이 혈과 직결된다. 그래서 전통 사찰·암자로 여전히 번성하는 곳이라면 대부분 주법당이 혈처에 자리하거나 경내에 혈이 맺혀 있다. 본서의 주제에 포함되지 않아 소개하지 못한 혈처 소재 사찰과 암자가 있다. 이들 사찰과 암자는 주법당이나 주건물이 혈처에 자리하고 있다. 여러분의 현장 학습에 도움이 될 수 있도록 도표로 정리해 소개만 한다. 해당 사찰과 암자의 혈 맺힘과 그 원리에 대한 이해는 독자 여러분의 현장 학습 과제로 남긴다.
  혹여 학습 중 궁금증에 연락하면 혈의 환희심으로 환영하고 도반으로 지극한 마음으로 토론해 갈 것이다.

이제 우리는 혈을 기준으로 풍수의 기강을 세워야 한다. 혈을 기준으로 풍수의 근간을 세우기 위해서는 혈을 제대로 알아야 한다. 이 글이 혈을 기준으로 풍수의 근간을 세우고 풍수학을 정립하는데 벼리가 되길 서원하면서… 🙏

※ 혈처 사찰

사찰명	소재지	혈처
전등사	인천 강화군 길상면 전등사로 37-41	대웅보전
직지사	경북 김천시 대항면 직지사길 95	대웅전
대흥사	전남 해남군 삼산면 대흥사길 400	대웅보전
봉선사	경기 남양주시 진접읍 봉선사길 32	큰법당
진관사	서울 은평구 진관길 73	대웅전
영국사	충북 영동군 양산면 영국동길 225-35	대웅전
마곡사	충남 공주시 사곡면 마곡사로 966	대웅보전
각화사	경북 봉화군 춘양면 각화산길 251	대웅전
낙산사	강원 양양군 강현면 낙산사로 100	보타전
미황사	전남 해남군 송지면 미황사길 164	대웅전
응석사	경남 진주시 집현면 응석로 435	대웅전
정토수련원	경북 문경시 가은읍 원북길 194-71	대웅전
봉은사	서울 강남구 봉은사로 531	대웅전
불영사	경북 울진군 금강송면 불영사길 48	대웅보전
내소사	전북 부안군 진서면 내소사로 243	대웅보전
안국사	전북 무주군 적상면 산성로 1050	극락전

※ 혈처 암자

암자명	소재지	혈처
천자암	전남 순천시 송광면 천자암길 105	주법당
상견성암	전남 영암군 군서면 도갑리 1	본체
사리암	경북 청도군 운문면 운문사길 529	관음전
규봉암	전남 화순군 이서면 도원길 40-28	관음전 뒤
해불암	전남 영광군 불갑면 불갑사로 450-186	주법당
망해암	경기 안양시 만안구 임곡로 245	지장전
백흥암	경북 영천시 청통면 은해사로 417-144	극락전
묘향암	전북 남원시 산내면 부운리 산 120	본체
통도사 극락암	경남 양산시 하북면 통도사로 108	과제
오세암	강원 인제군 북면 백담로 1325	과제

부록: 추맥(追脈)

1. 추맥이란

1) 개요

 풍수의 핵심은 용맥의 기운이 맺힌 혈을 찾아 바르게 이용하는 것이라 할 수 있다. 따라서 용맥을 따라 흐르는 기운을 우리 몸의 감각 능력(기감)을 이용하여 감지하는 것에서 추맥은 시작된다. 먼저 용맥을 따라 흐르는 기운의 유무를 확인하여 혈을 맺을 수 있는 역량을 내재한 용맥을 찾는다. 용맥의 기운 유무는 기운의 세기(크기)를 측정하여 판단한다. 추맥은 용맥을 추적하여 기운이 맺힌 혈을 찾고 혈의 맺힘과 그 크기까지 정확하게 확인할 수 있다. 추맥은 용맥과 혈의 모습이 분명한 곳에서 나타나는 氣현상을 샘플링(sampling)하여 산천의 본래 모습이 사라진 도심지나 평지까지 적용하여 눈으로 쉽게 확인할 수 없는 용맥을 찾고 추적하여 평지혈까지 찾는 기맥정혈법(氣脈定穴法)이다.

2) 어떻게 氣를 감지하는가?

 우리 몸의 감지 능력을 이용한다. 우리 몸은 저마다 차이는 있지만 특별한 감지 능력을 갖추고 있다. 우리는 자기 계발과 훈련을 통하여 감지 능력을 활성화할 수 있다. 그 능력은 체계적인 훈련과 반복적인 연습을 통하여 개발되고 점점 예민해질 수 있다. 기운을 감지하는 능력도 훈련과 연습을 통하여 개발되고 활성화될 수 있다.

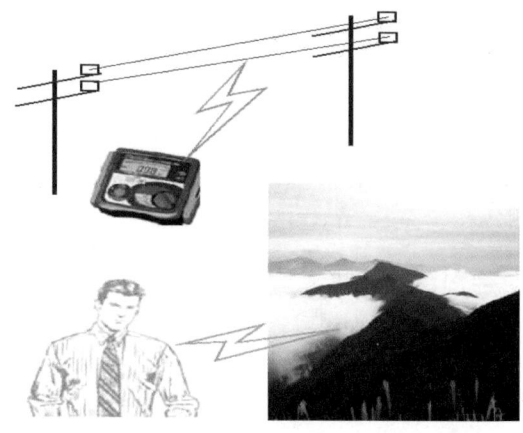

氣 감지

　　추맥은 마치 전선을 따라 흐르는 전기의 세기(전기력)를 계측기로 측정하듯이 용맥을 따라 흐르는 기운을 몸으로 감지하는 것이다. 몸을 통한 감지는 의식의 지배를 받는다. 의식을 통하여 몸을 훈련한 다음 몸의 감지 능력만으로 氣를 측정하게 된다. 즉 모습이 분명한 용맥과 혈이 맺힌 곳에서 의식을 통하여 용맥 중심을 따라 흐르는 기운을 몸으로 감지하도록 훈련하고 기운의 세기를 측정하는 방법을 연마한다. 몸이 용맥을 따라 흐르는 기운을 감지하게 되면 반복적인 연습을 통하여 특별한 의식 집중 없이(무의식 상태에서) 자연스럽게 감지가 되도록 몸을 반응체로 만들어야 한다. 용맥의 중심으로 흐르는 기운을 감지하고 기운의 세기를 측정할 수 있으면 혈을 맺을 수 있는 용맥을 추적하여 혈이 맺힌 지점을 쉽게 찾을 수 있게 된다. 왜냐하면, 용맥을 따라 흐르는 기운보다 기운이 맺힌 혈처는 더욱 강한 기운이 느껴지기 때문이다. 그리고 혈이 맺히면 혈의 맺힘으로 용맥을 따라온 기운이 소모되어 혈의 아랫부분은 혈에 입력되는 기운보다 상대적으로 많이 약해진 여기(餘氣)만이 존재하게 되어 그 차이로 혈이 맺힌 위치를 정확하게 찾을 수 있게 된다.

3) 氣의 감지를 어떻게 알 수 있는가?

몸이 감지하는 기운은 사람마다 질과 크기에 차이가 있다. 추맥에서는 용맥을 따라 흐르는 기운을 측정한다. 추맥에서는 몸(5식)이 감지한 용맥을 통하여 흐르는 기운의 유무와 정도(세기)를 L-로드를 이용하여 외부로 표시하도록 훈련한다. 풍수에서 사용하는 기구인 L-로드, 추, Y-로드 등은 표시기다. 기구 자체가 감지하는 것이 아니라 사람이 감지하는 것을 나타내는 표시기(Indicator)다. 즉 사람의 몸이 반응하는 것을 나타내는 표시기일 뿐이다. 표시기는 반복적인 훈련을 통해 여러 형태로 나타낼 수 있다. 추맥에서는 용맥을 따라 흐르는 기운을 사람의 몸(5식)으로 감지하고, 기구를 통하여 몸으로 감지한 氣를 외부로 나타내어 인지할 수 있게 된다.

4) 무슨 기운을 측정하는가?

氣는 실체가 불분명할 뿐만 아니라 그 종류도 너무 많아 감지하는 사람 스스로가 어떤 氣를 감지하는지 알지 못하는 경우가 대부분이다. 실체뿐만 아니라 정의가 불분명한 것이 氣이다. 그래서 감지에는 뚜렷한 목표와 범주(카테고리)가 분명해야 한다. 그리고 그 실체를 확인할 수 있는 구체적인 결과가 있어야 한다. 그렇지 않고 무작정 보이지 않는 관념적인 것에 대해 스스로 정의하고 고정된 틀을 만들어 단련해 가면, 주관적인 자기도취에 빠지고 만다. 즉 정확한 목표가 없는 자기 관념에 휘둘리게 된다. 본인이 무엇을 감지하고 있는지? 어디쯤 와 있는지? 제대로 알지 못하면 스스로 자기 함정에 빠지게 된다. 안타까운 것은 스스로 자기모순의 함정에 빠져 있다는 것조차 깨닫지 못하는 지경에 이르게 된다는 것이다.

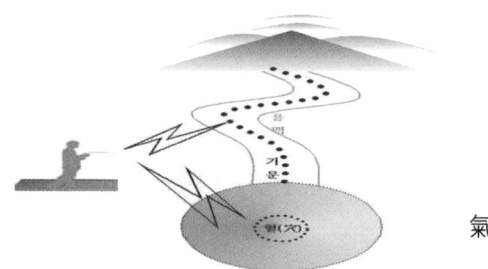

氣 측정

추맥에서 측정하고 추적하는 기운의 기준(reference)은 무엇인가? 바로 용맥을 따라 흐르는 기운이다. 용맥을 따라 흐르는 기운과 그 기운이 맺힌 혈의 氣를 감지하고 측정한다.

5) 기운의 세기는 어떻게 측정하나?

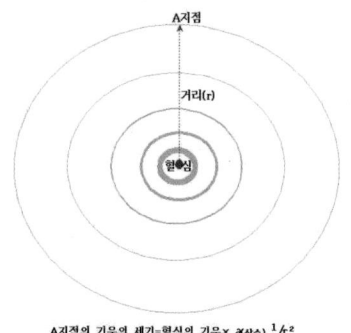

기운의 세기

A지점의 기운의 세기=혈심의 기운× α(상수) $1/r^2$
거리에 제곱에 반비례

전기력과 자기력 그리고 중력과 같은 힘은 발생지로부터 떨어진 거리(r)의 제곱에 반비례하여 그 세기가 약해진다. 용맥을 따라 흐르는 기운의 세기도 이 공식을 이용하여 그 세기를 측정할 수 있을 것이다. 발생지로부터 멀어지면서 기운을 느끼지 못하는 지점까지의 거리로 기운의 세기를 비교할 수 있을 것이다. 즉 상대적으로 멀리

부록: 추맥(追脈) :• 197

까지 기운이 느껴지면 그만큼 강한 기운이 용맥을 따라 흐르는 경우가 될 것이다. 기운을 느끼는 감도(sensitivity)는 사람마다 다르다. 예를 들어 같은 기운에 어떤 사람은 1m만 떨어져도 그 기운을 느끼지 못하는 사람이 있는가 하면 어떤 사람은 10m 이상 떨어져도 느낄 수 있는 사람이 있다. 이는 氣를 느끼는 감도에서 차이가 날 수도 있지만, 용맥을 따라 흐르는 기운을 '얼마나 정확하게 감지할 수 있느냐?'라는 정확도(accuracy)의 문제일 수도 있다. 氣를 느끼는 감도(기감)가 좋을수록 보다 정밀하게 기운의 세기를 측정할 수 있게 될 것이다.

  기운의 세기를 구별할 수 있다면 혈이 맺히는 용맥의 경우에는 최소한 어느 정도의 기운이 흐르고 있어야 하는지를 판단할 수 있게 된다. 그리고 혈이 맺힌 곳에서 나타나는 기운의 세기는 용맥을 통하여 흐르는 기운의 세기보다 월등히 크게 감지됨으로 어렵지 않게 혈을 찾을 수 있게 된다.

6) 혈은 어떻게 구분하나?

  용맥을 따라 흐르는 기운이 맺혀 생기가 샘솟은 곳을 혈(처)이라 한다. 자석의 끝부분이 강한 자력을 가지듯이 전선을 따라 흐르는 전류가 전구에서 밝은 빛을 발하듯이 용맥을 따라 흐르는 기운이 맺힌 혈에서 발생하는 氣는 용맥을 따라 흐르는 기운보다 훨씬 크다(3배 이상).

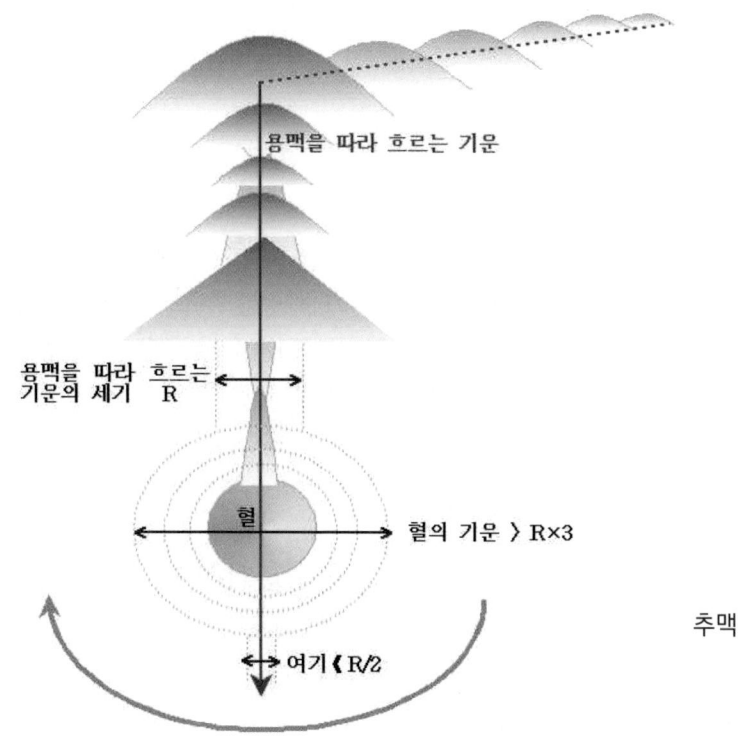

추맥

우리는 혈처를 찾아 그곳에서 발생하는 생기를 만끽하고자 한다. 풍수의 핵심은 강한 생기가 발생하는 혈을 찾아 이용하는 것이다. 따라서 용맥을 따라 흐르는 기운보다 월등하게 큰 기운이 느껴지는 곳이 바로 혈처다. 혈이 맺히고 나면 그 아랫부분의 기운은 혈에 입력되는 용맥의 기운보다 훨씬 약해져 있다. 왜냐하면, 용맥을 따라 오는 기운의 대부분이 혈을 맺는 데 소모되고 남은 기운[餘氣]만 내재하기 때문이다.

혈의 잉태에는 많은 氣가 필요하다. 따라서 하나의 용맥에 여러 개의 혈이 맺히는 경우는 거의 없다. 추맥 원리를 이용하여 용맥의 기운을 측정할 수 있는 경지에 이르면 혈의 위치와 혈의 중심[穴心]

까지 정확하게 알 수 있어 자연스럽게 점혈까지 완벽하게 할 수 있게 된다

7) 왜 용맥을 추적하는가?

풍수는 용·혈·사·수·향(龍·穴·砂·水·向)으로 크게 나누어 공부한다. 풍수에서 가장 우선시되는 용맥의 의미를 확연히 이해하고 깨닫는 것이 먼저다. 왜냐하면, 우리가 궁극적으로 찾고자 하는 혈은 용맥에 맺히는 결과물이기 때문이다. 따라서 용맥 없는 혈은 있을 수 없다. 따라서 용맥의 기운을 정확하게 측정할 수 있고 추적할 수 있다면 기운이 맺히는 지점인 혈을 자연스럽게 알게 될 것이다. 추맥은 용맥을 따라 흐르는 기운을 감지하고 그 기운을 추적하여 기운이 맺힌 혈을 찾는 방법이다. 용맥은 풍수에서 얻고자 하는 생기가 흐르는 길(통로)이다. 용맥의 기운은 조산(祖山)에 근원을 둔다. 조산에서 발원한 기운은 용맥을 통하여 진행하다 그 끝부분[龍盡處]에서 혈을 맺는다. 그래서 추맥은 풍수에서 찾고자 하는 혈을 찾기 위해 혈이 맺힐 수 있는 용맥을 따라 흐르는 기운을 감지하고, 그 기운의 흐름을 추적한다.

8) 모든 용맥을 추적하는가?

용맥은 혈을 맺을 수 있는 기운을 내재한 경우와 혈을 맺을 수 없는 용맥으로 크게 나누어 볼 수 있다. 혈을 맺을 수 있는 기운을 가진 용맥을 강룡(强龍), 생룡(生龍), 활룡(活龍)이라면 혈을 맺을 수 있는 기운을 가지지 못한 용맥은 약룡(弱龍), 사룡(死龍), 휴룡(休龍) 등이 될 것이다. 보조 용맥 보다는 중심 용맥에, 물의 흐름과 같은 방향으로 진행하는 피동적인 용맥 보다는 물과 음양 교차를 하거나 물을 거슬러 오르는 능동적인 용맥이 상대적으로 기운이 좋아 혈이

맺힐 가능성이 크다. 소위 구천십장(九遷十葬)375)으로 유명한 남사고(南師古) 부친의 묘가 있는 용맥을 보고 누군가 '고사괘수(枯蛇掛樹)'라 하였는데 고사괘수는 '죽은 뱀이 나무에 걸려 있는 형상'으로 바로 용맥이 혈을 맺을 수 있는 기운이 내재 되어 있지 않음을 지적한 것이다.

추맥은 용맥의 기운을 추적하지만, 혈을 맺을 수 있는 기운을 가진 용맥과 혈을 맺을 수 없는 용맥을 구분하여 혈을 맺을 수 있는 역량을 가진 용맥을 추적한다. 추맥은 용맥의 기운을 측정하여 혈을 맺을 수 있는 기운을 가진 용맥과 혈을 맺을 수 없는 용맥을 어렵지 않게 구별할 수 있게 된다.

9) 어떻게 추적하는가?

산세가 뚜렷한 곳이라면 먼저 형기적 판단으로 기운이 좋은 용맥, 혹은 중심 용맥을 찾아 접근하는 것이 바람직하다. 이는 산의 형세(形勢)를 살펴 자리를 찾는 방법으로 멀리서 세(勢)를 보고 상대적으로 강하고 생동하는 용맥, 즉 혈을 맺을 수 있는 용맥을 확인한 후 가까이 접근하여 자세히 형(形)을 점검하여 혈을 찾는 방법이다. 세(勢)는 멀리서 전체[局]를 통하여 핵심적인 부분을 확인한다면 형(形)은 핵심적인 부분에 가까이 다가가 용맥의 상태와 혈의 맺힘 여부, 혈의 정확한 위치까지 확인하고 점검하는 것이다.

추맥은 용맥이 끝나는 말단에서부터 위로 올라가면서 하는 경우와 주산이나 현무에서부터 아래로 내려오면서 하는 방법이 있다. 용맥의 아랫부분부터 위로 올라가면서 추맥할 때는 형기적으로 보고 판단하여 혈이 맺혀 있을 것으로 생각되는 지역의 아랫부분부터 용맥의 기운을 점검한다. 용맥을 따라 흐르는 기운의 세기가 혈을 맺을 수 있는 정도인지를 확인한다. 혈을 맺을 수 있는 지점으로 예상되는 곳으로부터 상당히 윗부분까지 용맥의 기운을 점검하였는데 기운의 세기가 혈을 맺기에 부족하다면 그 용맥은 혈을 맺지 못하는 용맥으로 판단하게 된다. 이 경우 이 용맥을 따라 위로 올라가면서 용맥의 기운이 혈을 맺을 수 있는 역량을 가진 곳까지, 추적을 할 수 있다. 만약에 위로 추적을 하다가 기운이 혈을 맺을 수 있는 역량을 가진 지점에 이르게 되면 거꾸로 그 용맥을 따라 내려오면서 기운을 추적하여 혈이 맺힌 위치를 찾을 수 있다. 어느 부분에서 없던 기운이 위로 추적을 하면서 나타나게 되는 경우로 기운이 없던 지점과 기운이 있는 지점 사이에 혈이 맺혀 있거나 그 중간에서 분기된 용맥으로 기운이 흘러간 경우로 볼 수 있다. 따라서 추적한 용맥 상에서 기운이 없던 지점과 기운이 있는 지점의 중간에 혈이 맺혀 있지 않다면 중간에서 분기된 용맥으로 기운이 흘러가는지를 점검하고 분기된 용맥으로 기운이 흘러가면 그 용맥을 추적하여 혈이 맺힌 지점을 찾으면 된다.

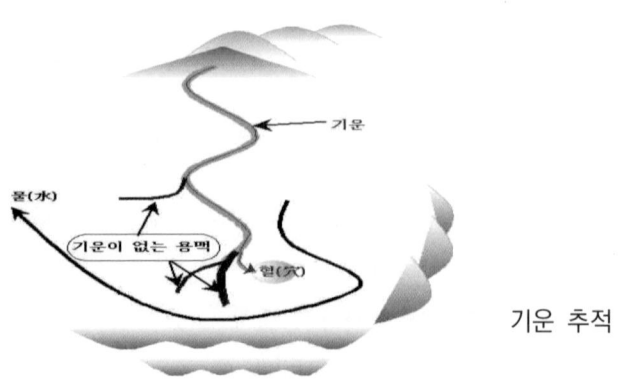

기운 추적

용맥의 위에서 아래로 기운을 추적하는 방법은 방금 위에서 설명한 방법과 같이 혈을 맺을 수 있는 기운을 내재한 용맥을 찾아 그 용맥을 따라 내려오면서 기운을 추적하여 혈이 맺힌 지점을 찾으면 된다. 이때 용맥의 상태(굵기, 변화, 주보전도 등)를 형기적으로 살펴 용맥을 추적하게 되는데 이 경우에도 기운이 어느 지점에서 갑자기 사라지게 되면 다른 곳으로 분기된 용맥이 있는지 확인하여 그곳으로 기운이 흘러갔는지를 확인해야 한다. 그렇지 않고 눈으로만 판단해, 추적하다 보면 너무 멀리까지 내려와 기운이 없는 것을 확인하게 되면 다시 용맥을 타고 거슬러 올라가 분기된 곳을 찾아 추맥해야 하는 번거로움이 있을 수 있기 때문이다. 따라서 분기되는 지점이 있으면 어느 용맥으로 주된 기운이 흐르고 있는지 확실하게 점검하고 추적을 하는 것이 추적의 효율성을 높일 수 있다.

10) 용맥이 보이지 않는 곳에서는 어떻게 하나?

풍수 공부의 정석은 형기[形勢]로 하는 것이다. 즉 풍수(바람과 물)가 만들어 놓은 자연의 형상을 통하여 그곳에 내재 된 기운의 특성을 파악하고, 긍정적인 기운의 흐름을 좇아 기운이 맺힌 혈을 찾아 바르게 이용하는 것이다. 그러나 형기는 형(形)이 사라진 곳에서는 혈을 찾지 못하는 한계를 가진다. 산천의 본래 모습은 하루가 다르게 인위적으로 개발되고 변형되어 간다. 무엇보다 양택지의 경우에는 지나친 평지화로 본래의 모습을 찾아보기가 힘든 상황이다.

평지 추맥

추맥은 용맥이 보이지 않는 곳에서도 혈을 찾을 수 있다. 형상이 보이는 곳에서 나타나는 기운의 흐름과 혈 맺힘 현상을 그대로 샘플링(sampling)하여 형상이 보이지 않는 곳에 적용하여 기운의 흐름을 파악하고 추적하여 혈이 맺힌 곳을 정확하게 찾는 것이 추맥이다. 따라서 형상이 보이는 곳에서 기운을 정확하게 측정하고 추적하여 혈을 찾을 수 있게 되면, 형상이 보이지 않는 곳에서도 같은 방법으로 기운을 읽고 추적하여 혈을 정확하게 찾아낼 수 있게 된다.

11) 종합(연습 방법)

기본에 충실해야 한다. L-로드로 추맥을 하기 전에 형기적으로 자리를 찾는 것에 익숙해져야 한다. 그래야만 형기적 안목과 추맥을 통한 혈 찾기가 서로 의존하지 않고 견제하면서 독립적으로 이중점검(cross check)이 가능하다.

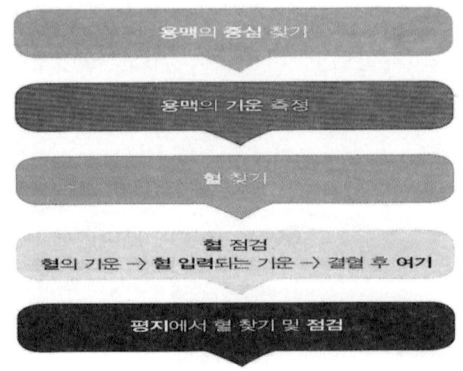

(1) 겉으로 용맥의 형상이 뚜렷이 드러난 곳에서 용맥의 중심을 찾는 훈련을 한다. 맥의 중심에서 L-로드가 기운이 흐르는 방향으로 자연스럽게 돌아갈 때까지 꾸준히 연습한다. 운동선수가 한 가지

동작을 계속해서 연습하듯이 반복해야 한다. 눈을 감고도 용맥의 중심에서 L-로드가 돌아가도록 연습한다.

※ 참조 : 기맥(氣脈)의 중심 찾기 연습

(2) 용맥을 따라 흐르는 중심 기운의 크기를 측정한다. '용맥의 중심 찾기'가 무의식 상태에서도 가능할 때 시작해야 한다. 처음에는 용맥의 중심에서 몇 걸음 떨어지지 않아서 기운을 감지할 수 없겠지만, 꾸준히 연습하다 보면 기감이 예민해져 보다 멀리까지 기운을 느낄 수 있게 될 것이다.

(3) 용맥을 따라 흐르는 기운의 크기(세기)를 정확하게 측정한다. 용맥을 따라 흐르는 기운을 측정 할 수 있게 되면 여러 용맥을 측정하면서 용맥 기운의 크기에 어떤 차이가 있는지 확인한다. 기운이 강한 용맥의 경우에는 몇 걸음 떨어진 곳까지 감지가 되며, 기운이 약한 용맥의 경우에는 몇 걸음 떨어진 곳까지 감지가 되는지를 확인하며 상대적인 차이를 통하여 용맥 기운의 강도(크기)를 측정할 수 있어야 한다.

(4) 용맥의 기운이 흐르는 부분과 혈이 맺힌 곳의 기운의 크기 차이를 정확하게 측정할 수 있어야 한다. 그리고 혈이 맺히고 난 이후의 남은 기운의 크기까지 정확하게 측정해야 한다. 기운은 용맥을 따라 흐르는 곳보다는 혈이 맺힌 부분이 훨씬 강하게 느껴진다. 혈이 맺히고 난 후의 용맥은 혈을 만드는 데 氣를 소모하면서 그 후단은 혈로 입력되는 기운보다 상대적으로 훨씬 약한 여기만 남게 된다.

(5) 혈을 찾고 나면 그곳이 정말 혈이 맞는지, 더욱 세밀하게 점검한다. 우선 형기적으로 혈증(穴證)을 살펴 혈이 분명한지를 확인한다. 형기적으로 혈의 요건을 갖추지 않았다면 그동안 형기적으로 알지 못하는 새로운 특징은 없는지 찾아본다. 형기적으로 혈이 맺힐 수 없는 곳이라면 기감을 통한 추맥 상의 오류는 없는지 자신을 의심해 볼 필요가 있다. 형기적으로 개연성이 있으면 혈을 세밀히 점

검한다. 혈은 그 중심에서 가장 큰 기운이 나오며, 중심에서 멀어질수록 상대적으로 기운이 약화되는지를 정확하게 점검한다.

(6) 지세(地勢)가 살아있는 곳에서 훈련을 통하여 혈을 찾는 것에 익숙해지면 본래의 지형 지세가 사라진 곳에서 기운이 흐르는 곳을 찾고, 찾은 기운의 크기를 측정하고, 혈을 맺을 수 있는 기운이라면 추적하여 혈이 맺힌 곳을 찾는다. 그리고 그곳이 자리가 될 만한 곳인지 형기적으로 확인하고 최종 점검까지 수행한다.

혈을 찾을 때는 형기적인 판단에 앞서 추맥으로 먼저 혈을 찾고, 그 후에 형기적으로, 추맥으로 찾은 자리가 혈인지를 점검한다. 이는 추맥 시 형기적인 판단으로 가진 선입견으로 인한 의식의 작용을 방지하기 위해서 꼭 필요하다.

※ L-로드 잡는 법

L-로드는 몸으로 느끼는 기운을 외부로 나타내는 표시기일 뿐이다. L-로드가 기운을 느끼는 것은 결코 아니다. 때문에, L-로드는 몸의 긴장을 풀고 내 몸의 일부가 되도록 잡는 것이 좋다. 의식적으로 '잡는다'라는 생각이 들지 않도록 가볍게 들어야 한다. L-로드의 반응은 사람에 따라 천차만별이다. 처음부터 예민하게 반응하는 사람이 있는가 하면 훈련을 해도 쉽게 반응이 오지 않는 사람도 있다. 처음에는 마음대로 움직이지 않을 것이다. 그래서 인위적으로 즉 마음(의지)으로 움직이도록 훈련한다. L-로드의 반응이 원활하게 되면 마음의 작용 없이 자연스럽게 몸이 느끼는 바를 표시하도록 훈련한다. 즉 무의식상태에서 몸이 느끼는 것을 그대로 나타내도록 하면 된다. 항상 마음을 편안하게 유지하고, 꾸준히 노력하면 차츰 반응이 예민해지는 것을 느낄 수 있을 것이다. 조급한 마음은 금물이다. 할 수 있다는 신념을 가지고 체계적으로 성실하게 훈련하며 체득해 가야 한다.

2. 추맥(追脈) 실전

추맥은 본인이 오랜 현장 체험을 통하여 습득한 혈을 찾는 방법이다. 추맥은 (祖)산에서 발원하여 용맥을 통하여 흐르는 기운을 추적하여 그 끝[龍盡處]에 맺히는 혈을 찾고 점검하는 방법이다. 추맥은 형이 분명하게 드러나는 산중의 음택혈(陰宅穴)과 같이 내재 된 기가 바깥으로 형상화되어 드러난 곳에서 나타나는 현상을 샘플링하여, 지형이 사라진 곳에 그 기준을 적용하여 동일한 현상이나 반응이 나타나는 곳을 찾아가는 방법이다. 먼저 혈이 맺히는 용맥의 기운 세기를 점검하여 그 기준을 정하고, 혈에서 나타나는 현상을 샘플링한다. 기준과 샘플링을 통하여 용맥의 기운을 측정하고, 측정한 용맥이 내재하고 있는 기운의 세기를 판단한다. 그리고 혈을 맺을 수 있는 용맥의 경우에는 그 기운을 추적하여 혈이 맺힌 부분을 찾고, 혈의 샘플링을 통하여 혈의 진위를 확인 점검한다.

1) 왜 '추맥'인가?

사람은 저마다 선천적으로 타고난 소질과 후천적으로 노력을 통하여 개발할 수 있는 능력에 차이가 있다. '백문불여일견(百聞不如一見)'이라 감각 중에서는 시각(視覺)에 의한 경험이 가장 중요하다. 아마도 시각은 다른 감각보다 쉽게 공감할 수 있기 때문일 것이다. 풍수도 시각을 가장 중시해 왔다. 풍수의 형기론과 물형론은 모두 시각을 기준으로 한 이론 체계이다. 이렇듯 대부분 사람은 눈[眼]으로 사물의 모양과 상태를 살피고, 인식하는 기준이 비슷하여, 자연을 대상으로 하는 풍수 공부 또한 이러한 시각을 중심으로 정의하고 판단하며, 수용하여 인식을 공유하게 된다. 자연을 시각적으로 수용한 내용을 더욱 구체적으로 기준을 정하여 분류하고 정리하여 소통해 가는 과정이 '형기풍수' 공부라면, 소개하는 추맥은 다른 차원의 풍수 공부가 될 것이다. '추맥'은 쉽게 눈으로 감지할 수 없는 氣를 측정하는 '기풍수'의 한 맥락이라 할 수 있다. 기풍수인은 주체적인 감각을 통하여 氣를 인식하고 혈을 찾는다. 이러한 기풍수인의 감각에 의존한 氣의 감지와 혈 찾기는 인간의 독특한 기감지 능력을 개발해 가는 것이다. 그러나 기풍수를 하는 사람은 지극히 개별적인 직감을 위주로 혈을 찾는 경우가 많아, 자연과학적인 방법으로 풍수를 학습하고 연구하는 사람들에게 '개별적이고 비논리적이라'는 지적을 받아오고 있다. 추맥은 이러한 기풍수가 갖는 개별성과 인식공유의 한계를 극복하기 위하여 형기를 기본으로 하며 보편적 기감을 활용하여 혈을 찾는 방법이다. 전통 형기 풍수에 기감을 적용하여 용맥에 내재하고 있는 기를 측정하고 추적하며, 그 기운이 맺힌 혈을 찾고 진위를 판별하는 방법이다. 그래서 형기를 근간으로 풍수를 해온 사람이라면 누구나 어렵지 않게 이해하고 공감하며 응용할 수 있다.

  형기로는 용맥을 기준으로 그 안에 흐르는 맥(脈)을 추적한다. 즉 주산에서 뻗어 내린 용맥을 따라가며 맥의 기운이 모여 맺힌 혈을 찾는 과정을 '추룡(追龍)'이라 할 수 있다. 형기 즉 눈으로 용맥을 추적하는 '추룡'은 산을 한눈에 관망할 수 있는 곳에서, 산세와 물길 그리고 국세를 살펴 주용맥을 찾는다. 그렇게 찾은 바로 그 용맥을 아랫부분부터 위로 주산의 정상까지 천천히 올라가면서 눈으로 혈증을 통하여 혈을 찾는다. 이때 용맥의 아랫부분에서 시작하여 위로 올라가면서 혈을 찾는 경우나, 거꾸로 주산의 정상에서 용맥을 타고 아래로 내려오면서 혈을 찾는 과정을 모두 '추룡'이라 할 수 있다. 형기를 위주로 하는 대부분의 풍수인은 이러한 추룡 과정을 통하여 혈을 찾고 있다. 풍수는 먼저 형기적 추룡 과정을 바르게 익혀야 한다. 추룡은 용맥의 기운 유무(有無), 강약(强弱), 변화(變化), 성정(性情), 박환(剝換) 상태, 주변의 사(砂)와 물의 흐름 등을 자세히 살핀다. 특히 용맥이 끝나는 부분에서는 혈증을 세심하게 살펴야 한다. 이렇게 형기 공부를 중시하는 까닭은 형기를 통하여 용맥의 기운을 읽는 방법이 무엇보다 중요하기 때문이다. 기운이 이동하는 통로인 용맥의 상태를 제대로 알 수 있다면 곧 혈을 맺을 수 있는 기운을 내재한 용맥을 찾고 추적하여 혈의 유무(有無), 진위(眞僞)를 판단하는 기본적인 준거(準據)가 될 수 있기 때문이다. 이에 비하여 많은 기풍수인은 과정인 용맥을 무시하고 결과물인 혈만 논한다. 용맥은 기운의 통로이며 혈맥(穴脈)이며 신경선(神經線)으로 주산과 혈을 연결한다. 따라서 기운의 통로인 용맥의 성정을 세심하게 살피는 과정을 생략하거나 무시하고 찾은 자리는 객관적인 혈이라 할 수 없을 것이다.

이제 추룡을 통한 혈 찾기에 익숙해졌다면, '추맥'을 해보자. 전술한 추룡 과정은 氣가 형상으로 나타난 용맥을 쫓아가는 과정이라 할 수 있다. 추룡이 외형적인 용맥을 따라 기운을 추적하는 것과는 달리 추맥은 용맥 안에 흐르는 기운의 '맥(脈)'을 추적해 가는 과정이다. 이 과정을 '추룡(追龍)'이라 하지 않고 '추맥(追脈)'이라고 한 까닭은 용맥에 내재 된 기운의 흐름을 추적하는 것이 주(主)를 이루기 때문이다. 시각에 의존해 추룡을 하다 보면 작금에는 용맥이 손상되거나 본래 모습이 사라져 기운을 계속해서 추적할 수 없는 경우가 적지 않다. 예를 들면, 도심의 양택지는 용맥의 본래 모습이 평지화로 사라져 눈으로 기운의 흐름을 거의 추적할 수 없다. 따라서 개발 등으로 지형이 왜곡된 지역에서는 '용맥'으로 기운의 흐름을 파악하고 혈을 찾아가는 것은 비현실적이다. 시각에 의존한 '추룡'의 한계로 인하여 결과적으로 양택지를 찾을 수 없게 되어 형기론은 양택혈을 언급하지 못하고 있다. 요즈음은 음택지도 난개발로 혈증으로 혈을 찾기가 쉽지 않다. 따라서 형기적 심혈(尋穴)과 재혈(裁穴)은 그 한계를 통감할 수밖에 없다. 그 결과 단순히 형기에 의존하여 자리한 음택지의 대부분은 점혈(點穴)의 과오(過誤)로 오히려 괜찮은 터를 망치게 된다. 이러한 형기에 의존한 추룡의 한계를 극복하기 위하여, 용맥에 내재 된 기운인 맥을 추적하는 과정 즉 '추맥'을 창안하여 소개한다.

2) 용맥폭(龍脈幅)·기맥폭(氣脈幅)과 혈

용맥폭에는 크게 두 가지의 폭이 있다고 할 수 있다. 외형적인 용맥의 굵기(크기)와 관련된 외형적인 크기(폭)와 용맥 내부에 흐르는 기운의 세기 즉 기맥의 폭이 있을 수 있다. 용맥의 진행상에서 나타나는 팽창과 수축적인 외형상의 변화를 무시한다면 하나의 용맥에서 외적인 용맥의 크기와 내적인 기맥의 크기는 비례할 것이다. 겉으로 드러난 용맥의 크기는 실제 시각으로 확인할 수 있지만, 내적 기운의 변화 즉 기맥폭의 변화는 쉽게 눈으로 확인할 수가 없다. 만약 어떤 가정을 통하여 기맥 크기의 변화를 이론적으로 나타낼 수 있다면, 그 변화를 통하여 혈의 생성 여부를 확인할 수 있는 하나의 방편이 될 수 있을 것이다. 즉 특정 용맥 부위로 들어가는 기맥의 크기(폭)와 나오는 기맥 크기(폭)를 비교하여 현저한 기운의 차이를 보인다면 그 중간에 기운이 나누어져 다른 곳으로 흘러갔거나 혈이 맺혀 기운의 상당 부분이 그 부위에서 소진(消盡)된 것으로 볼 수 있다.

아래 그림에서 A 용맥에서 분기되는 B, C, D 용맥의 기운을 합하면, 이론상으로는 A 용맥의 입력 크기와 거의 같다고 할 수 있을 것이다. 그러나 용맥은 여러 가지 원인으로 폭의 변화가 자유로워 이러한 이론이 성립되지는 않을 것이다. 또한, a의 기맥에서 분기되는 b, c, d의 기맥의 세기 역시 a≒b+c+d가 된다고 가정을 해보자. 물론 기맥의 여러 가지 특수성과 변수로 인하여 이러한 이론은 실제 성립이 되지 않을 수 있다.

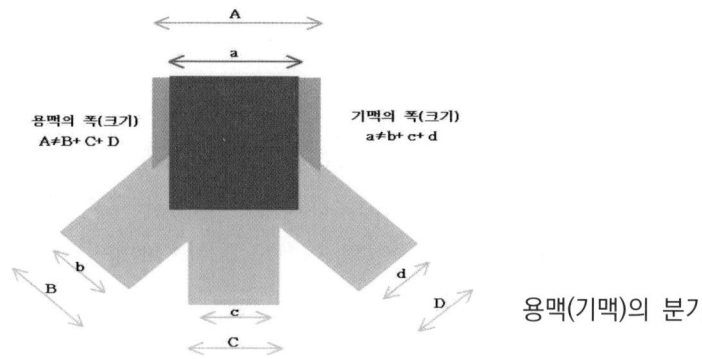

용맥(기맥)의 분기

　용맥의 특정 부위를 중심으로 들어오는 기운과 나오는 기운을 비교하여 커다란 변화가 있을 때, 변화 전 용맥의 끝자락 부분[龍盡處]에 나타나는 혈의 맺힘이 있을 수 있다. 이렇게 변화 전 용맥 상에 혈이 맺힘으로 인하여 변화 후의 용맥과 기맥의 폭(크기)에 변화가 오게 된다. 아래 그림은 혈의 맺힘과 기맥폭의 변화를 나타내고 있다. 이론상 a ≒ 혈의 기운+b가 될 것이다. a의 크기는 혈처에 소진되는 기운의 크기(穴의 기운+여기)와 b 기맥 크기의 합으로 볼 수 있을 것이다.

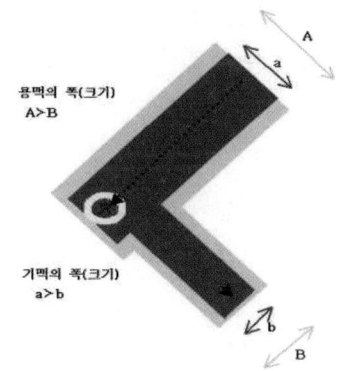

용맥(기맥)의 변화

부록: 추맥(追脈)

위의 전제를 요약하면, 용맥 상 분기점의 경우는 분기 전의 기맥의 크기와 분기된 후의 기맥의 합이 일치한다는 가정(a≒b+c+d)을 해볼 수 있으며, 용맥 위에 혈이 맺히는 경우는 혈처로 입력하는 기운은 혈처의 기운과 변화 후의 용맥 기운의 합이라는 가정(a≒혈의 기운+b)을 해볼 수 있을 것이다. 이러한 가정을 통하여 보이지 않는 기맥폭(크기)의 변화를 가상의 이론으로 적용하여 직접 수치로 비교해 가면서 혈처를 찾아간다.

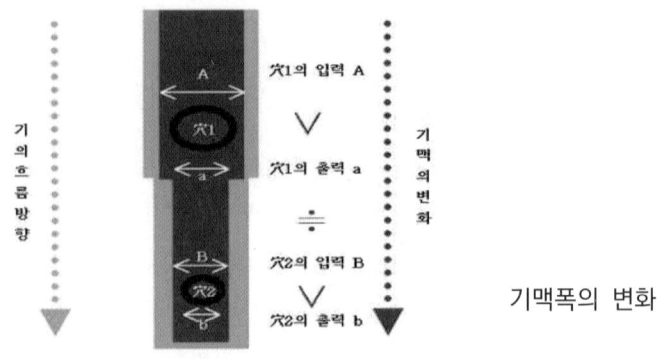

기맥폭의 변화

위의 그림(기맥폭의 변화)을 보면 穴1로 입력되는 기운인 A는 穴1에 소진되는 기운만큼 크기가 줄어 穴1의 출력 a가 되고(A>a), a는 용맥상의 손실이 없다면 穴2의 입력 B가 될 것이다. B의 기운 역시 穴2에서 필요한 만큼 소진되어 穴2의 출력 b에는 더욱 적은 기운이 나오게 될 것이다(B>b). 혈의 맺힘과 혈 전후 기운의 변화는 곧 기맥 크기[幅]의 변화로 나타날 것이다. 1용맥 1기맥 시 기맥폭은 용맥의 폭과 상당한 비례관계를 가지고 있다. 따라서 형기로 혈을 찾는 방법은 용맥폭의 변화를 세밀히 읽어 기운이 맺히는 결혈처를 찾는 것이라 할 수 있다. 만약 가상의 크기 비교로 기맥폭의 변화를 읽을 수 있듯이, 실제 기운의 변화를 기맥폭의 변화를 통하여 읽을 수 있다면, 氣의 본질에 가깝게 접근하여 혈의 맺힘을 알아낼 수 있는 방법이 될 것이다. 용맥의 폭은 외부적인 환경으로 인해 흐름 상에 수축과 팽창을 거듭하며 변화하지만, 그 속에 흐르는 기맥의 폭은 변화가 상대적으로 적어, 기맥폭의 변화를 통하여 혈의 맺힘을 파악하는 가상 이론을 대입하는 것에 크게 무리가 없을 것이다. 따라서 이 이론을 적용하여 혈처를 중심으로, 혈 직전의 입력 기맥 폭과 혈 직후 단(段)의 출력 기맥 폭을 비교하여 그 변화의 정도를 파악함으로써 혈의 맺힘을 정확하게 확인할 수 있을 것이다.

3) 기맥의 중심 찾기 연습

기맥(기운의 흐름)을 찾아가는 방법은 추룡에서 겉으로 드러난 용맥을 통하여 눈으로 기운을 파악하는 방법과 크게 다르지 않다. 다만 맥은 용맥처럼 바깥으로 드러나지 않고 내부로 흘러, 보통 사람들이 눈으로 쉽게 확인할 수 없는 한계가 있다. 따라서 맥의 기운을 몸의 감각 능력을 이용하여 감지한 후 그 크기를, 기구를 통하여 밖으로 표시해 낸다.

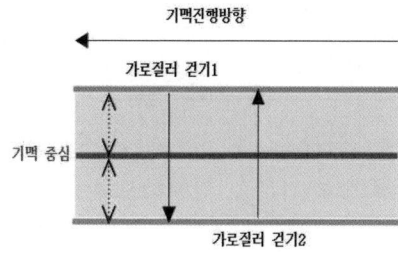

기맥중심찾기 연습   기맥 중심 찾기 연습

필자는 오래전부터 L-로드를 이용하여 나름대로 기운의 흐름을 추적하고, 혈의 맺힘 여부를 파악하는 노력을 지속해 왔다. 그 과정에서 수많은 시행착오와 수정을 거쳐, 정립된 해법이 '추맥'이다. 먼저 주산과 혈의 연결자인 용맥에 대하여 형기 이론과 현장 공부를 충실히 할 필요가 있다. 용맥이 뚜렷이 보이는 곳에서 용맥과 혈의 상관관계에 대하여 확신을 가지는 것이 매우 중요하기 때문이다. 소위 정혈처로 소문난 자리나 발복 터를 찾아 용맥과 혈과의 상관관계를 잘 살펴, 용맥을 보면서 혈의 생성 여부를 파악하는 노력을 지속해 가야 한다. 이러한 이론과 현장 답사로 혈 찾기에 자신감을 가지게 되면, 용맥의 내부 기운을 읽는 공부를 병행해 가면 된다. 용맥의 내부 기운을 읽는 공부는 형기로 분명하게 보이는 용맥을 통하여 이루어진다. 기운을 생각하며, 눈으로 보이는 용맥을 가로질러 걸어가면서 용맥의 기운을 측정하고 폭을 측정하는 연습을 시작한다.

　용맥의 기운은 용맥을 따라 흐르는 기운의 중심 부분을 찾는 것에서 출발한다. 예를 들면 L-로드를 들고 천천히 용맥을 가로질러 걸어가면서(참조: 그림 기맥 중심 찾기 연습) 용맥의 중심에서 L-로드가 기운이 흐르는 방향으로 꺾이도록 연습한다. 처음에는 형기로 용맥의 중심이 뚜렷이 보이는 곳에서 연습을 반복하는 것이 바람직하다. 실제 용맥의 중심에서 몸이 氣를 감지하고 L-로드가 반응하는지를 확인해 볼 수 있기 때문이다. 인간은 집중과 연습을 통해 특정 氣(파장, 에너지)의 감지 능력을 계발하고 향상해 나갈 수 있다. 용맥을 가로질러 걸어가면, 몸이 용맥의 기운을 감지하고 L-로드로 표시하는 것이 자연스럽게 될 때까지 연습한다. 감각에 의존하여 기맥을 찾는 것은 사람마다 반응이 달라 엄청난 노력이 필요하다. 용맥을 통하여 흐르는 기운의 중심을 찾는 것은 매우 중요하다. 따라서 철저한 연습을 통하여 어떤 용맥에서도 흔들리지 않고 중심을 찾을 수 있을 때까지 연습을 반복해야 한다.

4) 기맥폭 측정 연습

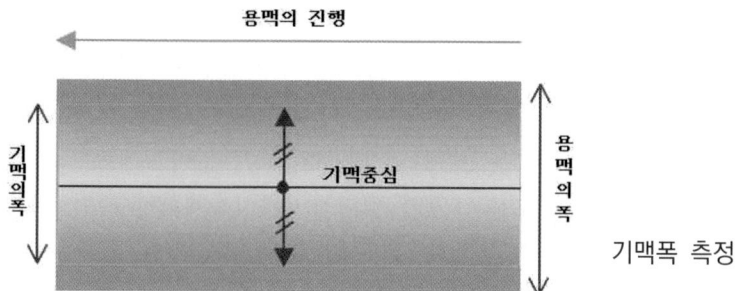

기맥폭 측정

　용맥의 중심을 찾을 수 있다는 확신을 갖게 되었다면 용맥을 따라 흐르는 기운의 폭을 측정하는 연습을 한다. 용맥을 따라 흐르는 기운은 크기를 가지고 있다. 그 크기를 용맥의 폭을 통하여 측정하는 연습을 해본다. 앞에서 용맥의 중심을 찾아 돌아간 L-로드는, 용맥의 기운이 느껴지는 범위 내에서는 계속 돌아간 상태를 유지하다가 최소한의 기운까지 느낄 수 없을 시 원위치하게 된다. 처음 연습할 때는 '용맥의 중심에서 내 몸이 용맥의 기운을 감지하고, 기운이 느껴지는 동안 L-로드가 돌아간 상태를 유지한다'라는 의식적 자기 암시를 주어야 할 것이다.
　몸을 길들이기 위한 의식은 몸이 반응체로 만들어지면 자연스럽게 버려야 한다. 그렇지 않으면 몸은 의식의 지배를 받게 된다. 반대 방향에서 시작하여 용맥을 가로질러 걸어가면, 용맥의 중심을 찾아 꺾인 L-로드가 기운이 흐르는 폭만큼 꺾인 상태를 유지하다가 기운이 느껴지지 않는 곳에서 원위치하게 된다. 이렇게 용맥의 중심에서 기운이 흐르는 폭을 측정하면 폭은 대체로 좌우대칭을 이루게 될 것이다. 이렇게 반응하는 기맥의 폭은 개인의 기감에 따라 다를 수밖에 없을 것이다. 개별적으로 기운의 크기와 기맥폭과의 상관관계를 정립해 가야 한다. 예를 들면 필자와 같이 오랜 연습과 경험으로 기운에 예민한 사람은 보통 사람과 달리 상대적으로 기맥폭이 넓게 측정될 수밖에 없을 것이다. 개인오차는 감각의 정도, 걸음걸이의 빠르기, 보폭, 반응속도 등에 따라 조금씩 다르게 나타날 수밖에 없을 것이다. 이제 우리는 용맥의 중심을 찾고 기맥의 크기 즉 기맥폭을 측정할 수 있게 되었다. 용맥의 중심을 찾고, 기맥폭의 측정을 통하여 혈이 맺힌 자리를 중심으로 용맥의 기맥폭을 측정하여 그 통계치를 잘 파악하고, 혈이 맺히지 않는 용맥과의 차이점이 무엇인지를 현장 경험을 통하여 개별적으로 정립해 가야 한다.

지금까지 공부한 기맥의 중심을 찾고, 기맥의 폭을 측정하는 방법을 형기로 파악할 수 있는 곳에서 연습을 통하여 몸이 자연스럽게 반응하도록 하여야 할 것이다. 열심히 노력한 사람이라면 이제 본래 지형이 사라지거나 왜곡된 곳에서도 L-로드를 들고 걸어가면 맥(脈)의 중심이 잡히고 그 폭을 측정할 수 있게 될 것이다. 왜냐하면, 몸은 이미 기맥의 중심과 기맥폭을 측정하는데 훈련을 통하여 예민해져 있기 때문이다. 형기에 입각한 시각적 인식 없이도 기맥의 중심을 찾고, 찾은 기맥을 중심으로 기맥폭을 측정할 수 있게 된다. 이제부터는 형기로 용맥을 살피기에 앞서, 먼저 추맥으로 기맥의 중심을 찾고, 기맥폭을 점검한 후, 형기로 살펴본 용맥과 비교하면서 틀리지 않았는지 반대로 확인하는 공부를 해가야 한다. 유의할 점은 형기와 기감이 서로 의존하지 않고 독립적으로 수행되어야 한다. 기감은 형기와 같은 사전 인식에 지극히 민감하여, 자신도 모르는 사이에 앞선 지식에 마음을 빼앗겨 버리기 쉽다. 따라서 형기보다 기감으로 먼저 용맥을 점검한 후, 형기로 확인하여 상호 일치 여부를 점검해야 한다.

5) 혈의 이해

"혈은 본래 양택풍수에서 비롯되었다." 용맥을 따라가던 기운이 맺히는 자리를 '혈'이라고 한다. 용맥을 따라 진행하던 기운이 멈추는 상태가 되는 곳으로, 용맥을 따라 종(縱)적으로 흐르는 기운이 횡(橫)적인 작용으로 바뀌는 상하좌우 힘의 균형처에 맺힌다. 마치 땅속을 따라 흐르던 물이 샘을 만나 고여 솟구치듯이, 혈은 용맥을 따라 흐르던 기운이 모여 氣샘을 만들어 氣를 발산하게 된다. 혈의 맺힘에는 그 증거가 되는 혈의 증거[穴證]가 있다. 형기적 접근은 바로 혈증을 통해 혈을 찾아가는 것이다. 두뇌(승금), 선익, 혈토, 전순 등을 중심으로 혈의 증거를 찾는다. 그러나 이러한 혈의 증거는 대부분의 양택지에서 분명하게 남아 있지 않은 것이 현실이다. 따라서 혈을 형기로 찾아 점혈(點穴)까지 정확하게 실행하기에는 현실적인 한계가 있을 수밖에 없다. 이렇게 본래의 모습이 변형되거나 사라진 현장의 형기적 난제를 풀기 위하여, 용맥을 따라 흐르는 기운을 측정하고 추적하여 혈에 접근하는 방법을, 추맥을 통해 모색한다.

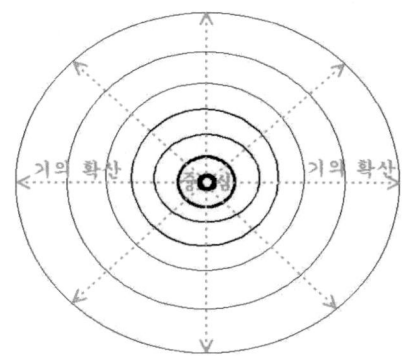

氣의 확산

혈의 기운은 위의 그림과 같이 혈의 중심[穴心]에서 바깥으로 퍼져나간다. 따라서 용맥을 따라 흐르는 기운이 혈을 맺는 것을 그림으로 그려보면 아래와 같을 것이다. 혈의 기운은 氣의 맺힘과 발산으로 용맥의 기운에 비하여 그 폭이 상대적으로 상당히 넓어지게 될 것이다. 혈의 기운은 혈심을 중심으로 입체적으로 전방위로 퍼져나간다.

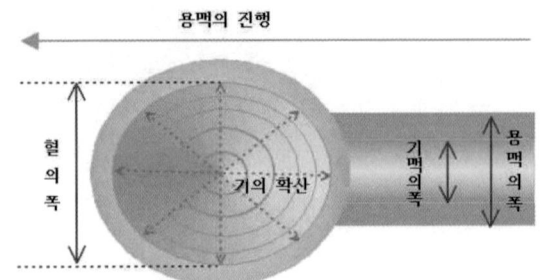

용맥과 혈

6) 혈의 맺힘과 혈의 크기 측정

이제 용맥을 따라가는 기운이 맺히는 혈에 대하여 기운의 측정을 통하여 결혈 여부를 확인해 보자. 혈의 기운은 평면적으로 측정하면, 혈의 중심인 혈심에서 기운이 가장 강하고, 혈심에서 멀어질수록 거리의 제곱에 반비례하여 기운이 약화되어 사라지게 된다. 이때 혈의 기운이 미치는 범위를 혈장(穴場)이라 한다. 풍수는 생기를 발하는 혈을 찾아 바르게 이용하는 학문이다. 우리는 이미 용맥을 따라 흐르는 기운의 폭을 측정하는 방법을 배웠다. 혈의 크기 역시 기맥폭을 측정하는 방법으로 측정할 수 있다.

아래 그림을 참조하여 혈장을 가로질러 걸어가면서 (기맥폭을 측정하는 방법으로) 혈의 기를 측정해 보자. 용맥을 따라오는 기맥의 넓이는 혈이 맺히기 시작하는 지점[乘金]부터 혈심에 가까이 가면서 점점 넓어지게 된다. 그 폭이 가장 넓은 부분이 혈의 중심이 될 것이며, 중심을 지나 진행할수록 그 폭은 점점 좁아질 것이다. 아래 그림은 여러분이 혈의 맺힘과 기맥의 변화에 대하여 쉽게 이해할 수 있도록 예를 들어 그린 그림이다. 아래 그림을 참조하여 살펴보면, 10의 폭으로 혈을 맺기 위한 기운이 들어와 혈을 맺는다고 가정하면, 혈을 맺는데 기운의 대부분을 소진하고, 혈이 맺힌 후에 나가는 여기는 입력하는 용맥의 폭에 비하여 상대적으로 좁아져 ⅓ 정도의 폭에 해당하는 기운만 남게 된다.

용맥을 따라 흐르는 기운은 혈을 맺으면서 많은 에너지를 소모하게 된다. 따라서 혈이 맺힐 경우, 혈장이 끝나는 부분에는 여기가 흐르게 된다. 여기는 혈로 들어오는 기운이 혈을 맺으면서 약화되어 기맥폭이 상대적으로 좁아지게 된다. 따라서 기맥을 측정하면서 기맥폭이 상대적으로 좁아지는 곳에는 그 윗부분에 혈의 맺힘을 추측해 볼 수 있을 것이다. 반대로 입력 부분의 기맥폭과 출력 부분의 기맥폭이 변화가 없다면 혈이 맺히지 않았을 것이다. 이렇게 기맥폭을 정확히 측정하는 것이 가능해지면, 혈을 맺을 수 있는 기운을 가진 용맥과 기운이 약해 제대로 혈을 맺을 수 없는 용맥을 구분할 수 있을 뿐만 아니라, 용맥의 어느 부분에서 혈이 맺혔거나 기운이 분기되어 갔는지를 쉽게 감지할 수 있게 될 것이다. 모두 기맥폭의 변화를 통하여 판단하게 되므로 기맥폭을 측정하는 것이 자연스럽게 몸에 익혀져야 할 것이다.

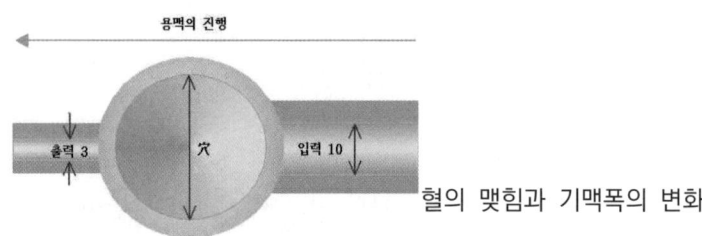

혈의 맺힘과 기맥폭의 변화

자연스럽게 기운을 측정할 수 있다면, 본래 지형이 사라진 평지에서도 기맥의 중심 찾기를 통하여 용맥을 찾고, 기맥폭을 측정하고, 기맥을 추적하면서 기맥폭의 변화를 읽어 혈이 맺힌 곳을 찾고, 확인 점검까지 할 수 있게 된다.

　지금까지 우리는 기맥의 중심을 찾고, 기맥의 폭을 측정하고, 기맥폭의 변화를 통하여 혈의 생성 여부를 판단하고, 혈심의 정확한 위치를 찾고, 혈의 기운을 측정하는 방법까지 알게 되었다.

7) 추맥

　대부분의 풍수인은 형기 풍수를 위주로 공부한다. 형기는 기운이 형상화한 모습을 보고 기운의 강약, 유무, 등을 판단한다. 그러나 작금의 현장은 기운의 형상 즉 형기를 통하여 눈으로 쉽게 판단할 수 있는 기운의 증거는 찾아보기 힘들다. 도시화로 본래의 모습을 찾아보기 힘든 양택지뿐만 아니라 소위 차명당으로 대표되는 접근이 용이한 음택지의 대부분도 혈증이 분명하게 남아 있지 않다. 따라서 형기만으로 혈을 찾고 점혈하기에는 녹록하지 않다. 이러한 어려운 여건하에서도 풍수 학인은 가던 길을 멈출 수 없다. 이제 우리는 더욱 세심하고 정밀하게 지형을 살펴나가야 한다. 개발로 파괴되어 가는 산천을 샅샅이 뒤져서라도 부스러진 증거를 모아 기필코 혈을 찾아야 한다. 변형되는 지형에 대응하는 밝은 지혜의 눈을 가져야 한다.

　풍수인은 자연을 내 몸처럼 사랑하며 길을 간다. 추맥은 눈으로 하는 형기 풍수의 한계를 극복하는 방편이라 할 수 있다. 그러면서도 형기를 기본으로 하여 공부해야만 한다. 형기를 통하여 얻은 샘플(sample)을 본래 지형이 사라진 곳에 적용하는 방법이기 때문이다. 추맥은 형기로 분명하게 판단할 수 있는 곳에서 얻은 용맥과 혈의 특징을 형이 사라진 곳에 적용하여 맥의 기운을 추적하여 혈을 찾는 방법이다.

추맥은 위에서 공부한 기맥 중심 찾기, 기맥폭 측정을 통해 어느 곳에서나 기맥을 찾고, 그 기맥의 폭을 측정하여 혈을 맺을 수 있는 용맥 여부를 확인하고, 기맥을 추적하며 기맥 폭의 변화를 읽어 혈이 맺힌 위치를 찾는다. 눈으로 보면 크고 뚜렷한 용맥도 혈을 맺을 수 없는 작은 기운밖에 흐르지 않는 경우가 있는가 하면, 논두렁처럼 작은 용맥에도 결혈할 수 있는 기운이 흐르는 경우가 있다. 기맥 측정을 통하여 나름대로 기운의 크기를 판단할 수 있게 되면 어렵지 않게 기맥을 찾아 기운의 흐름을 추적할 수 있게 될 것이다. 기맥의 추적은 기맥폭의 변화 여부를 읽어가면서 용맥의 아래에서 위로, 혹은 위에서 아래로 기운의 변화 지점을 먼저 찾아야 한다. 변화지점을 찾게 되면 기맥 폭의 변화를 통하여 결혈 여부를 판단하고, 혈이 맺혀 있다면 氣의 확산 법칙에 따라 혈장이 형성되었는지를 점검해 가야 한다. 혈을 중심으로 들어오는 기운과 나가는 여기를 측정하여, 혈의 맺힘 여부를 꼼꼼히 점검해야 한다. 추맥은 보이지 않는 용맥까지 생생하게 그려낼 수 있다. 추맥을 통하여 얻은 결론(혈)은 주변 자연환경과 깊은 관련이 있을 것이다. 기맥폭을 통하여 얻은 결론은 꼭 형기적 안목으로 다시 정밀하게 살펴보아야 한다. 기운을 읽는 방법 즉 추맥으로 얻은 결론과 형기로 판단한 결론을 비교하여 혈의 맺힘을 최종 판단해야 할 것이다.

1) 자연의 '자(自)'는 '스스로'와 '저절로'의 두 뜻이 있다. '스스로'는 (타자의 도움 없이) '자신의 손을 써서 무엇인가를 하는 경우(能産的)'이다. 여기서는 '의식·노력'이 동반된다. 반면에 '저절로'는 '자신의 손을 쓰지 않아도 그것이 자동적으로 운행되는 경우(所産的)'이다. 여기에는 의식·노력이 불필요하다. 타자의 힘을 빌리지 않고 절대적으로 그 자신에 내재한 힘에 의한 것을 말한다.
2) 자연이 호흡한 공기(바람)를 인간은 흡수하고 내뱉는다. 내가 호흡한 공기를 또 다른 사람이 흡입하고 내뱉는다. 자연 속에 생성-변화하는 물을 인간이 흡수하고 자연으로 배출한다. 다시 그 물을 다른 인간이 마시고 배설한다. 그렇게 무한 순환하는 바람과 물로 세상은 연결되어 있다.
3) 나옹선사(1320~1376)의 시 '청산은 나를 보고(靑山兮要我)'에 한 구절.
4) 이하 '풍수인'은 풍수를 직업으로 하거나 가르치는 사람, 풍수를 취미로 하며 일반인(비풍수인)에게 영향을 주는 사람을 포함한다.
5) 과정에서 다름의 변수는 다양성으로 헤겔의 모순 개념으로 다층적 역동적 구조를 형성하여 변증법적 비교 연구의 길이 될 수 있다.
6) 기준의 다름(difference)이 개별성과 배타성의 관념적 기준의 차이에서 비롯됨을 말한다.
7) 최창조, 『명당은 마음속에 있다』: "혈(명당)은 실재하지 않고 단지 마음에 따라 존재 여부가 결정된다."라고 한다.
8) 공리(公理, axiom)는 '일반적으로 널리 통용되는 진리나 도리'로 논리학이나 수학 등의 이론 체계에서 가장 기초적인 근거가 되는 명제(命題)이다. 증명할 필요가 없이 자명한 진리이거나 다른 명제들을 증명하는 데 전제가 되는 원리를 가리킨다. 지식이 참된 것이 되기 위해서는 근거가 필요하나 근거를 소급해 추적해 가면 더 이상 증명하기가 곤란한 명제에 다다른다. 이것이 바로 공리이다. 공리 외에 '공준(公準, postulate)'이라는 용어도 사용되며, '공리'가 여러 학문적 영역에서 공통으로 적용될 수 있는 자명한 가정을 가리킴에 반해, '공준'은 영역별로 자명하게 받아들여지는 가정을 일컫는 말이다.
9) 여기서 이기론은 풍수의 요체인 기의 작용 즉 길흉화복을 이론(상수)적으로 풀어가려는 방법론을 말한다.
10) 혹시라도 진정한 '풍수 도인'을 알고 있으면 필자 소개란의 연락처나 E-메일로 제보해 주길 당부한다.
11) SNS로 '한국기풍수지리학회'-'한국참풍수지리학회'를 창립하여 운영하면서 방문요청 회원을 대상으로 매년 봄, 가을에 '전국 순회 방문'을 실시하였다.
12) '장풍득수(藏風得水)'는 '기를 흩어지게 하는 바람이 사라지고, 용맥을 따라 진행하는 기운을 멈추게 하여 혈을 맺게 하는 물을 얻는다'라는 풍수의 핵심 의미를 내재하는 용어다.
13) 계통: "일정한 체계에 따라 서로 관계되어 작용하는 부분들의 통일적 조직".

14) 화작(化作): 변화에 따른 자연스러운 인연. 시중(時中): 변화 속에서의 중도.
15) 공준(公準, postulate): 각 영역별로 자명하게 받아들여지는 기준.
16) '용진처(龍盡處)'는 용맥을 따라온 기운이 혈을 맺으면서 끝나는 곳을 말한다. 용진처는 혈과 무관하게 외적으로 드러난 형상을 기준으로 하는 '궁진처'과 구별된다.
17) 조산에서 혈을 맺는 기의 발생 근거와 원리, 그 기운이 용맥을 타고 흐르는 원리 혹은 증명, 혈의 맺음에 대한 증거, 혈의 존재 증명에 대한 과학적 혹은 합리적·논리적 설명이 있다면 정보 공유를 요청한다.
18) 朱熹,『山陵議狀』: "蓋 地理之法 譬如針灸 自有一定之穴 而不可有毫釐之差".
19) 徐善繼·徐善述,『人子須知』,「穴論」등 참조.
20) 『黃帝內經』,「第15卷, 氣穴論」등 참조.
21) 미즈노 남보쿠, 김현남 편역,『관상』, 나들목, 2015, 32-36쪽 참조.
22) 최대영·조계일,『혈을 찾아서』, 도서출판 혜민기획, 2018, 134쪽: "용맥은 산줄기를 일컫는 풍수 용어다.".
23) 대한한의학회, 표준한의학용어집 2.1, 2021: "'經'은 徑路의 의미로 縱行의 大幹線을 말하고, '絡'은 羅網의 의미로 經의 분지로 橫行하는 小路線을 말한다. 이것은 인체 내의 기혈 운행의 통로로서 표리, 상하를 통하고 장부와 기관을 연계하는 독특한 계통이다.".
24) 대한한의학회, 표준한의학용어집 2.1: "혈은 침구 치료의 자극점, 경혈, 경외기혈, 아시혈을 통틀어 이르며 체표와 경락, 장부가 서로 통하는 점이고 경맥의 기운이 생겨나는 구멍이며 침구 시술의 부위이다.".
25) 『說文解字』, 七篇下「穴部」: "土室也 从宀";『周易』,「繫辭」: "上古穴居而野處";『廣韻』: "穴 窟也".
26) 혈의 글자는『중국학 위키백과』의 [image]를 참조하였으며, 갑골문 ∩는『중국학 위키백과』의 "갑골문은 흙이 떨어지는 집의 모습을 상형화하였다"의 설명과 하영삼의 혈 글자체 ∧ ∩ 內 冉를 근거로 필자가 그림.
27) 하영삼,『한자어원사전』, 도서출판3, 2021, 914쪽.
28) 이성원,『황하 문명에서 제국의 출현까지』, maronie, 2020, 11쪽.
29) 박한제 외,『아틀라스 중국사』, 사계절, 2015, 14-15쪽.
30) 이성원,『황하 문명에서 제국의 출현까지』, 37쪽 참조: "황하 유역에서 다양한 선사 문명이 누층적이고 집중적으로 발전했다는 점은 20세기 이후 밝혀졌다. 1930년대 河北 지역의 周口店 유적, 陝西-河南 지역의 仰韶 문화, 山東 지역의 龍山 문화 등의 발견으로 황하 유역 선사 문명의 실체는 세상에 드러나게 되었다. 특히 앙소 문화를 대표하는 半坡 유적지나 姜寨 유적지는 인구 약 5~600여 명 규모의 집단 거주지 유

적으로 1954년부터 발굴을 시작하여 황하 유역 신석기 문화를 밝히는 획기적인 전환의 계기를 제공하였다.".

31) 이성원, 『황하 문명에서 제국의 출현까지』, 48쪽: "황하 유역에서 발전했던 夏·商·周 초기국가들은 중국의 전 대륙에 걸쳐 무리 지어 출발했던 다원적인 선사 문명 중에서 단연 선두권을 형성했던 역사체 임이 분명하다.".

32) 최영준, 「中國 黃土高原의 窯洞民居」, 『문화역사지리』 제15권 제1호, 한국문화역사지리학회, 2003, 7쪽.

33) 한지은, 「중국 황토고원의 동굴집 야오둥을 둘러싼 재현의 정치」, 『한국지리학회지』, 457쪽.

34) 최영준, 「중국 황토고원의 요동 민거」, 13쪽.

35) 레이 황, 권중달 옮김, 『허드슨강변에서 중국사를 이야기하다』, 푸른역사, 2001, 62쪽.

36) 한지은, 「중국 황토고원의 동굴집 야오둥을 둘러싼 재현의 정치」, 459쪽 참조.

37) 조관희, 『중국사』, 청아출판사, 2018, 44-45쪽.

38) 최영준, 「中國 黃土高原의 窯洞民居」, 5쪽.

39) 가스통 바슐라르, 곽광수 옮김, 『공간의 시학』, 민음사, 1990, 15쪽: "우리가 어머니의 태반 속에 있을 때 우리들의 무의식 속에 형성된 이미지로서, 우리가 어떤 공간에 감싸지듯이 들어 있을 때 안온함과 평화로움을 느끼는 것은 요나 콤플렉스 때문이다.".

40) 클라이브 갬블, 성춘택 옮김, 『기원과 혁명』, 사회평론, 2013, 26쪽: "1865년 러복(John Lubbock)은 선사시대(Pre-Historic Times)에서 석기시대를 구석기시대와 신석기시대로 나누었다. 이제 이 용어들은 수렵채집민과 농경민 사이의 기술 차이를 나타낸다".

41) Hong-key Yoon, *The Culture of Fengshui in Korea*, p.24.

42) 윤홍기, 「풍수지리설의 기원과 전파에 대한 예비 고찰」, 12쪽: "풍수설의 시작은 이렇게 기후변화가 있는 환경에 대한 그곳 사람들의 적극적이고 본능적인 반응을 보여주고 있다고 보인다."; 클라이브 갬블 지음, 성춘택 옮김, 『기원과 혁명』, 111쪽: "생존은 초기 인류의 기본적인 '본능'이다.".

43) 풍수에서는 음양 원리에 따라 산 사람을 양(陽), 죽은 사람을 음(陰)으로 상대적으로 구분한다. 따라서 양택풍수는 산 사람을 위한 풍수를 의미한다. 양택풍수에 대한 최초의 기록은 『서경』, 「周書」, '召誥'에 나타난다: "惟二月旣望 越六日乙未 王朝步自周 則至於豊 惟太保先周公相宅 越若來 三月丙午胐 越三日戊申 太保朝至於洛 卜宅 厥旣得卜 則經營 越三日庚戌 太保乃以庶殷 攻位于洛 越五日甲寅 位成(이월 기망(旣望)에서 육일이 지난 을미일(乙未日)에 왕이 아침에 주(周)나라로부터 와서 풍(豊)에 이르셨다. 태보(太保)가 주공(周公)보다 먼저 가서 살 곳

을 살펴보고, 이윽고 삼월 병오일(丙午日) 초사흘에서 삼일이 지난 무신일(戊申日)에 태보가 아침에 낙읍에 이르러 살 곳을 점치니 점괘를 얻어서 경영하였다. 삼일이 지난 경술일(庚戌日)에 태보가 여러 은(殷)나라 백성들로서 낙수 물굽이에 자리를 다스리게 하니, 오일이 지난 갑인일(甲寅日)에 자리가 이루어졌다).".

44) 이푸 투안, 이옥진 역, 『토포필리아 환경 지각, 태도, 가치의 연구』, 에코리브르, 2011, 59쪽.
45) 이푸 투안, 윤영호·김미선 옮김, 『공간과 장소』, 58쪽 참조.
46) Robert L. Kelly, Mobility/Sedentism: concepts, archaeological measures, and effects, *Annual Review of Anthropology Vol. 21*, 1992, p.43-66 참조 "정주(定住)는 영어로 주로 'sedentism'로 표기하며, 대칭되는 용어는 이동(성)으로 영어로 'mobility'라 한다.".
47) 와쓰지 데스로 지음·서동은 옮김, 『인간과 풍수』, 필로소픽, 2018, 22쪽.
48) 윤홍기, 「풍수지리설의 기원과 전파에 대한 예비 고찰」, 15쪽: "풍수설의 발생에 대한 나의 소박한 견해를 요약하면, 풍수 택지 원리의 길지를 가늠하는 지형의 생김새와 방향을 따져 봤을 때 풍수는 평지가 아니고 산이 가까이 있고 흐르는 물이 멀지 않은 북부 중국, 특히 황토지대를 풍수 발상지로 지목하였다.".
49) 여기서 풍수 원리는 고전을 중심으로 한다.
50) 『詩經』「大雅」'綿': "綿綿瓜瓞 民之初生 自土沮漆 古公亶父 陶復陶穴 未有家室".
51) 윤홍기, 『땅의 마음』, 사이언스북스, 2011, 66쪽.
52) 중국 청나라 시대의 풍수가 조정동이 저술한 중국의 전통적인 고전 가상학 책.
53) 『陽宅三要』「看衙署論」: "背山臨水 健康長壽 前低後高 世出英雄 前窄後寬 富貴如山".
54) 『詩經』「邶風」'북풍': "北風其凉 雨雪其雱 …".
55) 무라야마 지준(村山智順), 『朝鮮の風水』, 朝鮮總督府, 1931, 5쪽.
56) 거가기, 「중국 황토고원 토굴집의 기후에 따른 특성 연구」, 건국대학교 대학원 석사학위논문, 2021, 48쪽.
57) 서울대학교 지리학과, UC 버클리에서 풍수를 주제로 박사학위 취득, 뉴질랜드 오클랜드대 지리학과 명예학술연구자(Honorary Academic).
58) 윤홍기, 「풍수지리설의 기원과 전파에 대한 예비 고찰」, 15-16쪽.
59) 최창조, 『한국의 풍수지리』, 민음사, 1993, 57-58쪽: "뿌리에서 줄기를 거쳐 이제 막 열매를 맺고자 하는 대목에 있는 것이 바로 주산이다. … 주산은 혈이 있는 명당 뒤에 위치하기 때문에 後山이라 하기도 하고 명당을 감싸안아 보호한다고 하여 鎭山이라 불리기도 한다. 그러나 진산이나 후산을 전통적인 풍수 용어는 아니다. 만약 혈 뒤에 높고 큰 산이 있

다고 하더라도 그 산의 갈라진 줄기가 많아 혈장과 상당한 거리가 떨어졌으면 주산이라 할 수 없으며, 이런 산을 주필산이라 부른다.".
60) 『人子須知』「卷六上之三明堂」: "夫明堂者天子之堂 向明而治 百官考績之所聚 天下朝獻之所歸也 地理家以穴前之地 借名於此 亦以山聚水歸 其象殆相彷彿焉 此明堂之所由名也(대개 명당(明堂)이란, 천자(天子)의 당(堂)이므로 밝고 잘 보여야[向明] 다스릴[治] 수 있고, 백관(百官)들을 고적(考績)하기 위하여 모으는 장소이며, 천하조헌(天下朝獻)의 소귀지(所歸地)로 쓰이는 곳이다. 지리가는 혈 앞의 땅에다가 이름만 빌려 명당(明堂)이라 하였는데, 산취수귀(山聚水歸)하는 곳으로 그 상(象)이 대체로 방불(彷彿)하기 때문인데, 이것이 명당(明堂)이라는 이름으로 유래한 바인 것이다.
61) "음양설과 오행설은 원래 독립되어 있었으나 대략 기원전 4세기 초인 전국시대(戰國時代)에 결합되기 시작하여 여러 가지 현상들을 설명하는 틀로 사용되었다. 제(齊)나라의 추연(騶衍)이 체계적으로 결합시켰다고 전해오나 입증할 만한 자료는 남아 있지 않다. 그러나 한대(漢代)가 되면서 두 관점이 하나의 정합적인 이론으로 통합된 것은 확실하다."(『한국민족문화대백과사전』 '음양오행설(陰陽五行說)').
62) 기(氣)로 이루어진 산천의 모습[形]을 살펴 氣를 읽어내는 방법이 형기론(形氣論)이라면 이기론(理氣論)은 기(氣)의 이론적 해석으로 좌향론(坐向論)과 발복론(發福論)에 주로 사용된다.
63) 김진미, 「음양오행론의 음악 교육적 의미와 적용」, 서울대학교 대학원 박사학위논문, 2015, 25쪽: "오행설의 기원은 서기전 4세기 초라고 알려져 있는데, 이는 오행설의 최초 언급이라고 하는 옥검(玉劍)의 손잡이 새김글에 '오행의 기가 가라앉으면 응축(凝縮)을 발생시킨다.'라는 구절의 연대와 같은 시기이다. 오행설에 관한 또 다른 근거가 되는 출처는 『서경』의 홍범편에서 찾아볼 수 있다. '五行 一曰水 二曰火 三曰木 四曰金 五曰土 水曰潤下 火曰炎上 木曰曲直 金曰從革 土爰稼穡 潤下作鹹 炎上作苦 曲直作酸 從革作辛 稼穡作甘(오행에 관하여 그 첫째는 수(水)이고, 둘째는 화(火), 셋째는 목(木), 넷째는 금(金), 다섯째는 토(土)이다. 수의 성질은 물체를 젖게 하고 아래로 스며들며, 화는 위로 타올라 가는 것이며, 목은 휘어지기도 하고 곧게 나가기도 하며, 금은 주형(鑄型)에 따르는 성질이 있고, 토는 씨앗을 뿌려 추수를 할 수 있게 하는 성질이 있다. 젖게 하고 방울져 떨어지는 것은 짠맛[鹹味]을 내며, 타거나 뜨거워지는 것은 쓴맛[苦味]을 낸다. 곡면(曲面)이나 곧은 막대기를 만들 수 있는 것은 신맛[酸味]을 내고, 주형에 따르며 이윽고 단단해지는 것은 매운맛[辛味]을 내고, 키우고 거두어들일 수 있는 것은 단맛[甘味]을 낸다.)'". 원문은 유교문화연구소 옮김 (2011), 『서경』 참조.
64) Hong-key Yoon, *The Culture of Fengshui in Korea*, p.26 참조.
65) 윤홍기, 「풍수지리설의 기원과 전파에 대한 예비 고찰」, 16쪽 참조.

66) 『春秋繁露』「五行之義」: "天有五行, 一曰木, 二曰火, 三曰土, 四曰金, 五曰水. 木五行之始也, 水五行之終也, 土五行之中也, 此其天次之序也(하늘에는 오행이 있는데, 첫 번째는 목이고, 두 번째는 화이고, 세 번째는 토이고, 네 번째는 금이고, 다섯 번째는 수이다. 목은 오행의 시작이고, 수는 오행의 끝이며 토는 오행의 중간이다. 이것은 하늘 질서의 순서이다)".

67) "중국인에게 황색은 신성한 색이다. 중국인은 스스로 황토가 양육한 민족이라 여기며, 황토의 색인 황색을 '거스를 수 없는 운명'의 색이라 믿는다. 황토의 깊음과 광대함, 부드러움, 인자함은 중국인의 성격을 창조하고 거대한 황색 문명을 낳았다. 그 황색 문명의 중심에 황토고원이 있다."(출처: MBC 한중수교 15주년 특별기획 黃河(2007)); "황색은 황제의 색이 되었다. 황궁이나 기타 황제와 관련이 있는 건물의 기와도 황색이고, 황제가 입는 의복이나 수레, 의장도 황색을 쓰는 등 황색은 일반 백성들이 넘볼 수 없었던 고귀한 색으로 황제의 신성함을 표현하기 위해 쓰였던 것이다. … 황허의 색깔과 황허의 범람으로 비옥해진 황토고원의 색깔, 그리고 그 땅에 의지해 살고 있는 사람들의 얼굴색 등이 모든 것이 노란색, 곧 황색인 것이다. 이렇게 볼 때 황색은 좁게는 황제를 대표하며 넓게는 중국 전체를 대표하는 색이라 할 수 있다."(조관희, 「[우리 시대 사유의 지형과 미래] 황토고원에서 시작한 중국 문명」, 원대신문, 2021-03-31).

68) 누구나 자기가 자라온 고향이 자신의 지리적 공간구성에 있어서 중심을 차지하곤 한다.

69) Hong-key Yoon, The Nature and Origin of Chinese Geomancy, *Eratosthene-Sphragide, Vol.1*, 1986, p.96 참조.

70) 사진 출처: George B. Cressy, George B. Cressy, *Land of the 500 Million*, (McGraw-Hill), 1955, p.51.

71) 윤홍기, 「풍수지리설의 기원과 전파에 대한 예비 고찰」, 22-23쪽.

72) 윤홍기, 「풍수지리설의 기원과 전파에 대한 예비 고찰」, 22쪽: "다섯 가지 산 모양 중 토산을 제외하고 각각 불꽃 모양, 나무 모양, 물결 모양, 엎어놓은 쇠 종(鐘) 모양으로 쉽게 그 형상을 설명할 수 있고, 자주 그러한 산을 실제로 볼 수 있다. 그러나 토산의 경우 다른 네 가지 모양의 산과 같은 식으로 그 형상을 설명하기가 힘들고 실제 그 예를 우리나라 산야에서 찾아보기가 용이치 않다.".

73) 최영준, 「중국 황토고원의 요동민거」, 4-5쪽 참조.

74) 최영준, 「중국 황토고원의 요동민거」, 6쪽: "풍수에서 土形山地를 상징하는 황토원 상에는 하침식 요동들이 입지한다. 즉 五星形體로 분류되는 산형 중에서 方象의 土形은 이른바 '土爲山之肉'이라 하여 으뜸으로 여겼으므로 黃土塬의 土形 지형이 선호되었다.".

75) 유교문화연구소 옮김, 『書經』, 성균관대학교 출판부, 2011, 432-433쪽.

76) 하영삼, 『한자어원사전』, 492쪽: " 그릇에 담긴 밥, 食은 그

릇에 담긴 음식을 그렸다.".
77) 하영삼, 『한자어원사전』, 492쪽: "𣎆益禾익어 고개 숙인 곡식, 禾는 익어 고개를 숙인 곡식의 모습인데, 이를 주로 '벼'로 풀이하지만, 벼가 남방에서 수입된 것임을 고려하면 야생 '조'일 가능성이 높다. 하지만 벼가 수입되면서 오랜 주식이던 조를 대신해 모든 곡물의 대표로 자리하게 된다."; 惠富平(2004) "고고학적으로 가장 오래된 벼농사 유적은 단지 상대적인 것이므로, 벼농사 발원지 및 연대와 관련된 주장들도 계속해서 변하며 수정되고 있다.".
78) 그림 출처: 최영준, 「中國 黃土高原의 窯洞民居」, 10쪽.
79) 그림 출처: 최영준, 「中國 黃土高原의 窯洞民居」, 13쪽.
80) Hong-key Yoon, *The Culture of Fengshui in Korea*, pp.24-25.
81) 장사를 지내는 법식.
82) 윤홍기, 『땅의 마음』, 62쪽: "풍수론에서는 명당 특히 혈이 콩가루를 빻아 놓은 것과 같은 누런 흙으로 되어있으면 최선의 길지로 친다. 이러한 풍수 원리는 부드럽고 마른 흙을 찾아 토굴을 파야 했던 고대 중국의 황토 굴집을 만드는 기술에서 풍수가 출발했음을 보여준다.".
83) "황토고원은 황하를 황색으로 만드는, 말 그대로 '황하의 어머니'다.": MBC 한중수교 15주년 특별기획 黃河(2007), 6부 '황토고원'.
84) 이-푸 투안 지음, 윤형호·김미선 옮김, 『공간과 장소』, 91쪽: "어머니로 여겨지는 도시나 땅은 삶의 자양분을 제공합니다.".
85) 이-푸 투안 지음, 윤형호·김미선 옮김, 『공간과 장소』, 81쪽: "세계 어느 곳이든 사람들은 자신의 고향을 세상의 중심(center of the world)으로 보려는 경향이 있습니다.".
86) 그림: '나무위키'에서 발췌한 황하 지도 위에 필자가 황토고원 지역을 그려 표시하고 혈 사진을 첨가하였다.
87) 이러한 중 관념으로 "황하 유역의 華北 문명은 고대부터 자신들의 공간을 우주의 중심이라는 의미에서 '中原'이라 표현하였다. 중원이 공간 관념이라면 그것을 문화적으로 해석한 표현이 '中華'로 중원이 곧 문명의 중심이며 찬란한 문화가 꽃피운 지역이라는 자문화 중심적 개념이다. 이러한 자문화 중심적 문화관을 소위 '중화사상' 또는 '華夷관념'이라 한다." (이성원, 『황하문명에서 제국의 출현까지』, 21-22쪽 참조).
88) Tilley, C, *Metaphor and material culture*, Blackwell, Oxford, 1999, p.34.
89) 가스통 바슐라르, 곽광수 옮김, 『공간의 시학』, 15-16쪽.
90) 『書經』, 「虞書」 「大禹謨」 "…允執厥中"; 『論語』, 「堯曰」 "堯曰咨 爾舜 天之曆數在爾躬 允執其中 …": 『서경』과 『논어』에서 연속적으로 "진실로 '중'을 잡도록 하라!"라고 하며 '중'을 핵심으로 하는 사상이 堯-舜-禹-湯을 거쳐 중국의 치세 원리와 유학의 핵심 사상이 된다.

91) 이-푸 투안 지음, 윤형호·김미선 옮김, 『공간과 장소』, 81-82쪽.
92) 이-푸 투안 지음, 윤형호·김미선 옮김, 『공간과 장소』, 16쪽: "장소는 허기, 갈증, 휴식, 출산 같은 생물학적 욕구가 충족되는 〈가치의 중심지〉입니다."; 17쪽: "공간은 움직이는 곳, 장소는 정지하는 곳."; 도린 매시 저, 박경환·이영민·이용균 역, 『공간을 위하여』, 심산, 2016, 254쪽: "결국 장소는 지도 위의 점이나 구역이 아니라, 공간과 시간의 통합물이다. 곧 장소는 공간-시간적 사건이다."
93) 세계의 중심이란 사고가 중국인에게 주된 사상으로 자리할 수 있었던 까닭은 황하 문명이 발전한 곳을 중심으로 하는 지형적, 환경적 영향이 크게 작용한 것으로 보인다. 북쪽은 고비사막과 혹한이, 서쪽은 타클라마칸 사막과 히말라야산맥이 막혀 심리적 경계를 이룬다. 동쪽으로는 끝을 가늠할 수 없는 바다와 자연재해가 잦은 섬들이, 남쪽으로는 섬들과 정글 지대가 에워싸고 있다. 이러한 지형적, 환경적 인식도 근본적으로 혈이 소재하는 황하 지역 중심의 사고에서 비롯되었을 것이다.
94) 공자, 최상용 옮김, 『시경』, 316-317쪽: "亦勞止 汔可小康 惠此中國 以綏四方(백성들 또한 수고로움을 멈추게 하여 조금이나마 편안하게 하면 이 나라 안이 유순해져 사방으로 편안해질 것이라네)." '中國'이란 말이 서적에 처음으로 등장한다.
95) 이성원, 『황하문명에서 제국의 출현까지』, 42쪽 참조: "배리강문화(BC6,000-BC5,000)-앙소문화(BC5,500-BC3,500)-용산문화(BC2,500-BC1,500)-하(夏)왕조?(BC2,070-BC1,600)-상(商)왕조(BC1,600-BC1,046)-주(周) 왕조(1,046-BC221)".
96) '중'이 중국의 핵심 사상(신화-기-유가-도가 등)으로 발전 전개되는 것에 대해서는 최대영의 박사학위 논문 『혈의 본원적 의미에서 본 중과 풍수』 23-85쪽을 참조할 수 있다.
97) 최대영·조계일, 『혈을 찾아서』, 26쪽.
98) 『泄天機』, 「全局入式歌」: "地理由來分四用 皆以龍爲重(지리는 유래로 사(四)로 나뉘어 쓰이는데 용(龍)이 가장 중(重)하다)".
99) 용(龍)은 경위, 과정의 의미로 사용되고 있다. 예) 你把这件事情的来龙去脉 说给我听(너는 이 일의 경위(과정)를 나에게 좀 이야기해줄래!)
100) 고전은 『청오경』을 비롯한 『장서』, 『착맥부』와 『동림조담』, 『감룡경』과 『의룡경』, 『설심부』와 『명산론』, 『지리오결』과 『지리신법』, 『입지안전서』와 『지학』 그리고 『인자수지』와 『설천기』를 참조하였다.
101) 채성우, 김두규 역해, 『明山論』, 비봉출판사, 2002, 92쪽: "산은 유형으로 나타나고, 맥은 무형으로 숨는다(山顯於有形 脈隱於無體)".
102) 최대영·조계일, 『혈을 찾아서』, 134쪽 참조.
103) 沈鎬, 『地學』, 「尋龍論」: "梢甚穿帳中行者 貴可知矣".
104) 沈鎬, 『地學』, 「尋龍論」: "其格 以正面中出爲第一".
105) 張子微, 『玉髓經』: "穿心中出是眞龍 龍不穿心力量細".

106) 『疑龍經』,「中卷」: "十山九水雖同聚 貴龍居中必異常".
107) 출처: 徐維志·徐維事, 『人子須知』.
108) 출처: 沈鎬, 『地學』, 「尋龍論」.
109) 徐維志·徐維事, 『人子須知』,「論龍入穴十二脈」: "正即中也 要星辰端正 脈從中出 而兩畔山之形勢均勻 故曰正脈此格極吉即中出脈".
110) 沈鎬, 『地學』,「尋龍論」: "一帳之下 只中脈爲正 其餘或爲枝爲輔 及爲侍從纏護 或作零碎用神大略 起聖開小帳者 皆有結作 若一味條條子 只是奴從".
111) 徐維志·徐維事, 『人子須知』,「論龍過峽」: "大凡峽 欲其脈從中出 而兩畔護送停均".
112) 徐維志·徐維事, 『人子須知』,「論龍旁正」: "蓋正龍者 稟受得正氣而行 而其旁受諸山 皆來拱衛者也".
113) 徐維志·徐維事, 『人子須知』,「論龍護送」: "眞龍身上多護衛 山山有情來拱揖".
114) 胡舜申, 『地理新法』,「基穴論」: "凡遇岡壟 須葬於正 未嘗聞坐山偏邪者也 況主山來落以育爲正 無可坐兩旁之理".
115) 『錦囊經』,「奎章閣本 註」: "鼻顙得其中正 故能吉昌 角目俱在偏傍而不受穴 所以滅亡".
116) 황영웅, 『풍수원리강론』, 217쪽.
117) 徐維志·徐維事, 『人子須知』,「論枝脚橈棹」: "蓋龍身枝脚貴其對節 生出兩邊均勻 有無長短大小相同 正脈中出 乃爲上格".
118) 채원정(蔡元定 1135-1198): 남송 건주(建州) 건양(建陽)인, 자는 계통(季通)이고, 호는 서산(西山)이며, 시호는 문절(文節)로 풍수에 능했다.
119) 출처: 徐維志·徐維事, 『人子須知』.
120) 출처: 徐維志·徐維事, 『人子須知』.
121) 卜應天, 『雪心賦』,「第一篇」: "胎息孕育神 變化之無窮 生旺休囚 機運行而不息".
122) 卜應天, 『雪心賦』,「第一篇」: "星以剝換爲貴".
123) 『撼龍經』,「貪狼」: "剝換如人換好裳 如蟬退殼蠶退筐".
124) 徐維志·徐維事, 『人子須知』,「論龍剝換」: "故凡尋龍見無過峽剝變 決無融結造化 不必追尋矣".
125) 徐維志·徐維事, 『人子須知』,「論龍過峽」: "蓋龍行延長 必須多有跌斷過峽 則氣脈方眞 脫卸方淨 力量方全".
126) 『靑烏經』,「本經」: "穴取安止".
127) 『葬書』,「內篇」: "經曰 外氣橫形 內氣止生 蓋言此也".
128) 『葬書』,「外篇」: "夫外氣 所以聚內氣 過水 所以止來龍".

129) 『葬書』,「內篇」: "來積止聚 沖陽和陰".
130) 『葬書』,「內篇」: "氣以勢止 而過山不可葬也".
131) 『青烏經』,「本經」: "不蓄之穴 是謂腐骨 不及之穴 生人絶滅".
132) 출처: 황영웅, 『풍수원리강론(Ⅰ)』, 157쪽.
133) 『葬書』,「內篇」: "氣因土行".
134) 『葬書』,「內篇」: "夫土者氣之體 有土斯有氣".
135) 『葬書』,「內篇」: "土形氣行 物因以生".
136) 『葬書』,「內篇」: "夫氣行乎地中 其行也 因地之勢 其聚也 因勢之止".
137) 廖金精, 『泄天機』,「俯察本源歌」: "五行生氣潛於地 聚散因形勢".
138) 『葬書』,「四庫全書註」: "陰陽之氣 則地中之生氣 故噫爲風 升爲雲 降爲雨 凡所以位天地 育萬物者".
139) 徐維志·徐維事, 『人子須知』,「論五星歸垣」: "水星帳于北 火星聳于南 木星列于東 金星侍于西 토(土)星結穴 正居平中".
140) 『青烏經』,「本經」: "地有佳氣 隨土所起"; 『葬書』,「內篇」: "地有吉氣 土隨而起".
141) 『葬書』,「內篇」: "葬者 乘生氣也".
142) 沈鎬, 『地學』,「穴暈」: "不拘何星 當穴暈之中 必有一片肉地 不頗不傾 可生可臥 和平中正 乃是土也 一點靈光 其靈在此 葬乘坐氣 必乘乎此 如論天心 此是中心 如論十道 此是交會".
143) 『疑龍經』,「下卷」: "譬如銅人針灸穴 穴的宛然方始當".
144) 양형석·홍성서 역, 『착맥부·동림조담 역해』, 한국학술정보, 2013, 205쪽: "凡山 蓋有自然之穴".
145) 徐維志·徐維事, 『人子須知』,「穴法總論」: "夫地理龍穴之說 乃天造地說 生成自然之妙 初無一毫勉强 纔有勉强便非眞造化".
146) 최대영·조계일, 『혈을 찾아서』, 228쪽.
147) 沈鎬, 『地學』,「沙水」: "沙爲役兮".
148) 徐維志·徐維事, 『人子須知』,「砂法總論」: "蓋砂固隨乎龍穴".
149) 徐維志·徐維事, 『人子須知』,「論朝山」: "蓋既有生成之龍穴 必有自然之朝應";「砂法總論」: "吳公云 '龍穴旣眞 前後左右之山 自然相應'".
150) 『葬書』,「內篇」: "四勢朝明"; "氣以龍會"; 『雪心賦』,「第二篇」: "要四山來會".
151) 徐維志·徐維事, 『人子須知』,「論龍奴從」: "既有眞龍融結 自有諸山擁從 如雲從龍風從虎 衆星拱極自然之應也".
152) 卜應天, 『雪心賦』,「第三篇」: "衆山輻輳者 富而且貴".
153) 『撼龍經』,「武曲篇」: "護纏多愛到穴前 三重五重福綿延".
154) 『疑龍經』,「下卷」: "重重包裹蓮花瓣 正穴却在蓮花心".

155) 『葬書』,「內篇」: "擇其所相".
156) 왼쪽 그림 출처: 徐維志·徐維事, 『人子須知』.
157) 최대영·조계일, 『혈을 찾아서』, 194-195쪽.
158) 蔡成禹, 『明山論』,「吉鬼」: "惟 天心正穴 南北東西 各相登對".
159) 다섯 신선이 바둑을 두는 모양의 형국에 맺힌 혈.
160) 출처: 徐維志·徐維事, 『人子須知』; 예태일·전발평 편저, 서경호·김영지 역, 『산해경』, 162쪽.
161) 『疑龍經』,「斷制粹言」: "取水取火須自爲".
162) 『疑龍經』,「斷制粹言」: "裁穴要如聚水火 遠近高低皆不可 聚火若得正中 火却炎炎水傾墜".
163) 『淮南子』,「覽冥訓」: "夫陽燧取火於日 方諸取露於月(夫燧 또는 陽燧라는 그릇은 태양의 열을 모아서 불을 얻고 方諸라는 그릇은 달빛을 모아서 이슬을 얻는다.".
164) 『疑龍經』,「斷制粹言」: "鑑取于水月中精 鑑必凹深取月明 其光圓聚方諸上 一點精光似水晶 火近光時水不滴 火遠光時亦不濕 只要當中取正元 頃刻之間水盈溢 陽燧取火亦復然 日光取近卽生烟 莫令太近與太遠 只要當中火卽然".
165) 沈鎬, 『地學』,「案山」: "夫取月中之水 必方諸向月 迎得一點靈水如豆之大 以盆盛之 則水滴 取日中之火必陽燧 向日迎得一點靈光 如豆之大 以艾承之 則火燃 稍有偏頗 其光卽散 火不燃".
166) 최대영·조계일, 『혈을 찾아서』, 113쪽.
167) 卜應天, 『雪心賦』,「第二篇」: "但看有情無情".
168) 卜應天, 『雪心賦』,「第三篇」: "入眼者定是有情".
169) 廖金精, 『泄天機』,「俯察正法歌」: "氣有聚散 須俯察".
170) 최대영,「풍수 원리를 통한 양택 혈과 좌향 연구」, 75쪽.
171) 최대영,「풍수 원리를 통한 양택 혈과 좌향 연구」, 76쪽.
172) 徐維志·徐維事, 『人子須知』,「論水法」: "風水水居其半 可謂重矣".
173) 沈鎬, 『地學』「論水法」: "兩山之中 必有水 兩水之中 必有山".
174) 출처: 徐維志·徐維事, 『人子須知』.
175) 卜應天, 『雪心賦』,「第二篇」: "衆山止處是眞穴 衆水聚處是明堂".
176) 『葬書』,「內篇」: "支有止氣 水隨而比".
177) 출처: 徐維志·徐維事, 『人子須知』; 沈鎬, 『地學』.
178) 徐維志·徐維事, 『人子須知』,「論水勢証穴」: "若上面有分 下面有合 陰陽交度 乃爲眞穴".
179) 『葬書』,「外篇」: "玄武垂頭".
180) 조산(祖山)은 혈을 만드는 기의 근원(기원처)이며 경유지이며 분벽처로

기의 발생지점부터 혈처까지 기운이 흐르는 통로 상에 존재하는 산을 일컫는다.

181) 사(砂)는 산과 물을 포함한다.
182) 만다라(산스크리트어: मण्डल 만달라, 曼茶羅, 曼陀羅, 영어: Mandala)는 다양한 개체를 지칭하는 용어이다. "만다라"라는 낱말 자체는 "원(圓 · circle)"을 뜻하는 산스크리트어 만달라(मण्डल Maṇḍala)를 음을 따라 번역한 것이다. 만다라는 원래는 힌두교에서 생겨난 것이지만 불교에서도 사용된다. 주로, 힌두교의 밀교(탄트리즘·Tantrism)와 불교의 밀교(금강승·Vajrayana)의 종교적 수행 시에 수행을 보조하는 용도로 사용하는, 정해진 양식 또는 규범에 따라 그려진 도형을 가리킨다. 힌두교의 얀트라(यन्त्र·Yantra)도 이러한 도형에 해당하는데 만다라의 일종이라 생각할 수 있다. 보통 "얀트라"라는 낱말은 만다라와는 구분하여 힌두교의 문맥에서만 사용되는데, 반면 "만다라"라는 낱말은 힌두교와 불교 모두에서 사용된다. 힌두교와 불교의 전통에서, 만다라의 기본 형태는 사각형의 중심에 원이 있으며 사각형의 각 변의 중앙에 한 개의 문이 있는 형태로, 이때 각 문은 주로 영어의 티(T)자 모양을 한다. 한문으로 번역된 불교의 밀교 경전에서, 당나라의 현장(玄奘: 602~664) 이전의 번역인 구역(舊譯)에서는 만다라(曼茶羅)를 단(壇)이라고 한역(漢譯)하였다. 반면 당나라 현장 이후의 번역인 신역(新譯)에서는 취집(聚集)이라고 한역하였다. 한편, 만다라를 윤원구족(輪圓具足)이라 번역하기도 한다. 한편, 불교에서, 만다라 꽃은 연화(蓮花: 연꽃)를 가리키며 불상(佛像) 앞에 놓인 제단을 만다라라고도 한다. 금강승(바즈라야나) 계열의 티벳불교에서는 모래그림(sandpainting)을 사용하여 만다라를 제작하는 방법도 개발하였다. 이들을 모래 만다라(Sand-mandala)라고 한다. * 출처: 『위키백과』
183) 전착후관(前窄後寬).
184) 양택에서 동양이 내적 기운(지기)을 중시하여 지붕이 몸체에 비해 크고 기능 위주의 문이 작은 반면에, 서양은 외적 기(태양)를 중시하여 외기를 안으로 끌어들이기 위하여 문이 크고 창문이 많다.
185) 『風俗通義』: "俗說天地開闢 未有人民 女媧搏黃土作人 務劇力不暇供 乃引繩於泥中 擧以爲人 故富貴者黃土人 貧賤者絙(縆)人也(속설에 하늘과 땅이 열렸을 때 아직 사람이 없었다. 여와가 황토를 빚어 사람을 만들었다. 힘을 다해 만들어도 시간이 부족하여 진흙 속에서 줄(실)을 당겨 들어 올리니 사람이 되었다. 그래서 부귀한 자는 황토로 빚은 사람이고, 빈천한 자는 줄(실)을 당겨 만든 사람이라고 한다)".
186) 중국 신화에서 우주의 중심으로 천계와 통하는 곳은 '곤륜'이다. 곤륜산은 우주의 중심에 자리한 천산(天山)으로 하늘의 중앙을 떠받치는 천주(天柱)를 상징한다. 곤륜산은 바로 위가 북두성이 위치하는 곳으로 세계의 중심으로서의 성격을 지닌다. 따라서 "곤륜산은 천계와의 직통처일 뿐만 아니라 하계에서는 가장 신성한 지역으로 모든 성인과 신선들이 모여 사는 곳"으로 산과 용맥의 근원으로 만산의 으뜸이며

모든 용맥의 뿌리가 된다.

187) 유가에서 '중'은 중도-중용-중화-시중으로 도가에서 중을 '도'로 기철학에서는 자연스러움-바로잡음-조화-균형로 설명한다.

188) 사진: 국립박물관소장.

189) 로고스 이론의 창시자 헤라클레이토스는 로고스를 '균형의 원리'라는 뜻으로 처음 사용했다. *Philosophy for understanding theology 13*. 헤라클레이토스는 로고스가 인간 삶과 지식의 원리라고 생각한 것은 균형이 모든 것의 근원이기 때문이다. 세상에는 서로 대립되는 것으로 보이는 것들이 있다. 세상은 서로 대립되는 것이 모두 있어야 하고 동시에 균형을 맞추어야 한다는 원리를 '로고스'라는 용어를 써서 표현하였다.

190) 현대 풍수에서는 혈을 음택 위주로 논하게 되는데 그 이유는 음택은 주로 산릉에 자리하면서 혈의 형상을 어느 정도 가늠할 수 있게 되는 반면에, 양택은 평지에 자리하면서 뚜렷한 혈증을 공유할 수 없게 되면서 음택 위주로 혈을 논하게 된 것으로 보인다.

191) '추맥'에 대한 자세한 내용은 이 책의 마지막 부분에 부록으로 첨부한다.

192) 풍수에서 본보기는 혈(穴)을 말한다. 혈처에 자주 가서 자세히 살펴보면 본보기에 익숙해지고 전에 보이지 않던 특성이 보이게 된다.

193) 봉정사 극락전은 1972년 보수공사 때 고려 공민왕 12년(1363)에 지붕을 크게 수리하였다는 기록이 담긴 상량문을 발견하였는데. 우리 전통 목조건물은 신축 후 지붕을 크게 수리하기까지 통상적으로 100~150년이 지나야 하므로 건립연대를 1200년대 초로 추정할 수 있어 우리나라에서 가장 오래된 목조건물로 보고 있다. 부석사 무량수전은 신라 문무왕(재위 661~681) 때 짓고, 공민왕 7년(1358)에 불에 타 고려 우왕 2년(1376)에 다시 짓고 광해군 때 새로 단청한 것으로, 1916년에 해체·수리 공사를 하였다. *참조: 국가유산포털.

194) 한국민족문화대백과사전: "682년(신문왕 2) 의상(義湘)이 창건한 절로 알려져 왔으나, 1972년 극락전에서 상량문이 발견됨으로써 672년(문무왕 12) 능인(能仁) 대사가 창건했음이 밝혀졌다. 천등굴에서 수학하던 능인 대사가 도력으로 종이로 봉(鳳)을 만들어 날렸는데, 이 봉이 앉은 곳에 절을 짓고 봉정사라 하였다는 전설이 있다.".

195) 자리(혈)를 중심으로 형성된 국(局)의 상태.

196) 나무의 줄기와 가지에 비유하여 크고 강한 줄기 용맥을 간룡(幹龍)이라 하고, 간룡에서 분기되어 나와 상대적으로 작은 가지룡을 지룡(枝龍)이라 한다.

197) 혈을 중심으로 형성한 산천의 모습(局)을 세상사의 형상에 비유하여 논하는 풍수론으로 '형국론(形局論)'이라고도 한다.

198) 바람(직풍)의 영향으로 터의 기운이 흩어지지 않도록 산이 터를 잘 감싸 보호하는 상태.

199) 장풍의 조건을 갖춘 국.
200) 자리를 중심으로 안쪽에서 감싸는 청룡과 백호. *상대적으로 자리를 바깥에서 감싸면 외청룡·백호가 된다.
201) 세(중력)에 순응하며 흐름.
202) 비보는 불완전한 부분을 보완하여 터의 기운을 보호하고 상승시키는 방법이다.
203) 그림 출처: 평창한옥학교(http://www.hanokschool.biz/).
204) 그림 출처: 평창한옥학교(http://www.hanokschool.biz/).
205) 여기서 '맥'은 용맥의 중심선이다.
206) 혈장: 혈의 기운이 미치는 부위.
207) 혈의 중심과 혈장은 '추맥'을 통해 확인하였다.
208) *참조: 국가유산포털.
209) 『宋高僧傳』 4, 「義解第二-唐新羅國義湘傳」: "湘入國之後遍歷山川 於駒塵(?)百濟風馬牛不相及地曰 '此中地靈山秀 眞轉法輪之所'…".
210) 물과 함께 빠져나가는 기운보다 입수 용맥을 통해 입력되는 기운이 클 때 비로소 혈을 맺는다.
211) 안·조산이 발아래 낮게 포진하는 경우에는 혈의 결과물로 볼 수 있다. 시조묘의 경우가 이처럼 상대적으로 높은 곳에 자리하여 후손을 많이 두듯이 무량수전은 의상대사가 화엄학을 펼치는 핵심 장소로서 그 후 수많은 제자를 두게 된다.
212) 김우정, 「왕충(王充)의 명정론(命定論) 연구 - 천인관계(天人關係)을 중심으로 -」, 『韓國宗敎』 vol. 57, 2024, 164쪽: "왕충은 천(天)이 자연무위한 존재이며 무목적으로 기(氣)를 베푼다고 전제하고, 베풀어진 기(氣)를 받아서 인간이 태어나고 성장한다고 주장한다. 왕충은 기(氣)가 응결될 때 인간은 하늘과 뭇별들의 정기를 받아서 태어나고 이 순간에 개인의 명과 성이 결정된다고 보았으며, 사람이 태어날 때 형성되는 명(命)은 부귀빈천을 결정하며 개인의 노력에 의해서 바뀔 수 없지만 역시 동일하게 형성된 성(性)은 개인의 선악을 결정하는 것으로 개인의 노력이나 후천적인 환경에 의해서 바꿀 수 있다고 주장한다.".
213) 廖鴻, 「風水大著于世的六朝喪葬習俗」, 『中國社會工作』 1998-6, 38쪽: "郭璞은 葬經에서 풍수를 전통적인 相地術에서 벗어나, 보다 체계적으로 이에 대해 논술하고 개개인의 禍福·貧富·貴賤 등은 그 집터와 조상의 묘터를 명당에 썼느냐 여부에 따라서 결정된다고 보았다.".
214) 참조: 최원석, 「한국에서 전개된 풍수와 불교의 교섭」, 『대한지리학회지』 제44권 제1호, 2009, 77쪽.
215) 최원석, 「한국에서 전개된 풍수와 불교의 교섭」, 80쪽: "풍수와 불교 교섭의 始原을 중국에서 불교가 전래된 4세기 무렵까지도 억측할 수 있는데, 이미 오래전부터 중국에서는 풍수가 발생하여 불교와 교섭하

였기에, 불교의 전파에 부수되어 풍수가 한국에 도입되었을 가능성이 충분히 있기 때문이다.".
216) 중국의 풍수는 산악지대인 강서(江西)지역의 '형세론'과 평야 지대인 복건(福建) 지역의 '이기론'으로 크게 구분한다. 형세론이 강서지역의 상대적으로 뚜렷한 지형 지세를 위주로 발전하였다면, 이기론은 상대적으로 지형이 분명하지 않은 평양지대인 강서지역에서 방위와 시간을 중심으로 발전하였다.
217) 자장율사의 생애에 관해서는 출처에 따라 다소의 차이가 있다. 본서에서는 지금까지 밝혀진 정론을 중심으로 풍수와 관련 있는 입당 후 생애에 대하여 중요 내용을 간추려 소개한다.
218) 생몰 연도에 대해서는 직접적인 자료가 없고 간접적인 자료로 590년대 혹은 600년대생으로 추정하여 연구가 진행되어왔지만 지금까지는 분명하게 밝혀지지 않았다.
219) 입당 시기는 636년 설과 638년 설이 있지만 여기서는 도선의 『자장전』을 기준으로, 638년으로 하였다.
220) 『三國史記』 5, 「新羅本紀 5」: "善德王-十二年 三月 入唐求法高僧慈藏還"; 『三國遺事』 3, 「塔像第四-皇龍寺九層塔」: "貞觀十七年癸卯十六日 將唐帝所賜經像袈裟幣帛而還國".
221) 입당 후 자장의 행적에 있어 오대산 행적의 유무 시점의 차이 등으로 기록상에 차이를 보인다. 여기서는 『자장전』을 기준으로 약술하였다.
222) 南武熙, 「慈藏과 韓國佛敎의 寶宮信仰」, 韓國佛敎學 제66호, 2013, 62쪽.

출전	자장 창건 사찰
『삼국유사』 권4 의해5 「자장정율」	통도사, 압유사.
『삼국유사』 권3 탑상4 「황룡사구층탑」	황룡사탑, 통도사계단, 태화사탑(태화사)
『삼국유사』 권3 탑상4 「전후소장사리」	황룡사탑, 태화사탑(태화사), 통도사계단
『삼국유사』 권3 탑상4 「대산오만진신」	원녕사, 정암사
『삼국유사』 권3 탑상4 「대산오만진신」	월정사
『삼국유사』 권3 탑상4 「대산월정사오류성중」	묘범산 정암사
『삼국유사』 권3 탑상4 「대산월정사오류성중」	묘범산 정암사, 월정사
민지, 『오대산사적기』 「五臺山月精寺事蹟 奉安舍利開建寺庵第一祖師傳」	갈반지처

223) 閔漬의 『五臺山事蹟記』,「開創祖師傳記」: "자장은 입당해서 명산을 遊歷하며 두루 聖蹟을 살폈다. 정관 16(642)년에 이르러 오대산으로 갔다";「第一祖師傳記」: "두루 천자의 영토를 다니며 선지식들을 참례하였다. (그러한) 연후에 비로소 五臺에 들어갔다".
224) 당의 관제와 복제를 수용할 것을 건의하였다.
225) 우혜란,「현대사회에서 성물(聖物)의 유통방식에 대하여」,『종교와 문화』 제35호, 2018, 35쪽: "부처의 화장 후 유골(팔리어:Śarīra, 한자: 舍利)은 진신사리(眞身舍利) 혹은 불사리(佛舍利)로 불리며 불교권에서 최고의 경배대상으로 매우 진귀한 성물이다."
226) 장성재,「寂滅寶宮의 변천과 사상」,『2018 평창 동계올림픽 문화적 역량 강화를 위한 제1차 학술세미나』, 2013: "'보궁'의 명칭 사용은 조선시대 1466년(세조11)에 상원사 중수 후, 세조가 오대산에 행차하여 '보궁'을 찾아 참배했다는 내용이 金守溫(1410-1481)의 글에서 보인다. 그는 "10월 초 5일에 친히 본사 (상원사)에 도착하여, -중략- 그날 재를 마친 세조는 친히 사자암에 이르러 곤룡포를 입고 '寶宮'에 올라 향을 올려 배례하였고 공양 보시하였다. 이날 밤 放光하고 땅이 진동하여 상서로움이 한둘이 아니었다."라고 하였다. 이후 魯西 尹宣擧(1610-1669)가 쓴 <巴東紀行>의 1664년 3월 7일 자 기록에 오대산 사자암 위로 '寂滅寶宮'이란 편액이 걸린 집이 있다는 말로 미루어 보면, 적멸보궁이란 말은 중대 전각의 현판에서 비롯된 것 같다."
227) 『삼국사기』「진흥왕조」: "진흥왕 10년(549) 봄에 양(梁)나라가 불사리 약간을 신라에 보내왔다."
228) 『속 고승전』에서는 자장이 귀국 후 寺塔 10여 곳을 조성할 때, 寺塔에 신령스러운 모습이 나타나기를 기원했고, 이에 감응해서 舍利가 나타났다고 하여 중국에서 舍利를 가져왔다는 이야기는 없다: "…又別造寺塔十有餘所 每一興建合國俱崇 藏乃發願曰 若所造有靈 希現異相 便感舍利在諸巾鉢 大衆悲慶 積施如山 便爲受戒 行善遂廣…"(『續高僧傳』)
반면에 일연은 『三國遺事』에서 불사리 100과를 가져왔다고 한다: "國史云眞興王大淸三年己巳 梁使沈湖送舍利若干粒 善德王代貞觀十七年癸卯 慈藏法師所將佛頭骨佛牙佛舍利百粒 佛所著緋羅金點袈裟一領 其舍利分爲三 一分在皇龍塔 一分在太和塔 一分幷袈裟在通度寺戒壇 其餘未詳所在"(『三國遺事』卷3,「塔像第四-前後所將舍利條」).
229) "…慈藏以五臺所授舍利百粒 分安於柱中 幷通度寺戒壇 及大和寺塔 以副池龍之請(大和寺在阿曲縣南 今蔚州 亦藏師所創也) 樹塔之後 天地開泰…"(『三國遺事』3,「塔像第四-皇龍寺九層塔條」); "…善德王代貞觀十七年癸卯 慈藏法師所將佛頭骨佛牙佛舍利百粒 佛所著緋羅金點袈裟一領 其舍利分爲三 一分在皇龍塔 一分在太和塔 一分竝袈裟在通度寺戒壇 其餘未詳所在…"(『三國遺事』3,「塔像第四-前後所將舍利條」).
230) 『三國遺事』3,「塔像第四-臺山月精寺五類聖衆」: "按寺中所傳古記云

慈藏法師初至五臺 欲睹眞身 於山麓結茅而住 七日不見 而到妙梵山創淨岩寺".

231) "자장의 불사리 봉안을 부정하는 의미보다 깨달음을 침묵으로 표현한 화엄경에 입각해서 직접적인 언급을 피한 것으로도 해석해 볼 수 있다." 장성재, 「寂滅寶宮의 변천과 사상」, 『한국 불교학』 제67집, 153쪽, 2013. 참조.

232) [奉安舍利開建寺庵第一祖師傳記]: "後往溟州(今江陵也) 五臺山登地爐峰 奉安佛腦及頂骨 立碑於伽羅墟(碑則隱而不現)".

233) 『三國遺事』 3, 「塔像第四-臺山五萬眞身」: "師以貞觀十七年來到此山 欲睹眞身三日 晦陰不果而還 復住元寧寺 乃見文殊 云至葛蟠處 今淨嵓寺是(亦載別傳)"; 『五臺山事跡記』, 「五臺山月精寺開創祖師傳記」: "爲欲面見文殊 尋往溟州五臺山 … 云云 … 後於大松下 今寒松汀是也 一云居士忽現 與師淸談 良久而謂曰 昔日之約 卿識之乎 言己卽滅 師於是自責曰 居士是昔日五臺山所現梵僧化現耳 向空頂禮 卽向太伯山 尋葛蟠處 見大蟒蟠在大樹下 謂侍者曰 此文殊所諭之地也 卽受戒移蟒於山下 刱院曰薩那 今淨嵓岩寺是也 從此院 而南去一千許步 有神仙洞 又刱蘭若曰上薩那 往來兩寺以待文殊"; 「奉安舍利開建寺庵第一祖師傳記」: "爲欲面見文殊 尋往溟州五臺山 … 云云 … 後於大松下 今寒松汀是也 一居士忽現 與師淸談 良久而謂曰 昔日之約 卿識之乎 言已卽滅 師於是自責曰 居士是昔日五臺山所現梵僧化現耳 向空頂禮 卽向太白 尋葛蟠處 見大蟒蟠在大樹下 謂侍者曰 此文殊所諭之地 卽受戒移蟒於 山下 創院曰薩那(今淨岩寺是也) 從此院而南去一千許步 有神仙洞 又創蘭若 曰上薩那 往來兩寺以待文殊".

234) 『三國遺事』 4, 「義解第五-慈藏定律」: "粤有老居士 方袍襤褸 荷葛簣盛死狗兒來 謂侍者曰 欲見慈藏來爾 門者曰 自奉山箒未見忤犯吾師諱者 汝何人斯爾狂言乎 居士曰 但告汝師 遂入告 藏不之覺曰 殆狂者耶 門人出詬逐之 居士曰 歸歟歸歟 有我相者焉得見我 乃倒簣拂之 狗變爲師子寶座 陞坐放光而去 藏聞之 方具威儀 尋光而趁登南嶺 已杳然不及 遂殞身而卒 茶毘安骨於石穴中"; 『五臺山事跡記』, 「五臺山月精寺開創祖師傳記」: "往來兩寺以待文殊 一日有非僧 非俗老居士着破袈裟 荷葛簣盛死狗 謂侍者曰 欲見慈藏和尙而來耳 侍者怒 其直稱師諱 以杖逐之 居士曰 告於汝師 然後去矣 侍者入告 師曰 狂悖人也 胡不黜之 侍者出言而逐之 居士曰 歸歟歸歟 有我相者 焉得見我 於是倒葛簣死狗化爲獅子座 登其座放大光明 乘空而去 侍者入告 師具法服望見其光 登空而到南嶺捨身 仍茶毘於其處 安骨于石冗(穴의 誤)焉"; 「奉安舍利開建寺庵第一祖師傳記」: "往來兩寺以待文殊 一日有非僧非俗老居士着破袈裟 荷葛簣盛死狗 謂侍者曰 欲見慈藏和上而來也 侍者怒其直稱師諱 以杖逐之 居士曰 告於汝師然後去矣 侍者入告 師曰 狂悖人也 何不黜之 侍者出言而逐 居士曰 歸歟歸歟 有我相者 焉得見我 於是倒葛簣死狗化爲獅子座 登其座放大光明 乘空而去 侍者入告 師具法服望見其光 登空而到南嶺捨身 仍茶毘於其處 安骨于

石冗(穴의 誤)焉".

235) 『江原道旌善郡太白山淨巖寺事蹟』: "不及舍(捨의 誤)身而去曰 我身在室中三月則 遠來矣 應有外道來欲燒之 不徒留待 未過一月 有僧大責燒之 三月後空請曰 無身可托(託의 誤)已矣 奈何 吾之遺骨藏置嵓穴俾後 參見手摩者 同願往生故 今母子祖殿南而時或(或)放光也"; 旌善郡 編, 2012,「江原道旌善郡太白山淨巖寺事蹟」,『水瑪瑙塔의 특징과 그 가치, 산책』, 158쪽.

236) "그 한 예로 영월군 상동읍 구래리의 지명은 자장이 태백산 갈반지(정암사)를 찾으려고 이곳을 아홉 번이나 다녀갔으므로, 九來里라 부르게 되었다 한다." 장성재,「寂滅寶宮의 변천과 사상」,『한국불교학』제67집, 150쪽, 2013. 참조.

237) 법흥사는 구산선문 중 사자산문(獅子山門)의 근거지가 되는 곳이며, 봉정암이 자리한 설악산은 가지산문(迦智山門)의 도의(道義), 성주산문(聖住山門)의 무염(無染), 봉림산문(鳳林山門)의 심희(審希) 등을 배출하였다.

238) 『三國遺事』4,「義解第五-慈藏定律」: "藏値斯嘉會 勇激弘通令僧尼五部 各增舊學 半月說戒 冬春總試 令知持犯 置員管維持 又遣巡使歷檢外寺 誠礪僧失 嚴飾經像 為恒式 一代護法於斯盛矣 如夫子自衛返魯 樂正雅頌各得其宜 當此之際 國中之人 受戒奉佛 十室八九 祝髮請度 歲月增至 乃創通度寺 築戒壇以度四來(戒壇事已出已) 又改營生緣里第元寧寺 設落成會 講雜花萬偈 感五十二女 現身證聽 使門人植樹如其數 以旌厥異 因號知識樹".

239) 蔡印幻,〈Ⅲ. 慈藏의 入唐求法과 戒壇創設〉,「新羅佛敎 戒律思想 硏究 Ⅲ」,『佛敎學報』제31권(1994), 57쪽; 蔡印幻,「慈藏의 戒律과 戒壇創設」,『東國思想』제15집(1982), 31쪽; 韓國佛敎硏究院 著,『通度寺』, 一志社, 1999, 39쪽.

240) ①영축산이 법화경을 직접 설한 인도 영축산과 통한다(此山之形 通於印度靈鷲山形). ②"승려가 되려는 사람은 모두 부처님의 진신사리를 모신 금강계단에서 계를 받아야 한다(為僧者通而度之)"는 의미에서 통도사라 했다. ③모든 진리를 회통하여 중생을 제도한다(通萬法度衆生).

241) 영축산은 석가모니부처님 당시 인도 마가다(Magada)국 왕사성(王舍城, Rajarha) 근처에 자리하고 있는 산(Gridhakuta · Vulture Peak)으로 석가모니부처님께서 법화경을 설하신 곳이다.

242) 국(局)은 혈(穴)과 사(砂)를 합한 공간으로 하나의 세계며 우주다. 풍수에서는 주로 산과 물이 담장처럼 감싸며 경계를 이루는 지역을 말한다.

243) 사진 출처:『불교신문』,「아름다운 절집 풍경」, 2021.03.22.

244) 펼쳐진 공간에 비해 용맥이 내재한 기운이 약할 시 용맥의 끝이 가늘게 늘어지는 모양을 빗대어 '상령사(上嶺蛇: 산을 기어 올라가는 뱀의 모습)'라고 일컫는다.

245)  공간에 비하여 용맥의 기운이 강한 경우에는 용맥의 진행을 가로막는 산과 물의 형태, 크기, 거리에 따라 위로 솟구치고 좌우로 펼쳐지게 된다.

246) 양기는 독립적 혹은 개별적 양택 입지보다는 마을 터, 도읍 터처럼 집단적 양택 입지를 의미한다. 이처럼 양택지에서 '혈'이란 용어를 사용하지 않고 '기(基)'라는 용어를 사용하게 된 까닭은 주로 평지에 자리하는 양택의 특성에 기인한 것으로 보인다. 평지에서는 본래 지형이 사라지면서 시각으로 혈을 찾고 인식을 공유할 수 없기 때문일 것이다.

247) "진입 체계가 달라졌다. 통도사의 확장을 계획하고 일주문과 불이문을 먼저 세웠다. 초창기 대광명전을 중심으로 세 개의 건물이 모두 남향하고 있어 그 진입 체계가 남에서부터 북으로 이루어졌는데, 일주문·천왕문·불이문이 건립되면서 통도사의 진입 체계는 동으로부터 서로 향하여 진입하는 구조로 바뀌게 되며, 그 이후 건축된 대부분의 전각이 이러한 동서축에 맞추어 방향성을 가지게 되는 공간구성 형식으로 바뀌게 된다"(홍광표, 「통도사 공간구성 형식의 변화 과정과 특징적 현상에 관한 연구」, 『사찰조경연구 창간호』, 사찰조경연구소, 1993, 67쪽 참조).

248) 삼족맥: 예를 들어 강한 기운을 가진 중심용맥의 끝이 물(水)의 흐름과 동행할 시(山水同去) 용진처는 물길을 따라 이동하는 공기의 흐름에 영향받아 기운이 흩어지고 빠져나가게 된다. 이런 경우 중심용맥은 물의 흐름과 음양의 조화를 이루고 장풍득수가 되는 곳으로 제3의 발(용맥)을 뻗어 혈을 맺는 경우가 있다. 이렇게 중심 용맥의 용진처가 혈을 맺기에 부적합한 환경과 조건에 처할 시 혈을 맺을 수 있는 지역으로 제3의 용맥을 분기하여 혈을 맺게 되는데 이러한 제3의 용맥을 삼족맥(三足脈)이라 칭한다. ☞ 주룡 나에서 분기하여 금강계단으로 연결되는 나-1 용맥은 삼족맥의 일종으로 볼 수 있다.

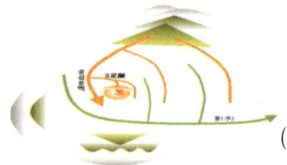

(최대영·조계일, 『혈을 찾아서』, 98쪽 참조).

249) 최상수의 『한국 민간 전설집』과 『하북면지』: "자장율사가 당나라에서 돌아와 통도사를 지을 때 그곳에는 구룡지라는 큰 못이 있었다. 이 못에 아홉 마리의 용이 살고 있었는데, 율사가 주문과 경을 읽으며 용에게 이 못을 떠나 달라고 했지만, 용은 응하지 않았다. 율사가 종이에 '화(火)'자를 써서 하늘로 날리며 법장으로 못 물을 저으니 못 물이 끓어오르기 시작했다. 용 세 마리는 이미 죽었는데 그것을 집어던지니

부딪친 바위에 피가 묻어서 후세 사람들이 이를 용혈암이라 했다. 나머지 다섯 마리는 통도사 남서쪽에 있는 골짜기로 달아났으므로, 그곳을 오룡곡(五龍谷)이라 부른다. 마지막 눈이 먼 용은 이 절을 수호할 것을 맹세하고 조그마한 못을 만들어달라고 애원하여 만든 곳이 통도사 적멸보궁 옆의 연못이다.".

250) 『三國遺事』 4, 「義解-慈藏定律」: "暮年謝辭京 董於江陵郡(今冥州也) 創水多寺居焉 復夢異僧 狀北臺所見來告曰 明日見汝於大松汀 驚悸而起 早至松汀 果感文殊來格 諮詢法要 乃曰重期於 太伯葛蟠地 遂隱不現(松汀至今不生荊刺 亦不棲鷹鸇之類云) 藏徃太伯山尋之 見巨蟒蟠結樹下 謂侍者曰 此所謂葛蟠地 乃創石南院(今淨岩寺) 以候聖降"; 『三國遺事』 3 「塔像-臺山五萬眞身」: "師以貞觀十七年來到此山 欲覩眞身 三日晦陰 不果而還 復住元寧寺 乃見文殊云 至葛蟠處 今淨嵓寺是 亦載別傳"; (『三國遺事』 3, 「塔像-臺山月精寺五類聖衆」: "按寺中所傳古記云 慈藏法師初至五臺欲覩眞身 於山麓結茅而住 七日不見 而到妙梵山創淨岩寺".

251) 閔漬, 『五臺山事蹟記』 「五臺山月精寺開創祖師傳記(奉安舍利開建寺庵第一祖師傳記)」: "後於大松下(今寒松汀是也) 一居士忽現 與師淸談 良久而謂曰 昔日之約 卿識之乎 言已卽滅 師於是自責曰 居士是昔日五臺所現梵僧化現耳 向空頂禮 卽向太白 尋葛蟠處 見大蟒蟠在大樹下 謂侍者曰 此文殊所諭之地 卽受戒移蟒於山下 創院曰薩那(今淨岩寺是也) 從此院而南去一千許步 有神仙洞 又創蘭若曰上薩那 往來兩寺以待文殊".

252) 탑지석 제4석의 내용(1713년 作): "往在新羅乾德之時 我國慈藏大德律師 入赤縣神州 於五臺山 天人所成曼殊室 利菩薩像前 七日精修 夢感眞身爲說法 仍以佛頭骨佛牙與舍利百粒 授之曰 汝國有緣三災之不到處 建塔以安之 言訖遂隱 大師受持 欲渡海還國時 大唐諸釋議曰 國之重寶 豈送海外小國耶 發四部兵將欲奪之 大師投於海邊 授之龍王 王奉邀渡海於我疆岑南蔚山郡浦 以水瑪瑚若干片 與所授佛頭骨舍利 奉于大師 師邀入是山 天倚峯下 神得三葛盤之地 以龍王所獻水瑪瑚 立塔奉安 塔下造 香火一所 以定岩扁之云矣"; 탑지석 제3석의 전면 내용(1874년 作): "吾佛世尊示入涅槃 以佛頭骨齒牙指節舍利念珠袈裟貝葉等 塔廟事 付囑文殊 文殊入定五臺 以待時緣 千有餘年 東國慈藏律師 求法西遊 受文殊所傳如上數寶 歸供養 而奉安於淸凉之五坮 鷲棲之通度 及此天倚峯下三葛盤之地 而金銀二坮隱而不現 瑪瑙一坮現人耳 目抑隱現俱成 而人不知然耶".

253) 「강원도정선군태백산정암사사적」, 1778: "山之西有古寺 曰淨巚 新羅慈藏法師 唐太宗 貞觀十九年 乙巳 創建世尊水瑪瑙寶塔 而始開四十八房之處 林壑蔽日 夐絶塵烱 淨潔無穢 故扁額曰淨巖 天開之初 山上有三函朴 彌勒龍華會時 上函佛名出 中函經 下函人名出 峰亦有三 東天倚峰 南銀臺峰 北金臺峰 於中有三寶塔 一金 二銀 三瑪瑙 瑪瑙于今守護者 金銀唫(?)而不現 無乃山靈之秘藏歟 薄福者難見歟 入山採藥

者或見 而再不訪 可 謂靈奇也 (中略) 師奏建皇龍寺九級塔 而藏舍利 次竪月精十三層塔 而藏舍利 因開中台 而安佛顱 次創大和寺 藏舍利 次啓太白山三葛盤地 而建寶塔 藏舍利佛指節齒牙佛掌珠念珠貝葉經 (中略) 伊後法師 再住大和寺 忽有 梵僧曰 再見卿於太白山云云 卽滅 遂入此山 蟒盤樹下 說戒移蟒於山下 因建下 薩那 今淨嚴是也 南去十里 建上薩那 今祖殿是也".

254) 洪大韓,「정암사 수마노탑의 양식과 건립 시기 연구」,『동아시아문화연구』제63집, 2015, 67쪽 참조.

255) 산이 끝나는 곳을 산진처(山盡處), 용이 끝나는 곳을 용진처(龍盡處)라 한다. 풍수에서는 '용진처에 혈이 맺힌다.'라고 한다.

256) 사진 출처: 국립중앙박물관 소장(좌); 김영숙, 영월인, 2024년 1월 21일, "정암사, 부처님 진신사리를 모신 5대 적멸보궁"(중); 김신묵, SENIOR 조선, 2015년 10월 20일 "5대 적멸보궁 태백산 정암사"(우).

257) 수마노탑이 자리한 고도가 약 900M 지점으로 물을 따라 약 30km까지 세가 물러난다.

258) 사진 출처: 왼편 사진=모모의 여유로움(scars12.tistory.com/m); 오른편 사진=홍성모 作 '정암사 수마노탑'. 출처: 김현태, 법보신문, 2020년 11월 4일, "수묵담채로 만나는 정암사 수마노탑 사계".

259) 고산 지역은 바람이 산에 부닥치면서 풍향과 풍속이 수시로 변하여 일정하지 않은 경우가 많다.

260) 위성사진으로 자리를 확인하는 방법은 최대영·김상균이 펴낸 『위성사진으로 혈(穴) 찾기』, 도서출판 효성프로젝트, 2022를 참조할 수 있다.

261) 용맥은 자연스럽게 균형을 지향한다. 자연 방위론 참조.

262) 불교기록문화유산 아카이브, https://kabc.dongguk.edu/.

263) [金剛山乾鳳寺釋迦靈牙塔奉安碑]: "新羅僧慈藏 ... 奉釋迦頂骨舍利牙齒 ... 藏于五臺鷲棲獅子葛來四山".

264) 정영호,『신라 사자산 흥녕사지 연구』, 1969 참조.

265) 사진 출처: 정영호,『신라 사자산 흥녕사지 연구』, 1969.

266) 『大方廣佛華嚴經』: "東北方有菩薩住處名清涼山 過去諸菩薩常於中住 彼現有菩薩 名文殊師利 有一萬菩薩眷屬 常為說法".

267) 郭磊,「중국 오대산의 발전과 오대산 문수신앙」,『정토학연구』28, 73-109쪽 참조.

268) 『三國遺事』3,「塔像第四-臺山月精寺五類聖衆」: "相地者云 國內名山 此地最勝 佛法長興之處云云".

269) "後往溟州今江陵也五臺山 登th爐峰 奉安佛腦及頂骨 立碑於伽羅壚碑 則隱而不現 以紀其蹟 因創月精寺 建十三層塔 奉安舍利三十七枚於塔心今傳優婆掬 多之舍利塔者誤也 已上出元曉所撰傳 一云師旣還國 以梵僧所授佛衣佛鉢菩提腦骨等 入安皇龍寺 仍留其寺而供養 為欲面見

文殊 尋往溟州五臺山 到今月精寺地 假立草庵 留至三日 于時是山陰沉不開 未審其形而去 後又復來創八尺房 而住者凡七日云云已上出臺山本傳記"(閔漬,『五臺山事蹟記』,「奉安舍利開建寺庵第一祖師傳記」).

270) 『三國遺事』3,「塔像第四-黃龍寺九層塔」: "자장은 五臺山에서 받은 舍利 百粒을 [황룡사 9층목탑]의 기둥 속과 通度寺 (金剛)戒壇, 그리고 太和寺 탑에 나누어 봉안하였다."

271) 『三國遺事』3,「塔像第四-臺山月精寺五類聖衆」: "欲睹眞身 於山麓結茅而住 七日不見".

272) "1466년 3월 세조는 상원사에 親行하였고 몸소 '寶宮'에 올라 焚香參禮하였다. 그 결과인지 몰라도 放光, 分身私利 등의 각종 瑞祥을 체험하였다. 『五臺山事蹟記』의 『我朝本山事蹟』에 나오는 이 기록에 의하면 '보궁'='적멸보궁'은 늦어도 15세기 중반에 이미 성립되었을 가능성이 매우 크다." 이원석,「중대 적멸보궁의 역사」,《2018 평창 동계올림픽 문화적 역량 강화를 위한 제1차 학술세미나》, 2013, 123쪽.

273) 이원석,「중대 적멸보궁의 역사」, 118-123쪽 참조; 이능화,『조선불교통사(朝鮮佛敎通史)』.

274) 박정해,「오대산 적멸보궁 입지의 풍수환경과 해석」; 이학동,「오대산 적멸보궁의 입지형세와 풍수지리적 해석」; 노태봉,「5대 적멸보궁 입지공간에 풍수 지표를 이용한 정량화 연구」.

275) 솟아오른 정상부가 둥글게(圓突) 만두(巒頭)를 이루어야 혈이 맺힐 수 있다.

276) 혈의 맺힘 형상은 우주의 생성 원리인 사상(四象)으로 구분하여 와겸유돌(窩鉗乳突)로 나눈다. 돌혈은 태음(太陰)에 속하며 혈장이 주변보다 돌출하여 동종(銅鐘)이나 가마솥을 엎어놓은 것처럼 볼록하다.

277) 용맥은 변화의 모습으로 생동성을 확인한다. 용맥이 뱀처럼 좌우로 꿈틀거리며 변화하는 것을 '위이'라 한다.

278) 입체적 분기: 분기 지점이 하나의 뿌리를 가진 산처럼 솟구쳐 입체적으로 용맥이 나누어지는 방식이다. 참고로 '선 방식 분기'는 솟구침이 없이 하나의 용맥이 선(線)처럼 둘 이상으로 나누어지는 경우이다.

279) 기룡혈(騎龍穴): 외형상 용맥의 끝자락이 아니라 행도하는 용맥 상에 맺힌 혈을 말한다. 기룡혈은 용맥이 진행하는 방향으로 흐르는 순류의 기운을 이용하여 자리한 '순기룡혈', 용맥의 진행 방향과 반대 방향으로 흐르는 역류의 기운을 이용하여 자리한 '역기룡혈' 그리고 순류의 기운과 역류의 기운이 부닥쳐 뻗은 횡룡에 맺힌 '횡기룡혈'이 있다.

280) 영·송사(迎·送砂)는 주로 기룡혈이 맺힌 곳에서 볼 수 있다. 송사는 용맥에 팔처럼 생긴 양쪽 지각이 나와 앞으로 진행하는 용맥을 안는 모양의 지각을 말하며, 영사는 송사와 반대로 지나온 용맥을 돌아보면서 안고 있는 양날 지각으로 송사와 마주 보는 모양의 사이다.

281) 기원처(氣源處): 용맥은 혈을 맺을 수 있는 용맥과 혈을 맺을 수 없는 용맥으로 구분된다. 기원처는 혈을 맺을 수 있는 기운이 발현되는 지

점을 일컫는다.

282) 인도 문화에는 상투 속에 보배구슬을 넣는 풍습이 있고, 이 구슬을 계주(髻珠)라고 한다. 『法華經』의 法華七喩 중 <髻珠喩>는 바로 이를 말하는 것으로 일부에서는 불상의 肉髻부분에 사리를 안장하는 방식이 나타나게 된다. 염중섭, 「慈藏의 五臺山 開創과 中臺 寂滅寶宮」, 《2018 평창 동계올림픽 문화적 역량 강화를 위한 제1차 학술세미나》, 2013 참조.

283) 丁時翰, 金成讚 譯註, 『山中日記』, 國學資料院, 1999, 279-280쪽: "암자는 터가 반듯하고 산세가 옹호하고 있으나 穴이 풍부하지 못하고 맞은편의 案山이 자못 멀었다.".

284) 유연 장로가 1100년을 전후하여 8각 9층 석탑을 세운 것으로 이해한다. 또한, 동일한 관점에서 본다면 유연 장로가 中臺의 地宮을 개창하였을 가능성도 있다. (이원석, 「中臺 寂滅寶宮의 歷史」, 《2018 평창 동계올림픽 문화적 역량 강화를 위한 제1차 학술세미나》, 2013 참조).

285) 『乾鳳寺及乾鳳寺末寺事蹟』 「鳳頂庵重修記」 1781년(건륭 46년) 5월: "…乃慈藏律師 入唐得舍利七箇 而藏焉 此庵之所自創也 乃太宗貞觀丙申 其年也(이것은 자장율사가 입당하여 얻은 사리 7箇를 모신 것이다. 이 암자의 창건은 이로부터인데, 태종 정관 병신년(636년)이다. … 則于今 重修者凡七(지금까지 중수한 것이 7번에 이르니). …"; 『乾鳳寺及乾鳳寺末寺事蹟』, 「江原道麟蹄縣雪岳鳳頂庵七創事蹟記」: "…是庵初始於唐貞觀丙申 羅代人慈藏法師 入中國奉舍利 還安于此塔(이 암자가 최초로 창건된 것은 당나라 정관 丙申(636)년에 신라 출신 慈藏법사가 당나라에 들어가 모셔온 세존 사리를 이곳에 안치하였다.) … 七創胎後 終窮不瘼(일곱 번째로 중창하여 후대에 남겨주니 끝내 廢하지 않을 것이리라.) …"; 「雪華山百潭寺事蹟」: "新羅善德王十三年甲辰 慈藏律師創建(선덕왕 13년(644년)에 자장이 봉정암을 창건하고)…".

286) 『동국여지승람』의 기록에 의하면 인제현에서는 '한계산(寒溪山)'이라 하고, 양양도호부에서는 '설악산(雪嶽山)'이란 칭하고 있다.

287) 오른손 법칙에 준해 터 앞의 물을 걷어주고 터의 기를 보호해 주고 있다(손 법칙 참조). 그러나 터는 북서쪽을 완전히 가려주지 못하는 단점을 가지고 있다.

288) 섬혈: 갑자기 기맥이 진행 방향을 바꾸어 떨어져 결지하는 혈로 용맥의 흐름을 따라가면서는 쉽게 발견할 수 없다.

289) 일종의 '횡기룡혈'이다. 횡기룡혈은 순류와 역류가 부닥치는 지점에서 파생하는 기운이 횡으로 용맥을 뻗어 주로 1절에서 혈을 맺는다.

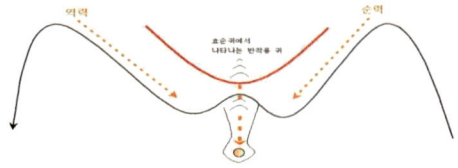

290) 횡사락혈: 종(縱)으로 흐르던 중심 기운이 그 세를 유지하면서 횡(橫)으로 돌면서 떨어져 맺는 혈.

291) 봉정암 사리탑이 자리한 혈처는 기룡혈의 특성이 있다. 혈이 자리하고 있는 위치보다 상대적으로 높은 곳에서 내려오는 순류의 기운이 상대적으로 높게 솟구친 용맥의 하부에서 역류하는 기운이 막아주는 지점에서 횡사락하여 혈을 맺으면서 일종의 변형된 횡기룡혈로 볼 수 있기 때문이다.

292) 一然, 『三國遺事』, 「義解」: '義相傳敎'.

293) 일연, 『三國遺事』, 「塔像」 참조.

294) 「法藏和尙傳」: "海東華嚴大學之所有十山焉 中岳公山美理寺 南岳知異山華嚴寺 北岳浮石寺 康州迦耶山海印寺 普光寺 熊州迦耶峽普願寺 鷄龍山岫寺 括地志所云鷄藍山是朔州華山寺 良州金井山梵語寺 毗瑟山玉泉寺 全州母山國神寺更有如漢州負兒山 靑潭寺也 此十餘所".

295) 『三國遺事』 4, 「義解第五-義湘傳敎」: "湘乃令十刹傳敎 太伯山浮石寺 原州毘摩羅伽耶之海印 毘瑟之玉泉 金井之梵魚 南嶽華嚴寺等是也".

296) 754년 편찬된 『백지묵서 화엄경』에는 '황룡사 연기법사'에 의해 무주 (武州, 지금의 광주) 지역을 중심으로 불사가 이루어졌다는 기록이 있다"經筆師 武珎伊州 阿干奈麻 異純大舍 今毛大舍 義七轉舍 孝赤 沙彌 南原京 文英沙彌 卽曉韓舍 髙沙夫里郡 陽純奈麻 仁年韓舍 屎烏韓舍 仁節韓舍"(『新羅白紙墨書 大方廣佛花嚴經』 券第十 跋文)

297) 기가 만든 형상을 통해 역으로 내재 된 기의 흐름을 읽고 혈을 찾는 방법론.

298) 한국학중앙연구원, 한국민족문화대백과, 귀신사.

299) 손 법칙: 혈을 맺을 시 혈처를 사방에서 감싸 보호하는 경우가 대부분이다. 그러나 때로는 아래 그림처럼 한쪽의 사(砂)를 물이 대신하는 경우도 있다. 혈을 감싸는 용맥이 양쪽으로 벌리면 '양손법칙', 왼쪽으로 벌리고 오른쪽에서 물이 감싸면 '왼손법칙', 오른쪽으로 벌리고 왼쪽을 물이 감싸면 '오른손 법칙'이 된다.

300) 천심(天心): 혈 앞 명당의 중심(穴前明堂 中正處).

301) 本講和尙名 天其 以丙戌(1166)春 始住鷄龍岬寺 搜古藏 得此記 乃首座門人曇林親承所錄也 本講和尙 嘆大道之難行 慶牟珠之不失 親削方

言 校其差舛 以融公(法融) 本文參寫 離爲二通 以施後學也 高麗江華京19년 庚戌(1251)月 日 弟子等誌 (『十句章圓通記』下 跋文)

302) 지게 작대기: 주용맥상에 혈이 맺히고 남은 여기가 만든 산줄기를 지게 작대기라 한다. 지게 작대기는 혈을 받치는 역할을 한다.

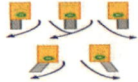

303) 범어사 소장 책판: "梵魚寺 乃大唐文宗太和十九 季乙卯 新羅興德王時所刱也".

304) 채상식, 1994 빛깔 있는 책들 『범어사』, 10-11쪽.

305) 비록 본래 지형이 변형되면서 형기적 분석이 쉽지 않겠지만 추맥을 통해 본래 지형을 복원하면서 당판을 재구성한다면 형기적 분석도 가능할 수 있을 것이다.

306) 여기서 삼족맥은 강한 기운의 주룡이 주위의 보호를 받지 못하거나 박환이 제대로 이루어지지 않아 결지를 할 수 없을 때 상대적으로 안온한 곳으로 분기한 용을 말한다. 이렇게 분기되어 나온 삼족맥은 주룡의 거친 기운이 어느 정도 순화되어 혈을 맺을 수 있게 된다.

307) 이때의 모습이 미륵보살설법상(彌勒菩薩說法像)이다.

308) 이때의 모습이 미륵보살반가사유상(彌勒菩薩半跏思惟像)이다.

309) 이때의 모습이 미륵여래설법상(彌勒如來說法像)이다.

310) 미륵보살이 상생하여 도솔천 七寶臺 안의 사자좌상에서 설법하고 화생한다는 것으로 보아 미륵 상생으로 볼 수 있다.

311) 미륵의 삼회설법을 상징하는 미륵상(彌勒像)·전(殿)·탑(塔)·낭무(廊廡) 등을 각각 세 개씩 건립한 점으로 보아 미륵 하생으로 볼 수 있다.

312) 점찰법회는 참회를 위해 행하는 『점찰경』에 의한 의례이다. 『점찰경』의 원명은 『점찰선악업보경』인데, 『지장보살업보경』 또는 『대승실의경』이라고도 한다. 상하 2권으로 말법시대의 중생을 교화하고 제도하는 방편을 교시하고 있다. 방편으로서 목륜상법(木輪相法: 나무 간자를 던져 점을 치는 법)이라는 점찰법이 제시되었다. 신라의 원광(圓光)이 처음으로 이 법회를 열었고, 삼국통일 후 진표(眞表)에 의해서 정착되었다. 진표는 점찰법회를 계승하면서 법회적인 점찰 행위에만 그치지 않고, 계법을 중심으로 한 참회 불교를 확립하였다.

313) 훈요 8조: 차현(車峴) 이남, 공주강(公州江) 외(外)의 산형 지세가 모두 본주(本主)를 배역(背逆)해 인심도 또한 그러하니, 저 아랫녘의 군민이 조정에 참여해 왕후(王侯)·국척(國戚)과 혼인을 맺고 정권을 잡으면 혹 나라를 어지럽히거나, 혹 통합(후백제의 합병)의 원한을 품고 반역을 감행할 것이다. 또 일찍이 관노비(官奴婢)나 진·역(津·驛)의 잡역(雜役)에 속했던 자가 혹 세력가에 투신하여 요역(徭役)을 면하거나, 혹 왕후·궁원(宮院)에 붙어서 간교한 말을 하며 권세를 잡고 정사를 문란케

해 재변을 일으키는 자가 있을 것이니, 비록 양민이라도 벼슬자리에 있어 용사하지 못하게 하라.

314) "石(右)塔昔(者)書載錄 大平興國四年起始 大平興國七年壬午歲畢造 焉 諸惱流 社長化主施主記于後列"(「母岳山金山寺五層石塔重創記」).

315) 이분희, 「금산사 오층석탑 사리장엄구 고찰」, 『동악미술사학』 15, 2013, 118-119쪽.

316) "至新羅善德仁平三年 迺皇唐太宗貞觀十載 爰有法師慈藏 自愧鮑繫東隅 迺奮杯渡西笑 跡之占 須訪謁曼殊聖像於淸凉 僧之眞 必叅拜香圓國師於雲際 受佛法頒世之冥讖 奉山川鎭脉之祕言 師乃劒化鵬溟 刀折鰈海 建貧婆奉伽梨者 一曰鷲栖之通度 俇伽藍安舍利者 二曰龍皇與金山 韙哉"(『無竟集』卷2,「金溝縣母岳山金山寺事蹟詞引」).

317) "昔慈藏法師入中國雲際寺 得佛頭骨與舍利百枚 而還安其頭骨 於梁山通度寺 分藏舍利於四處名山 金山卽其一也"(「湖南金溝縣東母岳山金山寺大法堂重修記」).

318) "羪羪丈六立金身 劉帝銅仙是後身 知爾三千東海路 今來應伴白衣神"(『海石遺稿』卷2,「金山寺(金溝)」, 詩).

319) 현재 삼보사찰이라 불린 기록은 조선 후기 淵泉 洪奭周(1774~1842)가 1832년(순조 28)에 지은, 「淵泉翁遊山錄」의 기록이 가장 빠른 것인 듯하다(洪奭周,『淵泉翁集』,『淵泉翁遊山錄』).

320) "東國寺刹有三寶 金山寺有丈六佛 故曰佛寶 海印寺有龍藏 故曰法寶 此寺謂之 僧寶以出普照以下十六國師也"(『續南遊錄』: 1828년(순조 28)에 호남 12군현을 유람하고 남긴 기행록으로 1책 14장의 필사본이다).

321) 황인규,「한국 불교계의 삼보사찰의 성립과 지정」,『보조사상』 41, 2014, 245-284쪽.

322) "春三月甄萱子神劍 幽其父於金山佛宇 殺其弟金剛"(『高麗史節要』卷1);"百濟王甄萱 爲其子神劍幽於金山佛寺 逃奔錦城"(李齊賢,『益齋亂藁』卷9上,「有元贈敦信明義保節貞亮濟美翊順功臣太師開府儀同三司尙書右丞相上柱國忠憲王世家」).

323) 혈처에 자리한 근원지의 영향이 그 지역까지 확산하는 경우다. 예를 들면 남원시는 광한루가 혈처에 자리하면서 광한루와 관련한 영향력이 지역에 확산한 경우이다.

324) 유교문화연구소 옮김,『書經』, 432-433쪽:"… 金曰從革(금은 따르는 것과 변화하는 것을 말하고) …";『周易』,「雜卦傳」:"革去故也 鼎取新也('혁'괘는 낡은 것을 제거하는 것이요, '정'괘는 새로움을 정착시키는 것이다)."

325) 참조: 진정환,「김제 금산사의 창건과 초기 가람 구조」,『한국 고대사 탐구 47』, 2024, 274-302쪽.

326) 적멸보궁과 미륵전 사이에 연못은 미륵전의 혈로 연결되는 맥 위에 자리하여 맥의 기운을 차단하여 풍수적 관점에서는 부정적이다.

327) 당판은 복토 등으로 많은 변화를 불러왔을 것이다. 지금처럼 당판의 끝자락이 물이 나가는 쪽으로 휘어 있으면 당판이 물을 따라 달아나는 모습이라 부정적이다. 그러나 飛走하는 모양이 혈처를 받치는 역할을 하는 경우도 있어 당판과 비주 부분의 관계성을 잘 살펴야 단견에 빠지지 않는다.

328) 그림 출처: 진정환, 「김제 금산사의 창건과 초기 가람 구조」, 274-302쪽.

329) 한용운의 「鏡虛略譜」 참조.

330) 『鏡虛集』「悟道歌」: "四顧無人 衣鉢誰傳 衣鉢誰傳 四顧無人 春山花笑鳥歌 秋夜月白風淸 正恁麽時 幾唱無生一曲歌 一曲歌 無人識 時耶命耶且奈何…… 嗚乎已矣 夫衣鉢誰傳 四顧無人 四顧無人 衣鉢誰傳".

331) 『鏡虛集』「先師鏡虛和尙行狀」: "心月孤圓 光呑萬像 光境俱忘 復是何物".

332) 묘에서 지내는 제사의 비용을 마련하기 위하여 경작하던 논밭.

333) 참조: 한국민족문화대백과사전.

334) 한암대종사문집편찬위원회, 『한암일발록(漢巖一鉢錄)』, 민족사, 1996, 306쪽: "心外無法 萬目雪月 高峯流水長松下 永夜淸霄何所爲".

335) 납기(納氣)는 특정한 공간(자리)으로 끌어들이는 기운을 말한다.

336) 이흥우, 「空性의 피안길」, 동화문화사, 1980, 139쪽: "갑자년(1924) 10월 11일 날짜로 되어있는 天藏寺重修記에는 '이 암자가 창건된 것은 雍正 7년(朝鮮 英祖 5년·1729)인데 원래 신라 眞平王 31년 曇和 선사가 창조……'라는 대목이 있다. 그러나 갑자년보다 39년 전인 '光緖 12년 병술(丙戌·1886) 3월'에 쓴 '燕巖山 天藏庵 重修記'에는 '洪陽·洪城에서 서북쪽으로 30리쯤 되는 곳에 암자가 있는데, 옛 기록이 없으며 언제 창건되어 얼마나 되었는지를 알 수 없다'라고 했다.".

337) 연소혈(燕巢穴): '연소혈'은 제비집처럼 상대적으로 높은 지역에 매달려 있는 형상을 하고 있다. 혈의 증거는 입수 래룡이 분명해야 하며 전순이 오롯이 터를 받쳐주어야 한다. 제비가 추운 계절이 되면 떠나듯이 연소혈은 일정 기간 머물다 주인도 바뀔 수 있는 특징을 가진다. 이러한 특성 때문일까? 연소혈 암자의 경우 주로 스님이 돌아가면서 안거하고 떠나는 선방으로 사용되는 경우가 많다.

338) 鏡虛, 『鏡虛集』: "天藏庵好 一面山 一面海 然雖如是 非但翫景者不到處 通人達士亦不交涉 非但通人達士不交涉 佛也祖也猶較些子 苦哉苦哉 是豈可言處 … 了無修行相狀 而幸有二三禪侶 共唱和山歌野曲 幸何可盡達 …".

339) 〈自弄靑山〉: "山自靑水自綠 淸風拂白雲歸 盡日遊盤石上 我捨世更何希".

340) 圓澤, 『성철스님 시봉이야기 1』, 김영사, 2001, 30쪽.

341) 橫抽寶劍按靈臺 殺活奇權手端開 龍將雲雨能神變 風得虛空任往來(보검을 비껴 잡고 신령스러운 자리에 앉았으니 죽이고 살리는 기이한

방편이 손끝에서 열린다. 용은 구름과 비를 만나 신묘하게 조화를 부리고 바람은 허공을 얻어걸림 없이 운신하네).

342) 참조:『한국민족문화대백과사전』.
343) 현장,『시작할 때 그 마음으로』, 책 읽는 섬, 2017, 6-7쪽.
344) 참조:『한국민족문화대백과사전』.
345) '입혈부(入穴部)'는 용맥을 따라온 기운이 혈을 맺기 위하여 혈처로 들어오는 부분이다.
346) 중국의 오대산은 오방(동-서-남-북-중)의 다섯 봉우리가 돈대(墩臺)처럼 평평한 토체 모양으로, '오대'는 이러한 산의 형태에서 비롯되었다.＊참조: 박현규,「新羅 慈藏의 山西 五臺山 行蹟」,『文獻과 解釋 통권 제36호』, 2006, 148쪽.
347) 당(唐)의 오대 사상은 인도로부터 유입설과 중국 자생설이 공존하고 있다. 인도로부터 유입설은 불교의 세계관을 당에 구현했다는 설로, 인도 동북쪽에 있는 문수보살의 성지인 청량산을 당나라 영토의 오대산으로 비정(比定)하여 오대 사상으로 전개하였다는 것이다. 이러한 인도로부터 유입설을 부정하는 중국 자생설은 인도에는 5진법 체계가 없으며 오대(五臺)는 중국 전통의 오행 문화의 영향으로 전개되었다고 한다. ＊ 참조:『尙書』,「洪範第六」; 馮友蘭 著,『中國哲學史(上冊)』, 上海: 華東師範大學出版社, 2003, 123-129쪽; 梁啓超·馮友蘭 外著, 김홍경 譯,『陰陽五行說의 硏究』, 신지서원, 1993, 37-44쪽.
348) 돈황에서 두 가지 자료가 발견되었다. 첫째는 돈황 제61굴의〈五臺山圖〉에서 확인된 '新羅王塔'이라는 傍題가 남아 있는 삼층탑 그림으로 제작연대가 五代 말기인 약 947~951년 사이이며, 둘째는 영국 스타인의 돈황 문서 중에 존재하는「五臺山讚」의 "新羅王子"표현으로 10세기 문서로 추정이 되고 있다. 돈황에서의 신라 관련 탑과 문서의 발견은 10세기 이전부터 중국 오대산에 대한 신앙이 신라에 뿌리를 내리고 있었으며 하대에는 오대산 신앙이 흥성했을 것이란 것을 알 수 있다.
349)『三國遺事』3,「原宗興法·厭觸滅身條-原宗興法厭觸滅身」.
350) 韓國佛教研究院,『通度寺』, 一志社, 1999, 25쪽.
351) 범일 국사(810~889)는 신라의 선승으로 구산선문 가운데 사굴산문을 개창하였다. 그는 831년에 중국에 들어가 馬祖의 제자인 醒官 齊安의 문하에서 유학하고 846년에 귀국하였다. 귀국 후 명주의 崛山寺에 머물며 선풍을 드날려 사굴산문을 형성하였다.
352) 자장이 창건한 사찰로 유연은 수다사의 장로로서 자장의 법통을 이었다는 의미를 갖게 된다.
353) 염중섭(자현),「신라 오대산 기록에서 확인되는 上院寺와 月精寺의 分節 양상 검토」,『한국교수불자연합학회지』, 2022, 30쪽; 신성환,「月精寺에 대한 인식의 역사적 변천과 그 의미」, 어문논집 89, 2020,

13-19쪽; 한상길, 「오대산 월정사의 역사와 전통」, 『선학』 제30호, 2011, 382-384쪽.

354) 사진 출처: 좌측사진《천년고찰을 불태우기 전에 나부터 죽여라》 노컷뉴스, 2014.04.11. "오대산 월정사의 옛 모습"〈조선사찰 31본사 사진첩〉(1929년)에 실린 사진(사진=눌와 제공). 우측 그림: 김홍도의 《금강사군첩》 중에서.

355) "보천, 효명 형제가 함께 다섯 봉우리에 올라 예(禮)를 올리는데, 동대(東臺)의 만월산에는 1만의 관음(觀音)이 나타나고, 남대(南臺)의 기린산에는 1만의 지장보살(地藏菩薩)이 나타나고, 서대(西臺)의 장령산(長嶺山)에는 1만의 대세지보살(大勢至菩薩)이 나타나고, 북대(北臺)의 상왕산(象王山)에는 석가여래(釋迦如來)를 수위(首位)로 한 500의 대아라한(大阿羅漢)이 나타나고, 중대(中臺)의 풍로산(風盧山)에는 1만의 문수보살이 나타났다. 두 형제는 이 5만 보살의 진신에 일일이 예를 올렸다." 『삼국유사』 3 「대산오만진신(臺山五萬眞身)」.

356) 염중섭(자현), 「신라 오대산 기록에서 확인되는 上院寺와 月精寺의 分節 양상 검토」, 『한국교수불자연합학회지』, 30쪽 참조.; 신성환, 「月精寺에 대한 인식의 역사적 변천과 그 의미」, 어문논집 89, 2020, 19-22쪽; 한상길, 「오대산 월정사의 역사와 전통」, 『선학』 제30호, 2011, 384-385쪽.

357) 사진 출처 왼편: 월정사 성보박물관. 오른편: 현대불교 2022.09.08, [이강옥 교수의 한국선 이야기] 17, '많은 선지식들과 선문답 법거량'.

358) 오대와 관련된 오만진신에 관한 내용은 민지(閔漬, 1248~1326)가 1307년에 찬술한 『오대산사적기』 속 「五臺山聖跡幷新羅淨神太子孝明太子傳記」와 일연(1206~1289)의 『삼국유사』 「탑상」편 말미에 수록되어 있는 「臺山五萬眞身」과 「溟州五臺山寶叱徒太子傳記」에 기록되어 있다. 염중섭(자현), 「한국오대산 五萬眞身信仰의 특징과 北臺信仰의 변화」, 『불교학연구』 제62호, 2020, 5쪽 참조.

359) 『三國遺事』 3, 「塔像第四-臺山五萬眞身」: "一日同上五峯瞻禮次 東臺滿月山有一萬觀音眞身現在 南臺騏驎山 八大菩薩爲首一萬地藏 西臺長嶺山 無量壽如來爲首 一萬大勢至 北臺象王山 釋迦如來爲首 五百大阿羅漢 中臺風盧山 亦名地盧山 毗盧遮那爲首 一萬文殊 如是五萬眞身 一一瞻禮".

360) 염중섭(자현), 「한국오대산 五萬眞身信仰의 특징과 北臺信仰의 변화」, 『불교학연구』 제62호, 2020, 7쪽.

361) 그림 출처: 김창흡 『오대산기』.

362) 『三國遺事』 3, 「塔像第四-臺山五萬眞身」: "黃處中臺 直□院中安泥像文珠不動 後壁安黃地畵毘盧遮那爲首三十六化形 福田五員晝讀華嚴經六百般若 夜念文殊禮懺 稱華嚴社".

363) 『五臺山事跡記』, 「山中散記」: "臺之下有獅子菴慈 藏法師在唐土淂(得의 誤記로 판단)獅子馱舍利頂骨而還久住 於此因名獅子菴".

364) 보궁에서 분벽한 용맥 중 왼편으로 떨어진 상대적 지룡은 상원사로 떨어져 혈을 맺는다.
365) 왼쪽 용맥은 상원사까지 길게 뻗어 내려 상원사 터의 우백호가 된다.
366) 『三國遺事』 3, 「塔像第四-臺山五萬眞身」: "靑在東臺 北角下北臺南麓之末 宜置觀音房 安圓像觀音及靑地畵-萬觀音像 福田五員晝讀八卷金經仁王般若千手呪 夜念觀音禮懺 稱名圓通社".
367) 『三國遺事』 3, 「塔像第四-臺山五萬眞身」: "白方西臺 南面置彌陀房 安圓像無量壽及白地畵無量壽如來爲首-萬大勢至 福田五員晝讀八卷法華 夜念彌陀禮懺 稱水精社".
368) 陽村 權近 撰, 『五臺山西臺水精菴重創記』: "其堂五架三楹 浴室二楹 其規制不甚異 從省便也(그 본당은 5량으로 된 3칸이고 욕실은 2칸으로, 그 규모가 (화재 전과) 크게 다르지 않았으니, (이는) 편안함(익숙함)을 살펴서 좇은 것이다.)"
369) 자현, 『월정사의 유래와 한강의 시원』, 운주사, 2011, 109-200쪽.
370) 『三國遺事』 3, 「塔像第四-臺山五萬眞身」: "赤(在)任南臺南面 置地藏房 安圓像地藏及赤地畵八大菩薩 爲首一萬地藏像 福田五員晝讀地藏經金剛般若 夜占察禮懺 稱金剛社".
371) 『三國遺事』 3, 「塔像第四-臺山五萬眞身」: "黑地北臺 南面置羅漢堂 安圓像釋迦及黑地畵釋迦如來 爲首五百羅漢 福田五員晝讀佛報恩經涅槃經 夜念涅槃禮懺 稱白運社".
372) 『五臺山事蹟記』, 「我朝本山事蹟」 참조.
373)

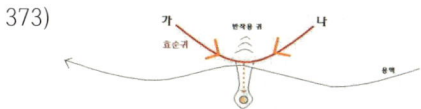

귀의 모양이 아치형(활대 모양)으로 그 중심에 집중되는 힘이 용맥의 기운을 횡으로 밀어준다.
374) 화엄학의 법계연기는 풍수의 기본사상이기도 하다.
375) 구천십장은 이천삼장(二遷三葬)을 지나치게 과장한 표현이다. 오해가 없어야 할 것이다.

혈(穴)의 향기 풍수

지은이/ 최대영·박대희

1쇄 인쇄/ 2025년 11월 7일
1쇄 발행/ 2025년 11월 10일

발행처/ 도서출판 혜민기획

등록일자/ 1995년 8월 4일
등록번호/ 제2-2017호

서울 중구 퇴계로 226, 405호 복조빌딩
전화/ 02-722-0586
이메일/ dmo4140@hanmail.net

ⓒ2025 최대영·박대희

ISBN 979-11-88972-97-5

값 20,000원

서면에 의한 저자와 출판사의
허락없이 내용의 일부를 인용하거나
발췌하는 것을 금합니다.